Lisboa, os Açores e a América

Lisboa, os Açores e a América

BASE DAS LAJES: JOGOS DE PODER OU RAPINA DE SOBERANIA?

2012

José Filipe Pinto

LISBOA, OS AÇORES E A AMÉRICA:
JOGOS DE PODER OU RAPINA DE SOBERANIA?
AUTOR
José Filipe Pinto
EDITOR
EDIÇÕES ALMEDINA, S.A.
Rua Fernandes Tomás, n°s 76, 78 e 79
3000-167 Coimbra
Tel.: 239 851 904 · Fax: 239 851 901
www.almedina.net · editora@almedina.net
DESIGN DE CAPA
FBA.
PRÉ-IMPRESSÃO
EDIÇÕES ALMEDINA, S.A.
IMPRESSÃO E ACABAMENTO
PENTAEDRO, LDA.

Novembro, 2012
DEPÓSITO LEGAL
351224/12

Toda a reprodução desta obra, por fotocópia ou outro qualquer processo, sem prévia autorização escrita do Editor, é ilícita e passível de procedimento judicial contra o infractor.

 GRUPOALMEDINA

Biblioteca Nacional de Portugal – Catalogação na Publicação

PINTO, José Filipe, 1954-

Lisboa, os Açores e a América : jogos de poder
ou rapina de soberania?
ISBN 978-972-40-5015-7

CDU 327

Às âncoras da minha vida

"Não confundimos a modéstia necessária com a humildade que não aceitamos"

Adriano Moreira (1985, p. 93)

PREFÁCIO

Na época conturbada que o ilustre autor deste livro analisa e avalia, pareceu-me que os Açores faziam apelo à clarificação da soberania portuguesa como uma soberania que chamei funcional.

Tratava-se de a simples posição geográfica transformar o território em ponto indispensável de uma estratégia que outros definiam e na qual os interesses portugueses podiam não ter participação.

Em mais de uma crise europeia a situação geográfica dos territórios e soberania portuguesa obrigaram a um envolvimento do país, em situação exógena, isto é, dependente de fatores da circunstância envolvente. Um dos casos mais severos nos efeitos, não obstante a justificação politicamente usada para explicar o sacrifício, foi o da guerra de 1914-1918. Tal justificação traduziu-se, no essencial, na invocação do interesse de estar presente, com os vencedores então presumíveis, na mesa da futura conferência da paz, para evitar que os territórios coloniais portugueses fossem perdidos na habitual política de compensações aos vencedores.

Não por coincidência, e até parecendo que por hábito, estava envolvida a Inglaterra, e também os EUA, estes sem pretensões conhecidas sobre aquisições territoriais, mas em evidente processo de hegemonia.

O resultado humano e material foi um desastre com expressão maior no massacre de 9 de Abril na Flandres, e as perdas humanas em África. De facto não perdemos territórios, estivemos no desfile da vitória em Paris, e a revolução de Sidónio Pais colocou um breve intervalo no regime republicano. Mas também é de reter que, quando a revolução do 28 de Maio, conduzida pelo depois Marechal Gomes da Costa, iniciou a formulação da república corporativa, a imagem de Portugal no mundo era a de colónia de Inglaterra, uma situação que foi progressivamente eliminada por esse regime.

Mas o que não desapareceu foi a situação exógena de Portugal exposto aos efeitos colaterais de conflitos em cujas causas não tomara parte, com a soberania funcional que o colocava eventualmente no trajeto dos conflitos militares, de regra ocidentais, de facto guerras civis da cristandade.

Foi o que de novo aconteceu com a guerra de 1939-1945, de novo entre ocidentais que nenhuma força exterior atacara, e de novo fazendo valer a importância da posição geográfica, neste caso no Oriente, no qual a vítima foi Timor invadido e destruído pelos japoneses, e no atlântico os Açores.

No Oriente a situação foi mais coberta pelo silêncio português e dos aliados, não alastrando a outros territórios portugueses, e esperando pela paz para restaurar a presença portuguesa.

E todavia ali foi praticado um genocídio indeterminado, nunca julgado nem punido, nem tomado em conta no ajuste da paz com o Japão, depois de terem sucumbido ao terror do bombardeamento atómico. É justo lembrar pelo menos D. Aleixo, o líder nativo que resistiu com armas tomadas ao inimigo, e que morreria com dignidade ao resistir lutando, depois de aprisionado, à humilhação de lhe amarrarem as mãos de chefe com direito ao respeito pela função, pelo carisma, e pela dignidade humana.

Mas no caso dos Açores, sem vítimas, a questão estava agudizada pelo interesse dos EUA em apoiar-se no arquipélago para a invasão que finalmente libertaria a Europa do pesadelo Hitleriano.

Aqui a semântica diplomática teve a sua intervenção, porque de facto tratou-se de um ultimatum que punha em causa a neutralidade que o governo português tinha conseguido manter, que designadamente cooperava com a Espanha para manter a Península numa situação que esta última preferiu chamar não beligerância.

Está sempre envolvido, no exame desta questão, o tema das afinidades ideológicas, ou proximidades ideológicas, entre os governos peninsulares e os governos do eixo Berlim-Roma, mas o facto é que a manutenção da paz foi o objetivo dominante.

A posição geográfica do arquipélago tornou o tema mais agudo, no que tocava a Portugal, e a decisão americana manteve a tradição de ser incontida quando o seu interesse nacional está em causa.

A irrevogabilidade da decisão de utilizar os Açores era evidente, e julgo que foi a lembrança, e proposta inglesa, de invocar a Aliança, que permitiu cobrir semanticamente a cedência portuguesa pela fórmula da neutralidade colaborante. Na explicação que o Presidente do Conselho deu, com o discurso proferido na Assembleia Nacional, explicou que Portugal comprometia os Açores na Aliança, mas que todos os restantes territórios nacionais continuariam neutrais: mais tarde teria, segundo consta, o desabafo de afirmar que os juristas teriam muita dificuldade em explicar a situação, *mas era assim*.

É sabido que no *assim* estava envolvido o comércio do volfrâmio que interessava à Alemanha e continuou, e também foi revelado que a proveniência do ouro que serviu de pagamento era suspeita. Mas tudo lastimavelmente apenas confirma Maquiavel, com a circunstância importante de que era a manutenção da paz nos territórios portugueses, sobretudo na metrópole, que traduzia o interesse fundamental, o que foi conseguido.

Timor havia de continuar esquecido, voltaria ao sofrimento do massacre pela Indonésia durante longos anos, e a situação dos Açores foi sendo objeto da modulação que os interesses americanos imprimem em função, no mundo, do seu interesse permanente de conteúdo variável, mas sempre afirmando-se indispensáveis à solidariedade ocidental, uma realidade em decadência que, por isso mesmo, exige ponderação de todos os envolvidos. Mesmo o que realmente se iniciou com uma imposição pode, como no caso presente, estar destinado a ganhar virtude no futuro. Neste caso, o presente suscita inquietações fundadas quanto a esse futuro. Trabalhos como os de José Pinto são úteis para que esse futuro se baseie no conhecimento da realidade, que a semântica vai frequentemente cobrindo de ignorância, para que a autenticidade seja indispensavelmente introduzida no processo.

ADRIANO MOREIRA
Presidente da Academia das Ciências de Lisboa
Presidente do Conselho Geral da Universidade Técnica de Lisboa

INTRODUÇÃO: A CONTEXTUALIZAÇÃO DA TEMÁTICA

"Why don't we buy the Azores and pay Salazar for them – a billion dollars – on the condition that he'd get the hell out of Mozambique and Angola and invest the billion dollars towards building up his country"

Chester B. Bowles [1]

Há esquecimentos muito bem lembrados, como a denúncia feita por Adriano Moreira (2011, p. 107) segundo a qual a "falta de autenticidade" tem sido "uma circunstância permanente" na "longa narrativa da formação do hoje chamado *Património Imaterial da Humanidade*".

Na realidade, o elevado número de excluídos do condomínio fechado dos vários atos apontados como referenciais dessa construção constitui prova de que a Humanidade é um conceito de compreensão e extensão suficiente e oportunisticamente flexíveis.

Como a História mostra, essa falta de autenticidade conviveu – pacífica e demoradamente – com a existência de povos mudos e dispensáveis e, apesar da retórica de um discurso oficial politicamente correto, só a muito custo vem aceitando reconhecer a igualdade de género e os direitos das minorias.

Na verdade, a distância entre o fatual e o normativo é tão grande como aquela que, por regra, separa – tanto no plano individual quanto na dimensão coletiva – a realidade vivida do projeto sonhado.

---

[1] Chester Bowles foi Secretário de Estado e o representante especial do Presidente para os assuntos da Ásia, África e América Latina (1961-1963). A citação foi feita a partir do sítio da Biblioteca John F. Kennedy, disponível no endereço http://www.jfklibrary.org/.

No passado, apesar de São Tomás de Aquino recorrer à lei natural para aquilatar a qualidade do governo, nem sempre os detentores do Poder sentiram que a legitimidade da sua ação dependia do respeito dessa lei.

Nos tempos modernos, os governantes continuam a não dar ouvidos a John Finnis e recusam-se a aceitar que "a expressão «direitos humanos» podia ser tratada como a «expressão contemporânea» para «direitos naturais»" (Morrow, 2007, p. 227), embora a História mostre que também estes últimos foram mais teorizados do que respeitados.

É nos corredores dessa falta de autenticidade que deverá ser enquadrada a proposta de Bowles, um bom exemplo de que os Estados Unidos não conhecem – ou aplicam com dificuldade, o que não parece menos grave – o articulado do Tratado de Vestefália, situação que, no entanto, não encontra justificação no facto de ainda não existirem como país independente aquando da celebração desse tratado.

Na realidade, os EUA têm uma visão muito utilitarista das relações internacionais e consideram dispor do arrogante «poder de querer», uma vez que possuem "um conjunto de meios materiais que permitem, mesmo pela força, a efectivação dos interesses (Moreira, 1965, p. 93). Por isso, se arvoram no direito de ingerência em assuntos internos de outros Estados, assumindo, em nome de uma "benigna hegemonia americana" (Nye, 2005, p. 14), uma visão paternalista e exportadora do modelo próprio – a sua mundividência, o seu sistema.

Aliás, sobre a questão do «sistema», a entrada pouco segura da Humanidade no terceiro milénio trouxe à colação a apropriação feita pelas Ciências Sociais desse conceito originário das Ciências Naturais. Uma apropriação que, diga-se, é indevida e incorrecta.

Na verdade, enquanto as Ciências Naturais se esforçam na descoberta de sistemas visando a compreensão, ainda que parcial e momentânea, da realidade, as Ciências Sociais trocam a descoberta pela criação inventiva, frequentemente ao arrepio da realidade, exceto no que concerne aos efeitos. Esses sim, sempre bem reais.

Assim, a crise, quotidianamente penosa e angustiante, que o Mundo enfrenta – fruto de uma desregrada política neoliberal que entregou a guarda do galinheiro a uma raposa que desconhece a existência de "uma incontornável dimensão económica nos direitos humanos assim como uma inequívoca dimensão de direitos humanos na economia" (Branco, 2012, p. 10) – encarrega-se de mostrar o perigo de confundir intencionalmente o preço e o valor com a consequente criação daquilo que alguém «malbatizou» como produtos tóxicos.

Trata-se de um «assento batismal» que revela vício de forma, uma vez que apenas o adjetivo está correto. De facto, não estamos perante produtos, mas face a criações falaciosas, bolhas condenadas a rebentar, com a agravante de tal acontecer segundo as leis da Física, ou seja, quando a sua dimensão extravasa os limites do possível, situação causadora de enormes danos colaterais.

Ironizando, parece caso para lastimar a sorte da pobre realidade que não se enquadra na teoria, mesmo que aquilo que se designa como teoria nem sempre justifique tal denominação.

Problematizando, talvez seja tempo de exigir maior rigor objetivo às Ciências Sociais porque, quando Protágoras relatizava que o homem era a medida de todas as coisas, ainda não dispunha de instrumentos suficientemente capazes de uma mensuração mais realista dos aspetos da realidade suscetíveis de quantificação.

Não é essa a situação presente, embora importe não passar do oito ao oitenta e, por isso, convém estar atento ao relativismo neoliberal – que defende que são "las cosas produzidas e intercambiadas las que se convierten en la medida del hombre" (Benoist, 2010, p. 271) – e à atual posição individualista, utilitária, que endeusa a formalização matemática, sem ter em conta a complexidade da vida teorizada por Chardin.

Dito de uma forma mais clara. A realidade social é um sistema complexo onde urge identificar os vários elementos, captar e analisar as suas interrelações mas, mesmo sabendo que o objeto da Matemática é a quantificação do real, não convém cair na tentação de tudo reduzir a parâmetros matemáticos e negligenciar aspetos relevantes que nenhum índice pode traduzir fielmente. Como o sofrimento, a angústia e a desesperança de pessoas e povos.

Talvez por isso o povo – que para explicar a questão da subjetividade e da objetividade recorre à diferença entre a opinião e a certeza – tenha proverbiado que «no meio é que está a virtude».

Ora, na conjuntura atual, o recurso à objetividade já possível continua a não ser a regra das Ciências Sociais e Humanas. Atente-se, por exemplo, na expressão «relações internacionais», uma expressão de tal forma objeto de comentário e referência no quotidiano informativo que se tornou parte dos elementos estruturantes sem os quais a vida coletiva não parece fazer sentido. Até pela possibilidade de responsabilizar a «conjuntura internacional» pela crise que bate à porta dos povos, mesmo que muitos deles se tenham esquecido de cumprir a parte que lhes estava cometida na alteração dos aspetos estruturais internos claramente desfasados dos padrões internacionais mínimos.

Afinal, a tendência para culpabilizar os outros pelo insucesso de que se é o principal – embora não o único – responsável, essa forma de lavar de mãos para engeitar responsabilidades, tem uma tradição que remonta, pelo menos, a Pôncio Pilatos.

Este uso quase automático ou estereotipado da expressão faz esquecer que, para falar de «relações internacionais», parece aconselhável uma reflexão sobre um outro conceito, o de «Nação», o elemento primitivo na análise etimológica da palavra «internacionais».

Na realidade, poucos são os cientistas sociais que se preocupam com a circunstância de aquilo que designam como «relações internacionais» corresponder a um significante que não encontra tradução num significado, pois o número de nações é, por norma, manifestamente inferior ao número de entidades envolvidas nesse relacionamento, embora também haja casos – como a vizinha Espanha – onde um único Estado se assume como representante de várias nações.

Mesmo não fazendo parte desta obra a inventariação explicativa dos elementos que constituem uma Nação – a comunidade de sonhos de Malraux e a raça politicamente independente, senhora do seu destino de Pascoaes – convirá registar que na longa lista de países que se sentam na «Casa da Humanidade» poucos são aqueles onde o Estado se pode considerar como representante de uma Nação e, por isso, as relações internacionais, vistas como relações entre nações, apenas o são por convenção.

Esta reflexão assume a condição de *mea culpa* pelo facto de aceitar conviver com o erro apontado, em vez de propor uma nova tipologia para a teia relacional bordada por mãos bem visíveis e cabeças nem sempre avisadas e raramente altruístas que, de forma interesseira, denunciam ou omitem a falta de respeito pelos Direitos Humanos, como se entre a Economia – que pretende libertar o homem da necessidade – e os direitos humanos – que intentam libertá-lo do medo – houvesse uma relação de incompatibilidade[2].

---

[2] Sobre esta temática, consulte-se a obra da autoria de Manuel Branco referida na bibliografia.

INTRODUÇÃO: A CONTEXTUALIZAÇÃO DA TEMÁTICA

Na verdade, a reflexão feita sobre a temática e que exige revisitar várias noções – Pátria, Nação, Povo, Estado e País – ainda não produziu um fruto suficientemente maduro para ser sujeito à crítica dos cientistas sociais e políticos e colocado à disposição do público.

Ora, na ausência dessa tipologia, importa referir que o estudo das Relações Internacionais ganhou autonomia na base de um facto social subsequente àquele que permitiu a emancipação da Ciência Política. Esta autonomizou-se a partir do poder político soberano. Aquelas emanciparam-se porque "a pluralidade de poderes políticos soberanos implica relações de perfil específico" (Moreira, 2008, p. 33).

De acordo com a tipologia clássica, numa perspetiva de teorização, é habitual considerar que essas relações se desenvolvem segundo três eixos – polemológico, economicista e normativo.

O eixo polemológico privilegia o problema da guerra, da paz e do choque de poderes e, por isso, está muito ligado à Estratégia, uma das áreas que primeiro aceitou a palavra «polemologia» quando a mesma foi proposta por Gaston Bouthoul em 1946.

O eixo economicista elege como fio condutor a área da Economia ou talvez da Socioeconomia, uma vez que coloca ênfase no estudo das problemáticas relacionadas com o desenvolvimento económico e social a nível mundial.

O eixo normativista, uma visão que bebe muita influência na área do Direito, aborda as relações internacionais numa perspetiva centrada, sobretudo, na governança mundial e na problemática da Ordem Internacional.

Porém, a complexidade das interdependências entre estes três eixos parece apontar para a necessidade de um quarto, que, afinal, talvez não represente mais do que um retorno à origem e ao verbo – o eixo da palavra.

Palavra e não palavras porque, como é sabido, a mesma palavra muda de sentido em função do tempo e da sociedade onde é proferida.

De facto, apesar da existência de várias diplomacias, que Harold Nicolson já tinha sistematizado antes da II Guerra Mundial, em 1939, as conjunturas do final do século XX e do início do XXI – a forma plural destina-se a acautelar a fase que se seguiu à implosão do Bloco de Leste mas anterior à eclosão da atual crise mundial – apontam para a necessidade de opor o poder da palavra à palavra do Poder, mesmo quando este fala recorrendo a silêncios, sempre comprometidos e comprometedores porque destinados a preservar a imagem que o Poder quer cultivar de si.

Talvez tenha sido Maquiavel o autor que melhor traduziu o apego ao Poder e a consequente captura do mesmo – daí a designação de maquiavelismo sempre que a razão da força se impõe à força da razão – embora não se deva olvidar que, muitos séculos antes, Platão colocara o sofista Trasímaco a definir a justiça como a conveniência do mais forte.

Na conjuntura atual de «conflito» – ainda que não assumido publicamente – entre o dólar e o euro, o facto de a moeda norte-americana ter a mesma nacionalidade das principais agências de «rating» ou de notação financeira – os avaliadores ou cambistas dos tempos modernos cuja competência foi colocada acima de qualquer avaliação – representa uma mais-valia para a administração norte-americana e um perigo para a manutenção da moeda, por enquanto, quase única na União Europeia.

Tal como em Maquiavel e em Platão, o recurso à dissimulação e à mentira útil continua a ser justificável, pois a balança de poderes – conceito mais operacional do que teorizado e que remonta ao século XVIII – ficou desatualizada devido à dificuldade em preencher os dois pratos suspensos. Para já não falar do desaparecimento do fiel da balança, papel que Moreira (1960, p. 377) atribuía à Inglaterra e que foi dispensado – ou substituído pelo medo recíproco – na conjuntura resultante do conflito de 1939-45.

Voltando a tempos mais longínquos, Platão reservava a mentira para os casos que se prendiam com os interesses gerais ou do Estado enquanto o mestre florentino o fazia relativamente ao interesse particular do Príncipe, que, no entanto, acabaria por centralizar em si as funções do Estado.

Na conjuntura atual, aquilo que é identificado como o interesse nacional, mesmo que o não seja por inteiro, fala mais alto[3].

Afinal, esta questão não se esgotou com os «conselhos» de Maquiavel e o Poder nas três dimensões – forma, sede e ideologia – teorizadas por Adriano Moreira continua, na atualidade, a constituir a temática central da Ciência Política, embora, para usar o rigor que a História aconselha como forma de

---

[3] Talvez valha a pena recordar a forma como a administração Obama reagiu ao corte de «rating» e as consequências daí decorrentes.

INTRODUÇÃO: A CONTEXTUALIZAÇÃO DA TEMÁTICA

limitar a subjetividade ou parcialidade, convenha reconhecer que o problema ganhou maior acuidade na conjuntura resultante do conflito de 1939-1945.

Na realidade, a Carta das Nações Unidas, talvez por ser um produto ocidental, garantiu a duas antigas potências ocidentais – a Inglaterra e a França – e a dois desviacionismos, embora com proporção desigual, da matriz ocidental – os Estados Unidos e a URSS – o direito de veto no Conselho de Segurança, prerrogativa que apenas foi reconhecida a um país com outra génese civilizacional – a China.

Era uma nova forma de maquiavelismo, baseada na força e na cortesia, e que se sobrepôs, até hoje, ao legado humanista da Assembleia-Geral da ONU, uma organização que foi criando uma constelação – que nem todos consideram ser um sistema[4] – destinada a garantir-lhe a visibilidade e a intervenção possíveis, tanto na vigência do Mundo bipolar, como na conjuntura que se seguiu à implosão do Bloco de Leste e ao posterior – e pouco frutuoso – unilateralismo estado-unidense.

Como Cabral Couto afirma, a autonomização das Relações Internacionais como área de estudos ao nível universitário, embora iniciada em Inglaterra no final da guerra de 1914-1919, demorou a ser reconhecida e apenas "conheceu um desenvolvimento e expansão acelerados no final da 2ª G. M., em consequência do extraordinário desenvolvimento da Sociedade Internacional"[5].

Era a internacionalização da vida privada, acompanhada da inevitável complexidade crescente da vida coletiva, a ditar as suas ordens e a colocar em causa a conceção que parecia colada de forma perpétua ou consensual a alguns conceitos como forma de garantir uma segurança concetual.

Foi o que se passou com a «soberania», palavra que consta no título e que convirá não confundir com outra igualmente aí presente – «Poder».

Assim, o teórico da soberania, Bodin, na sua obra *Les six livres de la République*, datada de 1576, definiu o conceito como algo que não conhecia superior na ordem externa nem igual na ordem interna, ou, utilizando a sua língua materna, «un pouvoir absolu – inconditionnel sauf pour droit divin et droit

---

[4] Esta é, por exemplo, a posição de Bertrand (2004, p. 94), quando coloca a tónica na independência – e não na interdependência – das agências que dependem do Secretário-Geral.
[5] Afirmação constante num depoimento autenticado. Cf. Pinto (2006, p.283).

naturel – et perpétuel – transcendant la forme de l' Etat et le titulaire du pouvoir suprême».

A nível interno, porque as normas elaboradas pelos grupos sociais intermediários entre o indivíduo e o Estado têm de aceitar a submissão às leis elaboradas pelo Estado.

No plano externo, porque a soberania faz com que todos os Estados beneficiem do estatuto de igualdade no que concerne à comunidade internacional, uma posição que seria reafirmada em 1648 na Paz de Vestefália.

Ao longo dos tempos este conceito foi conhecendo novas conceções, à medida que vários pensadores se foram debruçando sobre o mesmo, procurando, sobretudo, identificar onde residia a soberania, situação que levaria Rousseau a recusar a democracia representativa, uma vez que não admitia a alienação definitiva nem a delegação temporária dessa prerrogativa.

Por isso, o desprezo com que olhava aquele que era considerado na altura como o sistema político mais perfeito – o inglês –, pois não percebia a razão pela qual um povo livre e soberano usava a liberdade para ficar privado da soberania.

Sendo certo que a democracia direta, mesmo não trazendo à colação o referendo e o direito de iniciativa popular, ainda vigora na atualidade, embora apenas para questões locais, em alguns lugares, nomeadamente em pequenos cantões suíços, não restam dúvidas que os sistemas de democracia representativa – ainda que com níveis muito diversificados de desempenho – passaram a constituir a regra da vida política ocidental.

Porém, o fim dos impérios resultante do conflito de 1914-18 e, principalmente, o disfuncionamento do Euromundo na conjuntura resultante da guerra de 1939-45, quando "os ocidentais, em recuo, puderam finalmente meditar sobre as vozes mal escutadas de Vitória, de Fr. Bartolomeu de Las Casas, de Molina, de Suarez, de Vieira" (Moreira, 2011, p. 146) acabaram por determinar uma nova alteração ao nível da soberania.

De facto, o surgimento de organizações internacionais cujos objetivos iam muito para além da dimensão económica ligada à comunicação das experiências pioneiras do século XIX, teve repercussões ao nível dos Estados que deixaram de poder garantir as três funções clássicas: alocativa, redistributiva e estabilizadora, ou, recorrendo a outro padrão da mesma língua: legislativa, administrativa ou executiva e jurisdicional.

INTRODUÇÃO: A CONTEXTUALIZAÇÃO DA TEMÁTICA

A vida internacional passou a privilegiar as organizações e os Estados, embora mantendo a capacidade de relacionamento a nível bilateral, viram-se obrigados a conviver com uma soberania de serviço derivada da pertença a espaços coletivos de decisão dotados de conceitos estratégicos próprios e nem sempre fáceis de compatibilizar com os interesses individuais de cada Estado-membro, mesmo em áreas de competências partilhadas, porque – como acontece na União Europeia – o exercício de competências por parte da organização faz precludir ou cessar a competência dos Estados[6].

Nessa conjuntura, as alianças, ainda que velhas de séculos – como a Aliança Luso-Inglesa que remonta ao início da Dinastia de Avis – perderam espaço de ação, pois cada um dos países viu-se obrigado a cumprir os compromissos inerentes à participação num espaço coletivo, com a agravante de um mesmo país pertencer a várias organizações.

Já não se tratava, como no final da I Guerra, de proibir as alianças secretas e, por força do artigo 18 do Pacto da Sociedade das Nações, obrigar a que "todo tratado ou compromisso internacional concluído para o futuro por um membro da Sociedade [devesse] ser imediatamente registrado pela Secretaria e por ela publicado logo que possível".

O fim do Euromundo, para além de abrir caminho ao Mundo bipolar, obrigou a Europa da vertente atlântica a ouvir algumas das suas vozes encantatórias, que apelavam à associação e à união, e aceitou sacrificar parte da soberania nacional em troca da almejada recuperação económica.

Aliás, este problema não revela tendência a desaparecer, como se comprova pelo facto de a União Europeia, fruto de alterações estatutárias recentes, se ter transformado numa entidade com personalidade jurídica própria, ou seja, no plano externo passar a ser considerada como um «país» ou um «Estado supranacional» que começa a reivindicar um lugar no Conselho de

---

[6] De acordo com o Tratado de Lisboa, "o exercício das competências da União rege-se pelos princípios da subsidiariedade e da proporcionalidade" – ponto 1 do Artigo 3.ºB. No entanto, o ponto 2 do Art.º 2.º - A, Título I estipula que "quando os Tratados atribuam à União competência partilhada com os Estados-Membros em determinado domínio, a União e os Estados-Membros podem legislar e adoptar actos juridicamente vinculativos nesse domínio. Os Estados-Membros exercem a sua competência na medida em que a União não tenha exercido a sua".

Segurança da ONU e que está a montar todo um plano de política externa com a criação de embaixadas[7].

Esta situação ganha contornos ainda mais alarmantes quando se verifica que, por força da crise económica atual e da consequente ideologia de contenção de despesas, os países da União procedem ao encerramento de embaixadas e de consulados um pouco por todo o Mundo, esquecidos das – ou forçados a esquecer as – palavras avisadas de Clausewitz sobre a verdadeira função da diplomacia.

O futuro próximo encarregar-se-á de reclamar o preço a pagar por uma lógica economicista e que não quer perceber que, numa conjuntura globalizada, as guerras não acabaram, apenas assumiram novas modalidades e dimensões mais catastróficas, até porque já não existe o telefone vermelho que deu razão a Raymond Aron quando caraterizou a «guerra fria» como um período de paz impossível mas de guerra improvável.

A nível da Lusosfera, a circunstância de ter sido uma portuguesa – Ana Paula Zacarias – a assumir a chefia da embaixada da União Europeia em Brasília[8], não impede o reconhecimento de que a duplicação resultante da criação de órgãos supranacionais e da manutenção de órgãos nacionais acaba por gerar inevitáveis choques de competências e produzir um impacto que é sentido ao nível da soberania, uma vez que parte dela deixa de ser prerrogativa nacional e é transferida para órgãos externos, mesmo que na composição dos mesmos entrem – temporária ou regimentalmente – elementos nacionais, que, aliás, «perdem» essa dimensão quando tomam posse.

Talvez por isso, em África, continente onde as independências são recentes, a visão patrimonialista de certas elites que substituíram as anteriores elites coloniais se constitua como um oponente da integração regional.

No caso europeu, depois da criação do Estado-Nação e daquilo que Adriano Moreira designa como um arquipélago de soberanias em regime de *apartheid* – sistema gerador de alguns nacionalismos exacerbados que convém não confundir com patriotismo[9] –, a integração internacional, vista como um

---

[7] Decisão que decorre do estipulado no Tratado de Lisboa.
[8] Apresentou credenciais no Itamaraty em 12 de agosto de 2011, embora a nomeação tivesse ocorrido em setembro de 2010.
[9] Patriotismo e nacionalismo não são sinónimos. O nacionalismo tem presente um sentimento de superioridade étnico-cultural, respeito pela etnia, língua e tradição. O patriotismo

processo através do qual os agentes políticos internos transferem as suas lealdades, expectativas e atividades políticas para um centro mais abrangente, nem sempre deu lugar à criação de novas formas de solidariedade horizontal entre os constituintes de um mesmo espaço, como é facilmente constatável em conjunturas de crise, com a agravante de já ser detetável a «atração» pela ideia de crise não temporária mas permanente.

Por isso, o fim de uma ordem objetiva de valores traduziu-se na transposição para o plano coletivo da crença fundamental da doutrina do capitalismo segundo a qual "los indivíduos nunca sirven mejor al interés general como cuando intentan maximizar egoisticamente sus proprios interesses" (Benoist, 2010, pp.29-30).

Aliás, a manutenção de indisfarçáveis assimetrias regionais dentro de um mesmo país demonstra que a solidariedade é de difícil enraizamento mesmo a nível nacional.

Em Portugal, a nível do retângulo continental, a desertificação do interior prova que continua o êxodo decorrente da falta de oportunidades, situação apenas aliviada por casos pontuais de políticas assertivas de filhos da terra que ousaram ficar e se esforçaram por criar condições para que outros aceitem o desafio de permanecer ou de regressar.

No ar, ficam as queixas contra um Poder sedeado na capital, pouco propenso a dar ouvidos à voz da interioridade e que nem sempre distingue a descentralização – um anseio local – da desconcentração, através da qual delega, mas não aliena, as competências que quer, num quadro marcado pela transitoriedade resultante da vontade central.

Como Bilhim (2007, p. 3) refere, "há diversos modelos de relacionamento entre o governo central e o local. O governo local pode assumir-se com relativa autonomia; como agência; como modelo interativo", sendo que o ordenamento jurídico da autonomia relativa e o aspeto algo indefinido, mas virado para a partilha, do modelo interativo, merecem mais simpatia por parte dos eleitos locais que não gostam de se sentir meros agentes – ou peões – do governo central.

---

significa lealdade às terras e ao grupo, respeito pelas leis e instituições. Para Pascoaes (1998, p. 13), "Portugal é uma Raça constituindo uma Pátria, porque, adquirindo uma Língua própria, uma História, uma Arte, uma Literatura, também adquiriu a sua independência política".

É esse um dos aspetos a contemplar na definição do objeto de estudo desta investigação.

A Problematização: o Objeto de Estudo, as Fontes e a Metodologia

No que diz respeito às queixas, uma primeira constatação a fazer prende-se com a circunstância de as mesmas também se ouvirem, embora nem sempre com a mesma intensidade, no relacionamento do Poder Central com as duas regiões autónomas de Portugal.

As diferenças de personalidade daqueles que foram chamados a chefiar os executivos insulares talvez desempenhe um papel mais assinalável nesse nível reivindicativo do que o facto de os Açores, ao contrário da Madeira, terem seguido uma alternância de Poder, embora algo diferente daquela que se tem verificado na Metrópole.

De facto, num caso e no outro, os Governos Regionais foram confrontados com a existência de Governos Centrais assentes em forças partidárias nem sempre com as suas filiações partidárias.

Na realidade, nem Alberto João Jardim nem Mota Amaral tiveram sempre como interlocutores em Lisboa governos da responsabilidade do PPD/PSD, a exemplo do que se passou com Carlos César, que, depois de um relacionamento com governos do PS, conviveu com um governo central de coligação chefiado por um Primeiro-Ministro do PPD/PSD.

Esse é um elemento a ter em conta na presente investigação, um estudo virado para a compreensão da importância dos Açores na política externa portuguesa.

Ora, falar dos Açores, nos séculos XX e XXI, para além do relato das duas erupções do vulcão dos Capelinhos – em 27 de setembro de 1957 e em 14 de maio de 1958 – é dar conta da importância que o arquipélago teve – e continua a ter – para Portugal no âmbito das relações internacionais, embora se possa e deva questionar se os Açores representam um instrumento de Poder por parte de Portugal ou se, pelo contrário, constituem uma ameaça à soberania nacional.

Esta investigação, centrada em três momentos, procurará encontrar resposta para essa questão através de um estudo cronológico do relacionamento entre Portugal e os Estados Unidos da América, tendo os Açores não como pano de fundo mas como boca de cena.

INTRODUÇÃO: A CONTEXTUALIZAÇÃO DA TEMÁTICA

Trata-se de perceber a imagem que cada um dos intervientes tem de si mesmo, aquela que pretende transmitir e a representação que faz do outro.

Assim sendo, embora esse processo relacional venha praticamente desde a independência dos Estados Unidos porque, como Calvet de Magalhães (1986) afirma, "nas primeiras negociações entre Portugal e a jovem república americana, que tiveram lugar entre 1783 e 1786, os negociadores americanos John Adams e Thomas Jefferson (mais tarde ambos presidentes dos Estados Unidos) [propuseram] o estabelecimento de um entreposto americano nos Açores" e na I República, mais exatamente a 8 de novembro de 1917, o Ministro dos Negócios Estrangeiros, Augusto Soares, tenha autorizado a instalação de uma base naval norte-americana em Ponta Delgada durante a I Guerra Mundial[10], considerou-se que não era esse o período que interessava estudar porque os Estados Unidos, findo o conflito, cumpriram a palavra dada nos termos da qual sairiam dos Açores no final da guerra, ato que viria a ser consumado em setembro de 1919[11].

No entanto, não deve ter sido por causa da origem das ilhas que a situação pareceu adormecida durante os loucos anos 20 e na década de 30 do século XX, quando a Europa viu despertar os seus demónios interiores – que, tal como os vulcões, não se extinguem mesmo em períodos de calma aparente – e os regimes totalitários do fascismo, do nazismo e do sovietismo se encarregaram de reassumir a barbárie.

Com o reacender do conflito que Versalhes deixara latente e que a Sociedade das Nações se revelara impotente para controlar, os Açores recuperaram o seu valor estratégico[12].

---

[10] O pedido inicial foi feito em 7 de janeiro de 1917 através de uma nota de Thomas Birch, o representante norte-americano em Portugal. Pelo meio, os EUA receberam autorização para o arrendamento de um armazém em Ponta Delgada. Sobre esta questão, confronte-se Magalhães (1987).
[11] Esta estação foi visitada pelo futuro Presidente Franklin D. Roosevelt em 1918. Na altura, Roosevelt era Subsecretário da Marinha.
[12] Convém frisar que os ingleses também viram outra utilidade para o arquipélago açoriano. Assim, no maço 4 da caixa 1 do Arquivo Luís Teixeira de Sampaio está um telegrama de Lord Halifax para Sir W. Selby, datado de 8 de julho de 1940, cujo assunto se prendia com 13 000 pessoas, "women and children, old men and invalids", todas de "excellent character" que tinham sido "compulsory evacuated from Gibraltar to French Morocco". Halifax pedia a Selby para "approach Portuguese Government immediately and ascertain whether they will assist H.M.G. by accepting these evacuees in Azores and/or Madeira".

Aliás, essa era a perceção do Presidente Franklin Delano Roosevelt quando, em 17 de maio de 1941, face à ameaça nazi, alertou que "the war is approaching the brink of the Western Hemisphere itself. It is coming very close to home", pois não se podia olvidar que Hitler tinha "armed power at any moment to occupy Spain and Portugal [...] and the island outposts of the New World – the Azores and Cape Verde Islands"[13].

Por isso, durante o segundo conflito – novamente mundial apenas pelos efeitos – essa posição estratégica de algumas possessões portuguesas e a tão famosa como incompleta neutralidade colaborante de Salazar[14] levaram à assinatura, em 17 de agosto de 1943, do Acordo de Londres com a Inglaterra, o qual foi seguido de um desembarque inglês em Angra do Heroísmo em 8 de outubro do mesmo ano.

Porém, esta concessão aos ingleses de facilidades militares nos Açores, feita em nome de uma aliança velha de mais de meio milénio, não servia os interesses norte-americanos, situação que estes não tardaram a manifestar a um Presidente do Conselho mais hábil a negociar e a captar a lógica do pensamento norte-americano do que a querer perceber a nova hierarquia que se desenhava na conjuntura mundial.

Aliás, não se pode esquecer que em 16 de maio de 1943, o Joint War Plans Committee tinha preparado um relatório para ser presente à consideração da Joint Chiefs of Staff cujo título era "Seizure or peaceful occupation of the Azores", documento que será objeto de estudo pormenorizado no Capítulo 1.

Além disso, as facilidades inicialmente requeridas pelos militares dos Estados Unidos eram de tal forma gravosas para a soberania portuguesa que surpreenderam o próprio interlocutor norte-americano, George Kennan, que não via nelas a mínima hipótese de poderem captar as boas graças de Salazar[15].

---

[13] Citação feita a partir do documento Fireside Chat 17: On An Unlimited National Emergency (May 27, 1941), consultado no sítio http://millercenter.org/president/speeches/detail/3814.

[14] Na verdade, mesmo não entrando na questão dos Açores, convirá não esquecer que os aliados, primeiro, e os japoneses depois, invadiram e ocuparam Timor e que a China ocupou uma ilha deserta de Macau.

[15] O Departamento de Defesa queria facilidades para os seus navios em São Miguel, onde também deveria haver uma base aérea para a marinha, duas bases para o exército nas Flores e nas Lajes, uma base na Horta para hidros e, como alternativa, rádio, radar e uso dos portos em Santa Maria.

INTRODUÇÃO: A CONTEXTUALIZAÇÃO DA TEMÁTICA

Séculos atrás, o padre António Vieira sermoneara que não havia coisa que tanto repugnasse os homens como o pedir, uma palavra que custava a sair da boca. No entanto, os norte-americanos não pareciam sofrer desse incómodo, talvez por considerem que, no caso em estudo, o «pedido» representava um eufemismo destinado a esconder a palavra «exigir».

Só que, como Kennan sabia e o embaixador inglês confirmou[16], até para exigir convém respeitar os limites da razoabilidade, sobretudo numa conjuntura em que Portugal – muito por força dos Açores – era importante para a diplomacia estadunidense, como prova a passagem da delegação dos Estados Unidos em Lisboa para embaixada em 20 de junho de 1944, quando R.Henry Norweb, que já chefiava a delegação, apresentou novas credenciais.

Como resultado de um processo longo que Salazar fez questão de centralizar na sua pessoa, uma vez que era o Presidente do Conselho e o Ministro dos Negócios Estrangeiros, em 28 de novembro de 1944, acabaria por ser assinado um acordo entre Portugal e os Estados Unidos para a concessão de facilidades nos Açores aos norte-americanos, embora só até ao final da guerra.

Essa assinatura poderia constituir um bom exemplo de que os países não têm aliados eternos, na senda da visão diplomática francesa, segundo a qual os aliados e os inimigos são intercambiáveis. No entanto, a forma como Portugal procurou que as negociações fossem a três, ou seja, que também envolvessem a Inglaterra, e a constante informação fornecida aos ingleses sobre o andamento das negociações com os norte-americanos, demonstram que Portugal estava apostado na manutenção da relação – que considerava privilegiada – com a Inglaterra.

Voltando ao acordo com os EUA, talvez os acordos complementares previstos no texto inicial e assinados no mês seguinte possam ser vistos, não apenas como uma forma de explicitar aspetos ainda não devidamente acautelados, mas também, como o primeiro indício de que, ao contrário daquilo que constava na carta que Roosevelt entregara a Kennan e destinada a Salazar[17],

---

[16] Mais do que confirmar, pode dizer-se que Campbell ficou de tal forma preocupado com as exigências dos Estados Unidos que se apressou a informar Londres sobre as mesmas. Certamente ficou mais descansado quando foi informado que Churchill escrevera a Roosevelt dando-lhe conta da impossibilidade inglesa de apoiar um pedido tão exagerado.
[17] Como Rodrigues (2004, p. 3) refere, Roosevelt não percebia os receios e as suspeições de Salazar relativamente à hipótese de os norte-americanos não saírem dos Açores no final do

os norte-americanos não estavam dispostos a abandonar os Açores depois do final do conflito que, no que se refere à vertente ocidental, aconteceu em 7 de maio de 1945 quando o almirante Karl Donitz assinou a capitulação alemã.

De facto, quase imediatamente antes dessa data, mas numa fase em que já poucas dúvidas restavam sobre a vitória aliada, foram iniciadas, em 27 de março de 1945, as negociações com os EUA, que tinham como objeto o Air Transport Command (ATC) e que deveria vigorar até 30 de junho de 1946, ou seja, uma data já posterior ao encerramento do conflito, em 2 de setembro de 1945, depois da capitulação japonesa ocorrida em 15 de agosto de 1945 naquela que Norweb considerava como a "nossa guerra".

Aliás, o fim da II Guerra tornou evidente uma disfunção relacional entre Portugal, a Inglaterra e os Estados Unidos.

Assim, Portugal queria continuar a ver toda a questão atlântica tendo como pano de fundo a Aliança Luso-Britânica e o relacionamento privilegiado com o Brasil enquanto a Inglaterra, debilitada por um conflito que lhe retiraria preponderância mundial, não se sentia em condições – nem via necessidade – de manter uma despesa militar nos Açores. Quanto aos Estados Unidos, o investimento feito deveria ser rentabilizado, pois o mesmo tivera presente não apenas a conjuntura do conflito.

Esse é o primeiro momento de estudo desta investigação, um capítulo que, como se verá mais à frente, talvez justifique o título "Salazar desafia a águia", pois, como é sabido, foi essa a ave escolhida para simbolizar a terra do Tio Sam.

No entanto, como o atual Presidente do Governo Regional dos Açores fez questão de frisar no depoimento, "o primeiro Acordo entre Portugal e os EUA relativamente à criação e utilização de infra-estruturas aeroportuárias nos Açores para efeitos militares com sede na Base das Lajes data de Setembro de 1951".

Dito de outra forma, não se podem confundir os acordos bilaterais já referidos para a concessão de facilidades aos ingleses e aos norte-americanos em Santa Maria com o Acordo de 1951, prolongado em 1957, um contrato entre Portugal e os Estados Unidos da América sobre o estacionamento de um des-

conflito e não devolverem "em bom estado e assim que a guerra terminasse, quaisquer facilidades que [pudessem], temporariamente, ser autorizados a utilizar nas ilhas".
Não foi longa a espera para comprovar os fundamentos do receio de Salazar porque os norte-americanos apenas se «transferiram» para as Lajes, ou seja, não saíram dos Açores.

tacamento permanente da Força Aérea, razão pela qual, no ano seguinte, os Estados Unidos fizeram da Base das Lajes uma espécie de porta-aviões fixo.

Robert Diamond e David Fouquet consideram que "de 1946 a 1951, os Estados Unidos mantiveram uma presença militar nos Açores, numa base não oficial. Só em 1951, é que foi assinado um acordo formal garantindo aos Estados Unidos o acesso aos Açores, em tempo de guerra, por período correspondente ao do Tratado da Nato [...] e em tempos de paz [...] por prazo de cinco anos"[18].

Nessa fase, o inimigo era outro porque, uma vez dominada a ameaça nazi, o bipolarismo resultante da II Guerra traduziu-se na «guerra fria» e os Estados Unidos sabiam que o arquipélago dos Açores – o seu «outpost» – poderia vir a ser alvo da cobiça soviética.

Era suposto que, findo o novo prazo decorrente do prolongamento feito em 1957, o acordo voltasse a ser renovado desde que a conjuntura mundial não sofresse uma alteração significativa. Porém, a chegada ao poder de John Kennedy e o consequente início de uma política norte-americana virada para a autodeterminação dos povos fez com que Salazar, consciente do valor dos Açores para a estratégia norte-americana, se recusasse a negociar a renovação do contrato quando este caducou em 31 de dezembro de 1962.

Era a forma encontrada para mostrar o descontentamento com a política de Kennedy para África e uma resposta ao embargo da venda de armas norte-americanas a Portugal numa altura em que o país já enfrentava uma guerra colonial. Estratégia que Washington apelidava de «the Azores blackmail», designação que não incomodava nem Salazar nem Franco Nogueira, que, dois dias antes do prazo do acordo expirar, entregou ao então embaixador norte-americano, Elbrick, uma nota a prolongar a concessão de facilidades por mais um ano.

Tratava-se claramente de uma concessão a «conta-gotas» com a agravante de, no final de cada ano, a torneira poder deixar de pingar. Bastava um aperto

---

[18] Artigo «Portugal e os Estados Unidos», fólio 163 de SCCIM N.º 665. Os autores defendem que "Portugal teria, portanto, de abandonar a NATO (com um aviso prévio de um ano), para negar aos Estados Unidos o direito legal de utilização dos Açores em caso de guerra". Em tempo de paz, os EUA tinham direito a "manter e melhorar as facilidades militares nos Açores", embora, Portugal pudesse "exigir a retirada de todo o pessoal americano com um aviso prévio de seis a doze meses", findo o prazo acordado. A leitura interpretativa do texto do Acordo, feita nesta obra, permitirá confrontar estes elementos.

mais forte dado pela mão mais fraca, apesar de esta ter consciência dos sérios riscos que tal ação implicaria. Só que os riscos não pendiam apenas para um dos lados.

Talvez por isso, a política da administração norte-americana tivesse começado a esmorecer no que concerne ao apoio à libertação dos territórios africanos e, em alternativa, preferisse recomendar que a política portuguesa evolucionasse no sentido da autonomia das suas possessões africanas, comprometendo-se a apoiar o esforço português.

Afinal, os Estados Unidos sabiam bem que, como Moreira (2009, p. 127) afirma, há várias formas de o Poder condicionar as condutas – manipulação, dominação e força – sendo que Salazar privilegiava a primeira modalidade, mesmo não estando convicto que os Estados Unidos se abstivessem de recorrer à terceira hipótese.

Como esta investigação privilegia as fontes diretas – aquelas que foram produzidas pelos intervenientes no processo –, todo este período desde a II Guerra até à substituição de Salazar será narrado, sobretudo, a partir de documentos outrora secretos e confidenciais e que fazem parte do Arquivo Salazar guardado na Torre do Tombo, designadamente nas várias pastas dos dez Anexos de AOS/CLB/FA, e do Arquivo Luís Teixeira de Sampaio[19], um funcioná-

---

[19] A consulta das duas caixas deste arquivo não foi fácil. De facto, foi necessário esperar pelo tratamento arquivístico e pela passagem pelo gabinete de expurgo de cada uma das caixas, sendo que a primeira foi colocada à disposição do investigador no dia 24 de maio de 2012. Nesse arquivo, o maço 1 foi objeto de expurgo total e o 15 e o 18 estão em mau estado. Quanto ao maço 2, contempla 27 cartas (alguns telegramas) com caráter diplomático, nomeadamente de Roma, de Inglaterra e de Washington. No que se refere ao maço 3, engloba 57 cartas, algumas de carater diplomático. As datas indicadas referem que se trata de correspondência entre os anos de 1923 e 1940. No entanto, nada de importante foi encontrado para o período em estudo neste livro. No que se refere ao maço 4, o mesmo contém 56 cartas (alguns telegramas). Mais tarde, em 2 de julho, ficou disponível a segunda caixa que, de acordo com o índice, contém os seguintes maços: 24ª, 25, 27, 28, 29, 30, 32, 33, 34, 37 – expurgo total -, 38, 39, 40, dois maços com a numeração 42 e o maço 43. No entanto, nos maços a situação foi corrigida com a numeração a ir até 44.Todos eles indicam como fundamentação o facto de se tratar de "correspondência particular com dados pessoais; defesa bom nome", sendo que o fólio 17 do maço 42 se apresenta em mau estado de conservação. O maço n.º 35 é constituído apenas por caricaturas relativas à vida política nacional e internacional, sendo que algumas delas estão datadas da década inicial do século XX. Nomes como Chamberlain, visconde de Santarém, o rei D. Luís e o embaixador de Sua Majestade surgem nas legendas das caricaturas feitas a lápis.

rio que Salazar elevou à categoria de Secretário-Geral do MNE, uma vez que sempre que necessitava de alguma informação era a ele que tinha de recorrer.

Para acautelar a verdade histórica, importa dizer que Sampaio foi agraciado com "das Grosskreuz des Ordens vom Deutschenadler", em 1 de fevereiro de 1938[20], e que Franco o agraciou com "la Gran Cruz de la Orden de Isabel la Católica"[21].

Voltando ao gosto exacerbado em quase paixão que o investigador manifesta pelos arquivos, o mesmo também merece uma explicação, certamente tributária da pertença originária e identitária a um mundo rural marcado pela oralidade.

Bonaventure Mvé-Ondo (2005, p. 7) refere, no prefácio à obra de Mamoussé Diagne, que "le temps est la principale menace pour toute civilisation de l'oralité en raison de l'absence de support matériel (archives)».

Ora, nessa perspetiva, parece-me de difícil aceitação que as sociedades detentoras de arquivos se contentem com a posse dos mesmos, esquecidas que a verdade histórica aí guardada corre o risco de permanecer encarcerada se não for levada ao conhecimento de toda a comunidade.

Afinal, a posse inconsciente não andará longe de representar uma não--posse, situação difícil de entender quando há tantos segredos da vida pública que merecem ver a luz do dia[22].

A neuropsicologia descobriu uns traços – os engramas – para explicar a forma como, através de alterações neuronais, as memórias são guardadas no cérebro.

---

[20] O original consta no Arquivo Luís Teixeira de Sampaio, caixa 2, maço 44, ou seja, é o último documento do arquivo.

[21] Decreto de 19 de maio de 1939. Nesse documento - n.º 7, do maço 43, da caixa 2 do Arquivo Luís Teixeira de Sampaio - é possível verificar que a data era completada pela expressão "Año de la Victoria". Estava-se em 1939.

[22] Só os Diários de Salazar, ditados à secretária, Emília Ferreira, entre 1933 e 1939, e escritos na caligrafia difícil de Salazar, entre 1939 e 1968, compreendem 9 caixas e 72 volumes. Nesses Diários estão registados todos os factos relevantes do dia-a-dia de Salazar. Uma prova de que a caligrafia de Salazar não é de fácil decifração são os fólios 706 a 709 da pasta 122 da caixa 562 de AOS/PC/8E1, pois o investigador não os conseguiu «descodificar». Como na página 3 do n.º 21 de *O Século Ilustrado* se dava conta que "o sr. Dr. Oliveira Salazar não é capaz de ditar uma carta ou um discurso à sua secretária. Passeia de um para outro lado – e fala – como se conversasse baixo, às vezes a meia voz. A sr.ª D. Maria Emília tem que apanhar essas palavras todas, dispersas no ar", não restam dúvidas dos deméritos do investigador.

Os engramas da História são os documentos autênticos. Aqueles testemunhos que permitem que a geração presente conheça o ativo e o passivo que as gerações passadas foram semeando ou escondendo.

Afinal, uma forma revisitada não apenas dos arcos de triunfo destinados a perpetuar o sucesso, mas também, dos segredos que, embora descendo à cova com os seus possuidores, deixaram um rasto passível de ser seguido, uma vez que não foram objeto de «desaparecimento», de destruição ou de descarte.

Segredos que os diplomatas procuravam esconder escrupulosamente ao ponto de quase nada escreverem quando não tinham "confiança" nas "condições em que os correios trabalham com censuras e coisas mais" e não dispunham "de uma mala diplomática" inviolável[23].

Ainda no que às fontes diz respeito, para além do acervo bibliográfico já publicado e que convirá consultar e confrontar, esta investigação também estabeleceu contacto com algumas das mais credenciadas bibliotecas norte-americanas – Franklin Roosevelt Library (Hyde Park, Nova Iorque), John F. Kennedy Library, Miller Center (University of Virginia), Lyndon Baines Johnson Library – que disponibilizaram as informações necessárias para a consulta *on line* de documentos essenciais para este estudo, uma vez que asseguraram o outro ponto de vista e o consequente direito ao contraditório.

Nessas bibliotecas, tal como na Torre do Tombo, existe um manancial de documentos outrora secretíssimos, secretos e confidenciais, atualmente desclassificados, – embora nem sempre por completo – que possibilitam uma forma de escrever a História mais em consonância com os factos e com a realidade. Tarefa que, como é evidente, não visa reescrever a História de acordo com interesses momentâneos, mas com um valor intemporal – o direito de cada povo à sua verdade histórica.

O segundo momento desta investigação corresponde ao governo de Marcello Caetano e o título «Do Bluff Português ao Ultimato da Águia» parece adequado porque o retomar das negociações em 1970 – ano em que ocorreu o atentado bombista contra a embaixada de Portugal em Washington e passados oito anos desde que "os Estados Unidos começaram a usar o complexo

---

[23] Queixa feita pela legação de Portugal em Washington numa carta enviada ao Secretário-Geral do MNE e datada de 19 de junho de 1941 – caixa 2, maço 42, n.º 13 do Arquivo Luís Teixeira de Sampaio.

INTRODUÇÃO: A CONTEXTUALIZAÇÃO DA TEMÁTICA

das Lajes em regime *ad hoc*"[24] (Antunes, 1993, p. 51) – e a assinatura, em 9 de dezembro de 1971, de um acordo nos termos do qual o governo norte-americano se comprometia a conceder a Portugal um crédito de 400 milhões de dólares, acrescido de outras contrapartidas, designadamente de equipamento militar – embora o Congresso acabasse por vetar a transferência deste último – não conseguiram esconder dois elementos.

O primeiro prende-se com um hipotético ultimato lançado por Marcello através de um órgão da comunicação social internacional no sentido de forçar os Estados Unidos a regressarem à mesa das negociações, numa fase de desesperado isolamento, na qual Portugal já não dispunha de «capital reputação», face à condenação internacional que recaia sobre a política colonial portuguesa.

Marcello sabia bem que os Açores estavam a perder importância estratégica e que já pareciam distantes os "princípios de 60, altura em que ainda quase 80% dos transportes militares americanos a caminho da Europa se iam reabastecer à Base dos Açores"[25].

Seria caso para, na perspetiva do governo português, lastimar o progresso que garantia o aumento de autonomia dos aviões norte-americanos.

---

[24] Essa foi a expressão usada pelo Secretário de Estado Adjunto, David Newsom, para justificar a desnecessidade de renovar o Acordo das Lajes porque, na sua leitura, "Lisboa – como o fez durante a maior parte da década de 1960 – permitiria que os EUA utilizassem os Açores de qualquer maneira, numa base ad hoc" – fólio 48 de SCCIM N.º 665. Dito de uma forma mais clara: para quê contrair obrigações se o benefício podia ser obtido sem encargos? Como se constata, Newsom não equacionava a hipótese de Portugal resolver pôr fim às facilidades concedidas nas Lajes. Talvez convenha recordar que Newsom tinha visitado oito países africanos em finais de 1971 e tinha dado uma conferência de imprensa em Lagos na qual afirmara que "o seu país estava pronto a averiguar em qualquer altura se o equipamento militar fornecido a Portugal estava a ser enviado para o Ultramar" – fólio 108 de SCCIM N.º 665. Mais tarde, Newsom visitou Portugal a 19 e 20 de março de 1973 e, depois dessa visita, reconheceu perante o Subcomité para os Assuntos Africanos que era "irrealistico considerar que tais conversações – ou quaisquer medidas concretas que tomássemos – pudessem «pressionar» Portugal a modificar a sua política enraizada em tradições e conceitos políticos" – fólio 58 de SCIM/K/4/3/1/1. De registar que o hebdomadário *Lettre d'Afrique* n.º 12, de 20 de março de 1973, escreveu que a referida visita se destinava a transmitir um recado de Nixon para convencer Caetano que "valia mais conceder o mais breve possível a independência a Moçambique e Angola do que tudo perder" – fólio 65 de SCCIM/K/4/3/1/1.
[25] Fólio 165 de SCCIM N.º 665.

O segundo tem a ver com aquilo que aconteceu, numa fase em que os Estados Unidos não tinham embaixador em Lisboa, durante o conflito que opôs Israel a alguns países árabes – a guerra do Yom Kippur, também designada como a guerra do Ramadão ou guerra de Outubro – causada pelo ataque surpresa – até para a administração norte-americana – de países árabes, liderados pela Síria e pelo Egipto, aos Montes Golan e Sinai[26].

Neste caso, só a palavra «ultimato» parece retratar a circunstância de Marcello Caetano ter recebido uma carta – muito dura e ameaçadora de Nixon[27] – a solicitar autorização para o uso militar dos Açores e ter sido obrigado a dar o seu consentimento num sábado à noite[28], num momento em que os aviões dos Estados Unidos já tinham descolado rumo ao arquipélago onde a soberania não era sua pertença.

Não sendo minimamente previsível que uma eventual recusa portuguesa fosse suficiente para implicar o regresso a penates da aviação norte-americana, esta «autorização» nada mais fez do que legitimar o inevitável.

---

[26] A verba acabava por ser superior a 436 milhões de dólares porque para além dos 400 milhões de financiamento do Export-Import Bank para projetos de desenvolvimento interno, incluía 30 milhões derivados do fornecimento de cereais ao preço praticado pelos Estados Unidos junto dos países do Terceiro Mundo, 1 milhão para projetos educacionais, 5 milhões provenientes da venda de equipamento não-militar excedente e a suspensão por dois anos do pagamento a que Portugal estava obrigado pela permanência do Military Assistance Advisory Group, valor que ascendia a cerca de 350 000 dólares.
No entanto, tudo não passou, como Antunes (1993, p. 226) refere, de um "grande logro".
Na realidade, Portugal acabou por encontrar melhores condições de financiamento na Europa e, por isso, a verba prevista pelo financiamento do Export-Import Bank não chegou a ser utilizada. Além disso, devido a dificuldades levantadas, em diferentes momentos, por alguns congressistas, nomeadamente Charles Diggs, que, em 23 de novembro de 1973, antes da visita à Suazilândia e ao Lesoto, afirmara que se os EUA não reconhecessem a Guiné-Bissau ficariam isolados – fólio 37 de SCCIM n.º 665 -, Clifford Case, Tunney e Young, Portugal não recebeu o material bélico. De notar que enquanto Portugal precisava, por exemplo, de mísseis «Red-eye» para combater o PAIGC, cada vez melhor armado, os EUA enviavam para Lisboa listas de material obsoleto que tinham armazenado na Alemanha Ocidental.

[27] Dura porque não deixava qualquer dúvida sobre a impossibilidade de os Estados Unidos fornecerem as armas que o Ministério dos Negócios Estrangeiros solicitara. Ameaçadora porque explicitava a tomada de medidas por parte dos Estados Unidos que iriam prejudicar as suas relações com Portugal.

[28] O telegrama para o embaixador João Hall Themido foi enviado às 20h 30m do dia 13 de outubro de 1973.

INTRODUÇÃO: A CONTEXTUALIZAÇÃO DA TEMÁTICA

É esse, por norma e de facto, o «direito» que assiste aos pequenos Estados quando os interesses das grandes potências estão em jogo.

Aliás, a circunstância de alguns dias antes deste ultimato, o recém-nomeado Secretário de Estado, Henry Kissinger, se ter recusado a receber o Ministro dos Negócios Estrangeiros, Rui Patrício, por ocasião da sessão inaugural da Assembleia Geral da ONU, constitui mais uma prova da sobranceria desequalitária com que os fortes olham os fracos.

Esses acontecimentos serão narrados, sobretudo, a partir de documentos secretos e secretíssimos guardados na Torre do Tombo no Arquivo Marcello Caetano e ainda inacessíveis ao público. Por isso, a consulta dos mesmos só foi possível por autorização – que se louva e agradece – do filho do último Presidente do Conselho, Miguel Caetano, na qualidade de legítimo representante dos herdeiros.

Como tenho repetidamente escrito, a necessidade de conhecer o ativo e o passivo da História de Portugal não pode servir para atacar ou perseguir a memória dos responsáveis pela condução da política portuguesa em qualquer ocasião. Trata-se, pelo contrário, de uma tentativa de perceber os homens e as conjunturas, condição necessária, embora por si só não suficiente, para a elaboração de um Conceito Estratégico Nacional de que o país carece se não quiser continuar a confundir a exogeneidade secular com a visível – e preocupante – exiguidade atual.

Voltando à temática da obra, em 25 de abril de 1974 foi derrubado o regime da Constituição de 1933, sem que antes tivesse expirado, em 3 de fevereiro desse ano, o acordo com os Estados Unidos.

Aliás, nessa conjuntura nem Portugal nem os Estados Unidos pareciam dispor de condições para negociar um acordo que, previsivelmente, iria muito para além dos limites temporais – o prazo de validade ativa – dos então detentores do Poder.

Portugal porque, como o livro de Spínola deixara claro, desbaratara os anos concedidos pelas forças armadas sem encontrar uma solução para um problema político e não militar e já percebera que, afinal, o acordo de 1971 tinha sido um fracasso, uma vez que a sua materialização ficara muito aquém das esperanças iniciais.

Os Estados Unidos porque o Presidente Nixon enfrentava o calvário resultante da investigação de dois jornalistas do *Washington Post*, Bob Woodward e Carl Bernstein, sendo que o seu Waterloo – no caso Watergate – chegaria em 9 de agosto de 1974.

Como a experiência ensina, as preocupações dominam a vontade e absorvem, por completo, a razão. Ora, sem negociantes não há lugar a negociações.

Depois do 25 de abril de 1974, face ao anti-americanismo de várias das forças muito ativas na conjuntura portuguesa resultante da revolução social e política que se seguiu ao golpe de estado e à imediata revolta militar, as negociações demorariam a ser retomadas, embora os novos detentores do Poder em Portugal – ao contrário daquela que constituiu a regra – tivessem decidido manter em Washington o embaixador João Hall Themido até 1981.

Esse terceiro capítulo leva o título de «Novos Voos da Águia e dos Açores», mas também poderia ter justificado outra designação até porque a dimensão de análise passou a ser mais abrangente, fruto da entrada em vigor da nova Constituição da República Portuguesa que reconheceu aos Açores o estatuto de Região Autónoma.

Face a esta alteração, importa saber a forma como se processa o relacionamento entre o Governo da República e o Governo Regional no que à temática desta obra diz respeito.

De facto, como o atual Presidente do Governo Regional declarou, já não é tempo para deixar de haver "qualquer participação directa ou indirecta nas negociações e redacção dos textos desses Acordos", como aconteceu durante "o regime ditatorial do Estado Novo", até porque, como refere a Associação Nacional de Municípios Portugueses [ANMP], "a Constituição da República adotou um sistema de repartição do exercício do poder por diferentes instituições políticas, instituindo as Regiões Autónomas e o Poder Local como verdadeiros níveis políticos de contrapoder ou de contenção do poder centralizador do Estado. É esta a vocação constitucional dos níveis de poder infraestadual"[29].

Ora, o estudo desse relacionamento permitirá constatar se o modelo político-administrativo previsto na Constituição Portuguesa substituiu o centralismo do Estado Novo pela desconcentração ou pela descentralização, pois a autonomia decorrente de cada uma dessas lógicas é bastante diferente.

---

[29] Citação feita a partir do relatório do XIV Congresso da ANMP, realizado no Funchal em 2 e 3 de abril de 2004.

Por isso, para além da consulta do acervo publicado, duas das três fontes privilegiadas para esse estudo foram os depoimentos do primeiro Presidente do Governo Regional dos Açores, Mota Amaral[30], e do atual detentor do cargo, Carlos César[31].

No primeiro caso, o depoimento foi recolhido presencialmente no gabinete do deputado na Assembleia da República. No segundo, a internet encarregou-se de superar os obstáculos decorrentes da distância física, sendo que, num caso e no outro, o direito à revisão final do texto foi assegurado.

Como se constatará através da leitura dos depoimentos, nem sempre as posições dessas duas personalidades se mostraram coincidentes, situação que evidencia o direito ao contraditório.

Nessa conjuntura, em 1988, o então Primeiro-Ministro Cavaco Silva deslocou-se a Washington com a intenção de celebrar um Tratado de Defesa assente no Acordo das Lajes, mas a sua tentativa saiu defraudada e, só em 1991, as negociações seriam retomadas.

Interessa, por isso, saber qual foi o papel dos órgãos do Poder Regional em todo este processo, até para perceber se o nervosismo apressado que tinha empurrado Marcello para as negociações teve seguidores – a nível central e/ou regional – no novo regime.

Importa, igualmente, perceber as razões que levaram os Estados Unidos a manifestarem, em 1993, a intenção de limitarem o pessoal da Base das Lajes e, em 1994, a procurarem reduzir o regime de comparticipações globais, pois não é crível que a administração norte-americana tivesse sido atacada pelo

---

[30] João Bosco Mota Amaral foi Presidente do Governo Regional dos Açores desde 1976 até 20 de outubro de 1995, numa situação que conheceu duas movimentações de sentido inverso. Assim, para tomar posse do cargo suspendeu as funções como deputado à Assembleia da República em 8 de setembro de 1976 e para regressar à Assembleia da República, em virtude dos resultados eleitorais de 1995, demitiu-se do cargo de Presidente do Governo Regional. Nessa altura, foi substituído por Alberto Romão Madruga da Costa, que se manteve em funções até à derrota do PPD/PSD em 1996.

[31] Carlos César tomou posse, em 9 de novembro de 1996 como Presidente do VII Governo Regional dos Açores na sequência da vitória nas eleições regionais de 1996. Nas eleições legislativas regionais de 15 de outubro de 2000 volta a vencer, tendo tomado posse a 15 de novembro para um novo mandato de quatro anos, situação que se repetiria em 17 de outubro de 2004 e em 19 de outubro de 2008. No entanto, não se recandidatou nas eleições realizadas em 13 de outubro de 2012 e que confirmaram a maioria absoluta do Partido Socialista.

«síndroma da vitória» ou que tivesse confundido a implosão do Bloco de Leste com a utopia da paz eterna[32].

Na realidade, os Estados Unidos sabiam bem que, a haver paz, a mesma seria uma *Pax Estadunidense,* uma versão revisitada ou adaptada à nova conjuntura da anterior *Pax Romana* e que desaconselharia um desinvestimento militar[33].

Talvez fosse essa a razão para explicar a substituição de acordos por troca de notas – situação verificada em 1983 e 1984 e passível de várias interpretações[34] – pela assinatura em Lisboa, em 1 de junho de 1995, do Acordo de Cooperação e Defesa entre a República Portuguesa e os Estados Unidos da América, o Acordo Técnico e o Acordo Laboral que viriam a ser aprovados para ratificação pela Resolução n.º 38/95 da Assembleia da República, com a consequente revogação de vários elementos anteriores, ou seja:

- O Acordo de Defesa entre Portugal e os Estados Unidos de 6 de setembro de 1951;
- O Acordo, por troca de notas, relativo à extensão, até 4 de fevereiro de 1991, de facilidades concedidas nos Açores a forças dos Estados Unidos da América, ao abrigo do Acordo de Defesa de 6 de setembro de 1951, de 13 de dezembro de 1983;
- O Acordo, por troca de notas, respeitante ao fornecimento pelos Estados Unidos para a segurança e desenvolvimento de Portugal, de 13 de dezembro de 1983;
- O Acordo Técnico para Execução do Acordo de Defesa de 6 de setembro de 1951, de 18 de maio de 1984;
- O Acordo respeitante ao emprego de cidadãos portugueses pelas Forças dos Estados Unidos da América nos Açores.

---

[32] Nye (2005, pp. 14-15) refere que "no fim da Guerra Fria, muitos observadores foram assombrados pelo espectro de um retorno ao isolacionismo americano".

[33] Esta questão voltou a ganhar acuidade por força da crise económica que assolou o Mundo ainda na primeira década do século XXI.

[34] De facto, tanto pode ser visto como uma desnecessidade de reuniões derivada da manutenção de quase todas as condições já estabelecidas, ou como indício de dificuldades na condução de negociações face a face, ou, ainda, como uma marca da transitoriedade das concessões.

INTRODUÇÃO: A CONTEXTUALIZAÇÃO DA TEMÁTICA

Como se constata, do lado português o Acordo de Cooperação e Defesa é um Tratado Internacional que obriga o Estado Português, uma vez que foi ratificado pela Assembleia da República. No entanto, do lado norte-americano, não se trata de um Tratado Internacional, mas de um «Executive Agreement», uma vez que só passará a Tratado Internacional "after two thirds of the U.S. Senate has given its advice and consent under Article II, section 2, Clause 2 of the Constitution".

Como o Senador Joe Biden, Presidente da Comissão de Relações Externas do Senado, confirmou à eurodeputada Ana Gomes – a outra personalidade ouvida neste capítulo –, o Acordo "não tem força da lei americana", uma vez que não passa de um acordo entre governos e, como tal, não vincula o Estado[35].

Na perspetiva norte-americana, o Acordo com Portugal insere-se naquilo que o Departamento de Estado considera como "international agreements brought into force with respect to the United States on a constitutional basis other than with the advice and consent of the Senate". Ora, estes são "international agreements other than treaties" e são frequentemente referidos também como "executive agreements."[36]

Como se constata, «Treaty» e «Executive Agreement» estão longe de funcionar como sinónimos, situação que, estranhamente, parece não incomodar Portugal.

Voltando ao valor estratégico das Lajes, o Mundo nunca para e as alterações resultantes do eclodir de novos conflitos posteriores à implosão do Bloco de Leste e aos ataques de 11 de setembro de 2001, como foi o caso da Guerra do Golfo, encarregaram-se de provar que a uma águia-real – ou algo mais, talvez imperial – nunca assiste o direito de dormir. Quanto muito, um breve e disfarçado dormitar, ou, como os «gatos» de Moreira (2001, p. 133), "dormindo pela metade. Um olho sempre aberto", mesmo quando as dificuldades inter-

---

[35] Cf. Artigo publicado na edição do *Expresso* de 2 de junho de 2007 e o depoimento que figura como apêndice.
[36] Como conta no sítio http://www.cablegatesearch.net/cable.php?id=09PONTADELGADA5 "Under the U.S. legal system, the U.S. Secretary of State has the authority to sign Executive Agreements and this particular one was signed by the Secretary of State Warren Christopher".

nas resultantes da crise atual exigem que o Departamento de Defesa diminua os custos da presença militar no estrangeiro[37].

Do lado português, em 2004, Mota Amaral, então Presidente da Assembleia da República na IX legislatura, organizou nos Açores, em 2004, a Conferência Parlamentar comemorativa do 60.º Aniversário do Acordo de Cooperação Militar Luso-Americano, sendo que, como as datas comprovam, as celebrações se referiam ao acordo feito durante a II Guerra Mundial e não ao Acordo de 1951[38].

Outro aspeto a ter em conta prende-se com a importância crescente do mar para a afirmação de Portugal, sobretudo a partir da ratificação da Convenção de Montego Bay em 1997 e de que a iniciativa da Estrutura da Missão para a Extensão da Plataforma Continental (EMEPC) representa o melhor – e mais promissor – exemplo.

O Vice-Almirante Rebelo Duarte faz questão de recordar que Portugal dispõe da "11ª maior área mundial de águas jurisdicionais (da ordem dos 1.720.560 Km²), incluindo águas interiores, MT e ZEE", posição que "melhorará, significativamente, com a inclusão esperada dos novos territórios oceânicos provenientes da extensão da PC e que, só por si, farão com que a área marítima se expanda até aos 3,6 milhões de Km², duplicando a já extraordinária extensão de fundos marinhos". Aliás, convém não esquecer que "só a ZEE corresponde ao valor de quase 19 vezes a área terrestre nacional, sendo Portugal o país da UE com maior vastidão de águas jurisdicionais, exceptuando as zonas marítimas dos territórios ultramarinos da França e Reino Unido"[39].

---

[37] É à luz desse desinvestimento que deverão ser vistas as negociações iniciadas no final de fevereiro de 2012 entre o Secretário de Estado da Defesa, Leon Panetta, e o Ministro português Aguiar Branco sobre as modalidades da postura norte-americana nos Açores. No entanto, Adolfo Franco, porta-voz do candidato presidencial republicano Mitt Romney, declarou, em agosto de 2012, que se Romney for eleito não aceitará a redução da presença norte-americana nas Lajes.

[38] O texto de uma previsível comunicação não consta na obra que reúne as intervenções oficiais de Mota Amaral como Presidente da Assembleia da República. Desse livro fazem parte 14 intervenções relativas ao ano de 2004.

[39] Afirmação proferida na Conferência realizada no dia 28 de janeiro de 2010 no Instituto D. João de Castro e intitulada «A Geoestratégia, o Mar e a Economia». O texto da conferência foi publicado, em 2011, no n.º 38 do *Boletim Internacional da Cultura Portuguesa*.

INTRODUÇÃO: A CONTEXTUALIZAÇÃO DA TEMÁTICA

Ora, se o mar vier a ocupar um lugar privilegiado na estratégia portuguesa, os Açores assumirão um papel relevante na vida nacional, a menos que a incúria política aceite transferir para outros a responsabilidade pela gestão de bens e recursos nacionais.

Por isso, a investigação tentou ouvir Manuel Pinto de Abreu, não apenas na qualidade de Secretário de Estado do Mar, mas também porque chefiou a Missão para a Extensão da Plataforma Continental[40].

Face ao exposto, este livro procurará mostrar se os Açores representam uma mais-valia para Portugal, um instrumento que se traduz num aumento de poder negocial a nível internacional ou se, pelo contrário, o arquipélago acaba por constituir uma ameaça para a soberania nacional, não por força de reivindicações separatistas[41], mas porque a sua posição geográfica o coloca como área geoestratégica de interesse vital para uma águia que, como Salazar escreveu, nem sempre se revela muito vocacionada para a leitura – e respeito – do articulado decorrente do eixo normativo das relações internacionais.

Afinal, qualquer estudante de Zoologia sabe que a águia e o açor são aves de rapina, mas a envergadura física da segunda desaconselha o convívio próximo com a primeira sempre que esta sente fome, situação que, como decorre da experiência, constitui a regra e não a exceção.

Só que, como os depoimentos e a economia dos Açores se encarregam de mostrar, enquanto Portugal não assumir por inteiro a sua dimensão atlântica de liberdade, a necessidade justifica o risco.

Um último elemento que parece fazer sentido nesta introdução prende-se com a relevância do tratamento da temática em estudo depois da publicação de várias obras onde a mesma foi objeto de estudo ou referência.

As razões justificativas são quatro.

A primeira tem a ver com o «corpus», pois, ao contrário de outros livros onde esta temática surge como um momento ou um aspeto de uma sequên-

---

[40] Na sequência de um pedido formulado pelo investigador, foi o mesmo recebido no Terreiro do Paço pelo atual Secretário de Estado do Mar. Apresentado o projeto, Manuel Pinto de Abreu aceitou prestar um depoimento para o mesmo, tendo ficado na posse do guião de entrevista. No entanto, apesar de ter reafirmado telefonicamente essa intenção, nunca chegou a agendar a entrevista.
[41] Apesar da criação da Frente de Libertação dos Açores (FLA) em abril de 1975, em Londres.

cia narrativa mais ampla, na presente investigação ela constitui o cerne ou o elemento central.

A segunda assenta nas fontes porque enquanto os livros anteriores deram prioridade a documentos encontrados nas bibliotecas dos Estados Unidos da América[42] ou a testemunhos diretos e na primeira pessoa[43], esta investigação recorre, preferencialmente, a documentos arquivados em Portugal e a três entrevistas semi-dirigidas.

A terceira tem a ver com o período temporal abrangido, pois esta pesquisa não procura apenas compreender o passado. Vai mais além, ao pretender abarcar a conjuntura atual de forma a traçar uma visão prospetiva do relacionamento luso-americano baseado na importância estratégica dos Açores e na riqueza – presente e futura – existente no elemento marítimo que cerca o arquipélago.

Recorrendo a uma analogia com a pintura, será caso para dizer que este estudo assume a forma de um tríptico que coloca no centro os cenários – presente e futuro – dos Açores e do relacionamento entre Portugal e os Estados Unidos da América e, nos painéis laterais, naturalmente com dimensões diferentes, os períodos relativos aos governos de cada um dos dois únicos Presidentes do Conselho do regime da Constituição de 1933.

Finalmente, a quarta razão – que talvez justificasse ser enunciada em primeiro lugar – tem a ver com a «marca de autor», isto é, a forma como cada investigador problematiza a temática que escolheu estudar.

De facto, é essa forma personalizada de problematizar que leva a que cada escritor saiba destrinçar – e respeitar – a enorme diferença que vai entre o necessário estado da arte e o uso abusivo de ideias que não são pertença sua.

Num mundo dominado por essa tentação moderna que dá pelo nome de Internet – apesar dos conteúdos disponibilizados serem de valor científico muito heterogéneo – e onde a mesma temática é objeto de múltiplas problematizações, exige-se honestidade intelectual aos investigadores, sob pena de deixarem de merecer essa designação.

---

[42] Foi o caso do projeto desenvolvido por José Freire Antunes.
[43] Como aconteceu com Franco Nogueira ou com o embaixador de Portugal em Washington, João Themido Hall.

INTRODUÇÃO: A CONTEXTUALIZAÇÃO DA TEMÁTICA

Se é certo que o sentido ou significado das palavras pode vir a evolucionar ao longo dos tempos, não deixa de ser deontológica e cientificamente questionável confundir conceitos tão distantes como copista – ainda que bom «colador» – e investigador.

Por isso este livro não pretende seguir o exemplo dos denominados «novos filósofos» e dizer a mesma coisa por outras palavras, ou seja, dizer de novo «coisas velhas»[44]. Pelo contrário, procura trazer ao conhecimento do leitor novos documentos e perspetivas, que ajudem a uma cada vez mais completa compreensão do passado recente, permitam preparar o presente e acautelar o futuro[45].

Afinal, mais uma marca da inquietação de alguém que escolheu ficar num país que persiste – teimosa e acriticamente – numa via que só pode conduzir à exiguidade, situação tantas vezes denunciada por Adriano Moreira, uma das poucas vozes encantatórias de que Portugal ainda dispõe.

Numa conjuntura onde mesmo uma vontade forte não se revela suficiente para que a realidade passe a ser dócil, não há tempo para voluntarismos ainda que bem intencionados.

Para a construção do Portugal do presente e com futuro – um Portugal lusófono, marítimo e europeu – importa ultrapassar o medo de existir detetado por José Gil, recuar às palavras de Virgílio Ferreira – da minha língua vê-se o mar – e seguir, embora a um ritmo mais apressado, a tartaruga do açoriano Vitorino Nemésio, um "bicho firme, de um só rosto e de uma só fé – a fé refeita e salgada do [e já agora no] fundo do Oceano Atlântico" (Nemésio, 1998, p.117).

É essa a nova aventura – sem aventureirismos – de que Portugal carece para cumprir o desejo que Fernando Pessoa poetizou e de que o povo português continua – por vezes demasiado passivamente – à espera.

Talvez seja tempo de fazer a hora!

---

[44] Mais uma das sínteses construída por Adriano Moreira.
[45] Sobre esta questão confronte-se a argumentação desenvolvida em Pinto (2011, p. 25).

Capítulo 1 – Salazar Desafia a Águia

1.1. Apresentação dos Intervenientes e Identificação das Fontes
A escolha do título deste capítulo impõe uma justificação, uma vez que não parece possível que o Presidente do Conselho de um pequeno país semi-periférico e exógeno dispusesse de condições para ousar desafiar a administração de uma superpotência, em vez de procurar tirar dividendos de um relacionamento bilateral.

No entanto, ao longo deste capítulo, serão apresentados os passos mais importantes da estratégia do Estado Novo no que concerne à relação com os Estados Unidos e perceber-se-á que, afinal, Salazar julgava dispor dessa faculdade ou poder.

Importa, por isso, saber as suas razões e nada melhor do que recuperar a circunstância de Ortega y Gasset, numa analepse que recua até ao berço.

Como é sabido, António de Oliveira Salazar abriu os braços à vida no século XIX, em 1889, ainda durante a vigência do regime monárquico em Portugal e numa fase em que os Estados Unidos da América, na juventude de uma independência apenas declarada em 4 de julho de 1776, estavam longe de constituir uma grande potência.

Nessa conjuntura, a Europa da vertente Ocidental Atlântica era a sede do Mundo e a Inglaterra, senhora do maior império colonial, a referência para os outros países europeus. Por isso, quando qualquer governante dos outros países europeus fazia questão de explicitar as particularidades da colonização levada a cabo pelo seu país, o elemento de comparação era, por regra, a administração colonial inglesa.

Ora, como o Homem nunca deixa em definitivo as condições que lhe marcaram o berço e as primeiras perceções, Salazar, quando chamado a exercer funções governativas, ainda trazia as marcas dessa mundividência. Aliás, talvez não seja abusivo concluir que essas marcas o acompanharam ao longo de toda a vida e constituíram a razão principal para a sua política na fase do conflito de 1939-1945 e na conjuntura daí resultante, embora convenha não esquecer a sua tendência para um «autocentramento» de reduzidos confidentes e pouco propenso a dar ouvidos aos interesses instalados.

Assim, na sua perspetiva, havia que desconfiar dos Estados Unidos, um país sem tradição, e, por isso, não percebia a razão que pudesse justificar a subalternidade assumida pela Inglaterra relativamente à sua antiga colónia.

Talvez seja esta leitura – a valorização política do passado – que permite explicar grande parte daquilo que, ao arrepio da ordem mundial já então vigente, é narrado neste capítulo.

No entanto, como o relacionamento com os Estados Unidos foi antecedido da concessão de facilidades a Inglaterra, importa fazer um estudo deste processo, começando por fazer uma breve apresentação das personagens que desempenharam os papéis principais.

Assim, do lado português, nunca se poderá olvidar a figura de Oliveira Salazar, o Presidente do Conselho, que assumiu, também, a pasta dos Negócios Estrangeiros quando resolveu que não era esse o lugar que convinha a Armindo Monteiro, outra das personalidades a ter em conta, uma vez que foi ocupar o cargo de embaixador em Inglaterra. Nesta fase, também devem ser trazidas para primeiro plano as figuras do Secretário-Geral do Ministério dos Negócios Estrangeiros, Luís Teixeira de Sampaio, que viria a falecer ainda durante a II Guerra Mundial[46], e do Duque de Palmela, que substituiria Armindo Monteiro em Londres.

---

[46] No Arquivo Luís Teixeira de Sampaio é possível encontrar várias cartas que mencionam os problemas de saúde do Secretário-Geral do Ministério dos Negócios Estrangeiros decorrentes de uma gripe. Sobre a personalidade de Sampaio talvez se imponha referir que o embaixador português em Bruxelas lhe enviou, em julho de 1938, uma carta confidencial e pessoal onde escreveu "posso não ter confiança na amizade de V. Ex,ª por mim [...] mas tenho confiança absoluta na sua seriedade" – Arquivo Luís Teixeira de Sampaio, caixa 2, maço 28, fólio n.º 2.

Do lado inglês, a figura principal foi o embaixador em Lisboa, Ronald Campbell, embora convenha ter presente que, por norma, não comparecia sozinho às reuniões em S. Bento, pois fazia-se acompanhar de um ou mais conselheiros, sendo que, como Salazar escreveu, convivia bem com a presença e a interferência de um deles – Roberts – na conversa.

Esta observação de Salazar não abonava em favor de Campbell porque o formalismo do Presidente do Conselho não era muito – nem pouco – dado a simpatias pela interferência de elementos subalternos ou secundários nas conversas de primeiras figuras.

Campbell era um diplomata sem deferência especial pelos Estados Unidos e que no decurso de algumas fases das negociações – sobretudo quando os norte-americanos exigiam e Salazar recusava – se queixaria de estar entre o martelo e a bigorna, pois não queria desagradar aos EUA nem dispensar a aliança priveligiada com Portugal.

Do lado norte-americano, aquele que viria a ser o primeiro embaixador norte-americano em Portugal, Henry Norweb, acabado de chegar a Lisboa no período que marcou o arranque negocial sobre os Açores, «dividiu», inicialmente, a proeminência com George Kennan, um jovem conselheiro ou «chargé d'affaires» cuja permanência em Portugal Salazar «recomendou» quando Norweb tomou posse como representante da legação norte-americana em Lisboa.

Esta «recomendação» não representa uma contradição relativamente àquilo que foi escrito sobre a participação de figuras secundárias nas reuniões porque George Kennan desempenhou um papel fundamental na fase inicial do processo relativo ao Acordo assinado em 28 de novembro de 1944. A «recomendação» constitui, isso sim, um indício de que Salazar não gostava de perder tempo com aqueles que ainda não conheciam a «realidade» decorrente da «forma portuguesa» de negociar.

Por isso, na sua opinião, Kennan seria muito útil ao novo embaixador, poupando-lhe o estudo dos processos, uma vez que o poderia esclarecer – completa e rapidamente – sobre a realidade com que iria conviver.

Talvez sem que Salazar soubesse, Kennan tinha-o em boa conta, ou, pelo menos, via-o como o mal menor. De facto, fora ele que enunciara as duas vias possíveis para a atitude norte-americana face a Portugal – derrube de Salazar ou cair nas suas boas graças – e informara a sua administração que a segunda estratégia serviria melhor os interesses norte-americanos.

Ainda no que concerne às personalidades do lado dos Estados Unidos, no início dos anos 60, a figura de John Kennedy assumiu protagonismo e a sua política para África não tornou fácil a missão do seu embaixador em Lisboa, Charles Elbrick, nem a dos seus conselheiros divididos quanto à forma do relacionamento norte-americano com Portugal.

Identificadas as personalidades, é tempo de mencionar as fontes.

Como já aconteceu noutras investigações, o Arquivo Salazar guardado na Torre do Tombo constitui a fonte privilegiada para a recolha de dados relativos a este capítulo, uma vez que se pretende recorrer, sobretudo, a documentos elaborados por intervenientes no processo.

Assim, em AOS/CLB/FA – 1 consta uma capilha[47] com o título «Facilidades nos Açores», em cujo índice são referidas as datas de 1943 a 1946 e se indicam os Volumes I a X e mais 3 anexos. Escrita a lápis consta, ainda, a indicação 1 – 61, que se refere à numeração de fólio arquivística.

No entanto, nesta capilha não figuram documentos, mas, como consta na capa, apenas o índice dos mesmos, um elemento que parece merecer uma breve paragem, pois permite desvendar os conteúdos ainda por abrir.

Assim, o Volume I – Acordo Principal – inventaria 74 documentos, iniciados com o relato da audiência concedida por Salazar ao embaixador de Inglaterra em 8 de junho de 1943 e concluídos com o "Acordo Principal, Anexo compreendendo cinco apêndices, Protocolo, e Notas do Governo Português aprovando o Acordo, datados de 17.VIII.943 – textos em português".

O Volume II – Acordos Complementares – enumera 75 documentos, sendo o inicial o "Projecto de Acordo de Empréstimo e Arrendamento – Texto inglês – Entregue em 16.VIII.943" e o último o "Texto do Acordo de Jurisdição Criminal e Civil e Nota do Governo Português aprovando o mesmo Acordo – 14.IV.945".

---

[47] Esta parte do arquivo está organizada em Anexos, divididos em capilhas, sendo estas constituídas por separadores numerados de acordo com o documento que guardam. Os documentos, para além de numerados, estão paginados a lápis e esta numeração de fólio arquivística faz com que um documento corresponda a mais do que um fólio sempre que não tenha apenas uma página.

CAPÍTULO 1 – SALAZAR DESAFIA A ÁGUIA

Quanto ao Volume III – Execução dos Acordos – cataloga 75 documentos. O índice começa com o "Memorial para a Embaixada de Inglaterra, de 4.X.943, sobre a participação de Portugal em eventuais operações em Timor" e conclui-se com o "Teleg. de 22.III.944, para o Comando Militar dos Açores".

Relativamente ao Volume IV, continua a "Execução dos Acordos" e menciona 75 documentos. O primeiro é uma "Nota da Embaixada de Inglaterra, de 22. III. 944" e o último o "Mem. de 10.VIII.944, da Embaixada de Inglaterra".

Aliás, os volumes seguintes, com exceção dos dois últimos, são todos sobre a "Execução dos Acordos".

Assim, no que concerne ao Volume V, os seus 75 documentos começam com um "Apontamento de 12.VIII.944 sobre os Delegados marítimos americanos autorizados nos Açores" e terminam com uma "Informação do Chefe da Delegação Portuguesa, de 17.II.945, sobre o projeto de acordo para transmissão em cifra dos dados meteorológicos" e um "cartão dirigido ao Presidente do Conselho, na mesma data, acompanhando aquele documento".

Quanto aos 75 documentos do Volume VI, iniciam-se com o "Mem. de 19.II.945, para a embaixada de Inglaterra, em resposta ao de 2.XII.944 sobre assistência radio-goniométrica prestada pela estação da Horta" e concluem-se com uma Informação do Chefe da Delegação Portuguesa, de "12.VII.945, sobre o mem. britânico de 6.VII – Cemitério provisório na Terceira".

O Volume VII começa com o "Mem. de 13.VII.945, para a Embaixada de Inglaterra, em resposta ao de 8.VII, sobre a utilização do plano inclinado de Ponta Delgada para beneficiação das vedetas de salvamento" e termina com o documento n.º 75, o ofício "n.º 53, de 28.I.946, da Embaixada em Londres, sobre a pergunta feita na Câmara dos Comuns acerca da retirada dos Açores".

O capítulo VIII, com 53 documentos, inicia-se com uma "Informação do Chefe da Delegação Portuguesa enumerando os assuntos pendentes – 29.I.946" e tem como documento final o ofício "n.º 447, de 9.VII.949, da Embaixada em Madrid, sobre a situação de Espanha perante o Pacto do Atlântico".

O Volume IX diz respeito às "Negociações Militares – C.A.P.A. (43)" e inventaria 50 documentos, embora a parte final datilografada disponha de indicações manuscritas.

49

O documento inicial é um "Apontamento da composição da Delegação Portuguesa para as negociações da concessão de facilidades nos Açores" e o derradeiro uma "Carta do Chefe de Delegação Portuguesa ao Presidente do Conselho em 6. VIII. 943".

O Volume X continua a inventariar as "Negociações Militares" e consta de 33 documentos, iniciados com uma "Informação acerca do serviço dos navios-patrulheiros alugados à Marinha Portuguesa – 6. VIII.943" e concluídos com o "2.º Projecto de Acordo de Empréstimo e Arrendamento – Texto português".

Quanto aos Anexos, o Anexo I tem 9 "Documentos cedidos ao Ministério da Marinha", o Anexo II conta com 5 documentos sobre as "Negociações Militares – Trabalhos da Delegação Portuguesa" e o Anexo III – que é secreto – engloba 3 documentos relativos às "Informações de Marinha".

Como se constata pela enumeração feita, os documentos dizem respeito, não apenas ao processo que conduziu ao Acordo com a Inglaterra, mas também, à fase relativa à implementação do mesmo e aos Acordos Complementares, bem como ao primeiro Acordo com os Estados Unidos da América – assinado em 28 de novembro de 1944 – e as negociações que antecederam e se seguiram ao mesmo.

A existência de um número tão considerável de documentos constitui uma prova inequívoca da complexidade de celebrar e de fazer vigorar acordos numa conjuntura marcada por um conflito tão abrangente, até porque em Portugal nem todos apoiavam a parte inglesa.

Na verdade, em 18 de maio de 1940, Alfredo Vieira tinha escrito uma carta aberta ao conselheiro Fernando de Sousa, Diretor do jornal *A voz*, questionando "que razões temos nós da Alemanha?" e afirmando, a partir de vários exemplos da História, que "o anglofilismo é que está em antinomia com o interesse nacional ... e não o germanofilismo"[48].

É, pois, tempo de entrar no estudo do processo negocial com a Inglaterra, embora um recorte de jornal dê conta que nas suas memórias, o antigo embaixador dos Estados Unidos em França, o Almirante Leahy, tinha escrito que "em 13 de Outubro [de 1942], o embaixador lord Halifax" o tinha informado que era "intenção do seu Governo de negociar com Portugal a utilização dos

---

[48] Carta que consta no maço 4 da caixa 1 do Arquivo Luís Teixeira de Sampaio.

Açores pelos Aliados", mas que "estes estavam decididos a ocupar essas ilhas pela força, se preciso fosse"[49].

Quem tem aliados destes não precisa de procurar inimigos.

1.2. As Negociações com a Inglaterra
Na capilha 2, fólios 62 a 484 de AOS/CLB/FA – 1, a investigação encontrou o Acordo Principal, um documento secreto, guardado num dossier numerado com I e identificado pelo título «Acordo Principal».

Como nessa capilha, depois do índice dos documentos, já é possível o acesso aos mesmos, fica a saber-se, logo no documento inicial proveniente da Repartição dos Serviços Administrativos do MNE, que o embaixador de Inglaterra tinha sido recebido em 8 de junho de 1943 e que tinha sido estudada a hipótese de uma "eventual invasão da Península pela Alemanha e [a] atitude da Espanha em tal hipótese"[50] e concluído que se deveria "adoptar a posição fundamental de resistência meramente simbólica no Continente e resistência efectiva nas ilhas, em que se concentrariam a força possível e os principais órgãos de Soberania".

Era uma forma revisitada da atitude tomada aquando das invasões francesas. Só que, na conjuntura de 1943, a viagem da nova «corte» seria mais curta, uma vez que o Brasil já não integrava o Império.

---

[49] Arquivo Luís Teixeira de Sampaio, caixa 2, maço 31, n.º 1. Este artigo intitulado «Uma Página de História» teve continuação em mais quatro: «A Ameaça sobre os Açores», «A Batalha da Neutralidade», «Os Acordos sobre os Açores em 1943 e 1944» e «A Entrevista de Ciudad Rodrigo».

[50] Nesse mesmo documento - numerado a lápis vermelho com o número 1 e a preto com os números 70 e 7, correspondentes aos fólios arquivísticos - era referido que "o problema do regime está sendo posto com insistência em Espanha, agitando-se muito os monárquicos para que o Rei volte e a monarquia se restaure com o Infante D. João no trono". No entanto, considerava-se que essa alteração não teria "qualquer repercussão desvantajosas nas relações entre Espanha e Portugal, mas sob o aspecto externo ela pode comportar modificações na política de Espanha com algum interesse", pois, como essa mudança não contava com o "apoio unânime da população", era possível que surgissem "reacções internas" e "auxílios externos os quais naturalmente se apresentarão a favor do partido oposto à simpatia ou interesse da Inglaterra". De notar que nesta capilha nem sempre existe coincidência entre o número dos separadores, o número dos documentos e a numeração a vermelho, pois, por exemplo, no separador 26 está o documento 21- relato de audiência do Presidente do Conselho a embaixador de Inglaterra, em 26.VI.943 – numerado a vermelho com o n.º 19. Assim sendo, optou-se por indicar o número do documento constante no índice e os respetivos fólios arquivísticos.

De registar que, através do MNE, em 14 de junho de 1943, o embaixador português em Londres, Armindo Monteiro, foi informado desta conversa e da estratégia a seguir, a qual apontava para não promover "a realização no Continente de instalações permanentes que pudessem ser aproveitadas pelo inimigo". Era por isso que não tinham sido desenvolvidas "as fábricas de material de guerra e de munições" e, como tal, ainda continuavam "encaixotadas, aguardando destino, grande número de máquinas adquiridas ao estrangeiro para o respectivo apetrechamento" [51] e não se tinha procedido à construção ou alargamento de alguns aeródromos.

Tratava-se de uma nova versão – com a vantagem derivada de ser por antecipação – da política de terra queimada.

No entanto, ainda sobre a visita do embaixador inglês, Campbell, a S. Bento, no dia 18 de junho de 1943, pelas 17 horas, no documento 3[52] com o timbre do MNE, estava escrito que este ia "com ar grave e um tanto nervoso" e que desejava fazer "uma comunicação da mais alta importância política" a pedir "ao Governo Português em princípio a cedência ou uso de base nos Açores".

Salazar não se sentiu em condições "de ali mesmo dar uma resposta", até porque, relativamente à problemática anterior, já encarava a hipótese de a Alemanha fazer a paz com a Rússia e poder vir a atacar a Península Ibérica e receava a reacção alemã no caso de Portugal conceder facilidades nos Açores aos ingleses.

Campbell bem se esforçara para mostrar que a reacção alemã poderia ser "ou de resignação, nada mais fazendo que protestos, ou de ataques à navegação afundando um ou outro barco, e ataques aéreos", situação que não considerava grave porque Portugal contaria com a ajuda inglesa "quanto à protecção da navegação e à protecção anti-aérea".

A leitura deste documento n.º 3 não deixa dúvidas sobre a sageza negocial de Salazar, a qual deverá ser aquilatada não apenas ao nível da argumentação, mas também, com base nas confissões constantes no documento e que revelam aquilo que pensava para si mesmo, mas do qual nada dizia a Cam-

---

[51] Esta citação e as seguintes foram feitas a partir do documento 2 da capilha 2 de AOS/CLB/FA – 1, fólios 76 a 81.
[52] Fólios 76 a 81. As citações foram retiradas dos fólios 76, 77 e 79.

pell. Como o facto de o embaixador inglês pensar que as negociações iriam decorrer em Londres ou que tudo deveria ficar em segredo.

No primeiro caso, Salazar pensava para si que "não seria conveniente fazerem-se lá"[53] e, no segundo, questionava como é que Campbell conseguiria "cercar de segredo um assunto em que a imprensa do bloco e os adidos ingleses e americanos falam com tanta desenvoltura em Lisboa".

Aliás, a subtileza ia ao ponto de fazer ver a Campbell que as facilidades pedidas para o uso dos portos por barcos ingleses não passavam de uma formalidade, pois esses barcos "estavam gozando já dessas facilidades".

Afinal, não era apenas a importância da comunicação que fazia com que Campbell estivesse nervoso.

Importa, ainda, referir que o documento n.º 4[54], "most secret", assinado por Campbell e datado de 16 de junho de 1943, explicitava no ponto 14 que, no caso de uma resposta positiva por parte de Portugal às pretensões inglesas, o embaixador estava autorizado a informar que o Governo inglês estava preparado "not only to guarantee the withdrawal of their forces from the Azores at the end of hostilities, but also to give assurances regarding the maintenance of Portuguese sovereignty over all the Portuguese Colonies"[55].

No que concerne à primeira garantia, a investigação talvez demonstre que, afinal, a mesma não era desejada por Portugal, situação bem diferente daquela que se verificava com a segunda garantia – o verdadeiro objetivo de Salazar.

Aliás, a desconfiança do Presidente do Conselho certamente foi amenizada pela circunstância de a segunda garantia não ser apenas inglesa porque Campbell estava autorizado "to add that His Majesty's Government in the Union of South Africa have associated themselves with theses assurances, and that there is reason to believe that similar assurances will be forthcoming from the Government of the United States".

Esta citação exige duas reflexões, uma questionadora e outra clarificadora.

Em primeiro lugar, como é que o representante inglês podia adiantar ou quase garantir a posição dos Estados Unidos sobre a manutenção do Império

---

[53] Esta citação e as duas seguintes foram extraídas do fólio 81.
[54] Fólios 83 a 86, seguido de dois anexos, fólios 87 a 90, de AOS/CLB/FA – 1, 2.ª capilha.
[55] Esta citação e a seguinte foram feitas a partir do fólio 86.

Português se não tivesse havido um diálogo – ainda que não às claras – visando o consenso entre a Inglaterra e os EUA sobre essa questão?

Em segundo lugar, para aqueles que continuam a dizer que a política do Estado Novo, consubstanciada na frase «orgulhosamente sós», foi uma realidade, esta citação prova que talvez seja aconselhável uma visita ao Arquivo Salazar, até porque a frase que usam como chave só viria a ser pronunciada em 18 de fevereiro de 1965.

Retomando o processo negocial, constata-se que o mesmo foi demorado, como as constantes visitas de Campbell ao MNE deixam perceber, pois era necessário acautelar todos os pormenores depois da concordância de Portugal para a concessão das facilidades requeridas pela Inglaterra, uma atitude que dera "prazer e satisfação" ao Governo de Sua Majestade, como se pode ler no documento 21[56], no qual ainda consta que as negociações seriam em Lisboa e que contariam com a presença de "delegados de Guerra, Marinha e Aviação".

Sobre a composição da delegação inglesa, Campbell informou que ainda não sabia o número de presenças, embora lhe parecesse que "a delegação seria muito pouco numerosa", constituída por "pessoas perfeitamente qualificadas para as negociações mas não de altas patentes para não se tornar notada a sua presença em Lisboa".

Era a tentativa possível para manter em segredo uma negociação que verdadeiramente nunca conseguiu tal intento, desde logo pela posição assumida pela Inglaterra ao dar conhecimento das estratégias e dos resultados ao outro lado do Alântico.

No separador 26 está o documento secreto, numerado a vermelho como o n.º 21[57] – Notas dando instruções à delegação portuguesa, datadas de 29 de junho de 1943 – que serviu de súmula para justificar a celebração do acordo e a manutenção da neutralidade portuguesa, pois, nos princípios de orientação geral, estipulava-se que "Portugal não tem motivos para se lançar na guerra nem interesse em fazê-lo" porque "não está preparado nem moral, nem militar, nem economicamente para a guerra"[58]. Por isso, embora Portugal aceitasse correr "o risco das consequências derivadas da concessão à Inglaterra

---

[56] Fólios 217 e 218. As citações são do fólio inicial.
[57] Como o índice indica, trata-se do documento n.º 26, fólios 239 a 247.
[58] Fólio 239.

em nome da Aliança, deve conduzir-se de modo a não provocar a guerra ou a não lançar-se nela"[59].

No entanto, Portugal encarava a hipótese de "guerra imposta pela Alemanha e a Itália ou o estado de guerra nascido de violências das duas potências"[60] e, por isso, a parte 2 referia-se às possíveis reações alemãs. Depois, na parte 3, era descrita a "extensão das facilidades nos Açores"[61] para, no ponto 4, serem definidas as "modalidades das concessões nos Açores"[62].

Também as reações espanholas foram equacionadas – ponto 5 – e o ponto seguinte destinou-se a abordar a questão da "urgência" porque, quaisquer que fossem "as intenções confessadas ou ocultas do Governo britânico", impunha-se "negociar com método e com calma, embora com diligência e sem demoras escusadas"[63].

Finalmente, o ponto 7 acautelava o "eventual desenvolvimento ou evolução das posições agora tomadas" e chegava a questionar a legitimidade da posição segundo a qual "não é intenção da Inglaterra lançar Portugal na guerra"[64].

Portugal desconfiava do pedido inglês porque o mesmo se verificava numa conjuntura que coincidia com "a abertura do Mediterrâneo e a economia de 2 000 000 toneladas (segundo afirmam) com a dispensa da Via Cabo"[65]. Além disso, registava-se um "decréscimo de afundamentos dos navios mercantes" e havia "progressos introduzidos com bons resultados na protecção dos comboios".

Nesse documento, também se referia que nos EUA se tinha "defendido publicamente a ocupação violenta ou por acordo dos Açores, mas as autoridades responsáveis têm sempre dado a entender não serem coniventes na campanha".

Por isso, uma das hipóteses a ter em conta era aquela que apontava para que "a diligência britânica pretendesse assegurar uma posição que de modo algum deseja ocupada pelos norte-americanos".

---

[59] Fólio 240.
[60] Fólios 240-241.
[61] Fólio 242.
[62] Fólio 243.
[63] Fólio 244.
[64] Fólio 245.
[65] Esta citação e as seguintes foram feitas a partir do fólio 246.

Há, aliás, um pormenor que não pode deixar de ser narrado para que se compreenda totalmente a forma como o processo era conduzido por parte de Portugal.

De facto, no separador 28, está o documento 28[66] "personal & most secret" de Ronald Campbell, datado de 30 de junho de 1943 e dirigido a Salazar com a indicação da personalidade que chefiaria a comitiva britânica às negociações – the "Air Vice-Marshal C. Medhurst, Assistant Chief of the Air Staff".

Ora, neste documento, Campbell justifica a razão de se dirigir directamente a Salazar, afirmando que só o fazia porque "M. de Sampayo is confined to bed and, as I am not aware whether any other official of the Ministry of Foreign Affairs is cognizant of the matters in question".

A Inglaterra sabia bem que, em Portugal, as grandes questões eram de conhecimento muito restrito.

Voltando às negociações, convém frisar que se tratou de um processo marcado por avanços e recuos que merecem ser contados até para continuar a apreciar a habilidade negocial do lado português, embora não convenha que a vereda se sobreponha à estrada.

Assim, depois de conhecida a composição das delegações portuguesa e britânica às negociações de concessão de facilidades nos Açores[67], Salazar, em 5 de julho de 1943, deu instruções ao chefe da delegação portuguesa, Almirante Botelho de Sousa[68].

Os sete pontos destas instruções justificam uma cuidada leitura de forma a perceber o cuidado que o Presidente do Conselho colocava na preparação do evento.

Salazar começou logo por definir a estratégia: "começaremos por receber a modalidade que apresentam e trazê-los para a que nos convém". Dito de forma mais clara, nada como fingir concordar com a exposição contrária e, depois, muito paulatinamente e sem que o adversário dê conta, negar-lhe quase todas as pretensões.

Ora, para além de se discutir "as reacções que podem produzir-se por parte da Alemanha", havia que fazer notar aos ingleses que Portugal tudo

---

[66] Marcado a vermelho com o n.º 23. Os fólios são 254 a 257. As citações são do fólio 254.
[67] Documentos 1 e 2 da pasta 1 do Volume IX.
[68] Documento n.º 3, fólio 12 da pasta 1 do Volume IX.

tinha feito "segundo um plano e desejo deles" e não se podia "alterar tudo num momento". Por isso, na Terceira, Portugal defenderia "a ilha e os ingleses o campo (se isso é possível) sozinhos" e, como não se podia retirar "toda a aviação dos Açores", era "vantajoso manter o campo de S. Miguel".

Quanto à sétima instrução indicava a seguinte estratégia: "não entraremos nos seus comboios senão depois de estarmos em guerra. Antes, ou o faremos nós, ou pararemos os navios uns dias até se definir a reacção".

Afinal, Salazar encarava a possibilidade de Portugal entrar na guerra, embora novas instruções por si transmitidas[69] já apontassem noutro sentido.

Em causa estava a posição portuguesa face à proposta apresentada pela comissão inglesa.

Salazar considerava que a mesma conduziria à guerra e, por isso, era preciso rejeitá-la "em globo" porque contrariava "o que diplomaticamente foi acordado" e se tratava de "um plano de cooperação em guerra".

Face ao exposto, a estratégia indicada por Salazar ia no sentido de discutir a proposta inglesa "ponto por ponto para a regeitar na quasi totalidade", ou, em alternativa, podia abandonar-se essa proposta e apresentar "um papel nosso".

O Presidente do Conselho fazia questão de lembrar o chefe da delegação portuguesa que o que se ia discutir eram apenas as "facilidades a conceder reduzidas a um mínimo para que quanto possível Portugal possa continuar em paz".

Que Salazar era um bom estratega e um perfeito conhecedor da natureza humana[70] pode ser constatado nas novas instruções que, em 10 de julho de 1943, deu "verbalmente" – o termo correto seria oralmente – a Botelho de Sousa[71].

Nesse documento, Franco é apresentado como alguém que "se desespera quando lhe dizem que a Alemanha perde", apesar da "maioria dos oficiais generais espanhóis" já não crer na vitória de uma Alemanha que, quanto

---

[69] Documento 8, fólio 43 da pasta 1 do Volume IX.
[70] Essa natureza que levou, por exemplo, o embaixador português em Bruxelas a escrever ao Secretário-Geral do MNE, em 25 de outubro de 1939, para lhe dar conta que "o Snr. Spaak é um socialista muito inteligente que só não é burguês porque, como me dizia o Embaixador do Japão, encontrou todos os bons logares tomados já, pelos conservadores e pelos liberais nos seus respectivos partidos" – documento n.º 39 do maço 27, da caixa 2 do Arquivo Luís Teixeira de Sampaio.
[71] Documento 14, fólios 65 a 68, da pasta 1 do Volume IX.

muito, podia prolongar a guerra "para procurar chegar a uma paz de compromisso".

Um Generalíssimo que não devia – mas podia – invadir Portugal para evitar que entrassem no "seu território", situação que aconselhava preparação por parte de Portugal.

De facto, convinha recordar que, no que concerne às relações luso-espanholas, em 28 de agosto de 1940, tinha sido enviada uma carta a Salazar, enquanto Presidente do Conselho e Ministro dos Negócios Estrangeiros[72], a lembrar que os povos de Espanha e Portugal eram "hermanos" e que essa "preciosa amistad sincera" não era compatível com a atuação do representante consular de Portugal em Madrid "Don José Xara Brasil Rodriguez". Por isso o Ministério dos Assuntos Exteriores de Espanha, "asi como las demas autoridades Civiles y Gobernativas", expressavam o desejo "de que el referido funcionário fuese relevado cuanto antes de Madrid y asi siendo possible no ocupase puesto alguno en España".

"Desgraciadamente" não era explicitada a culpa do referido cônsul. Ficava, no entanto, o aviso para a «impetuosidade» espanhola que viria a deixar marcas um ano depois. De facto, o Diretor do jornal *O Século* escreveu a Salazar, em 13 de agosto de 1941, para lhe dar conta que tinha ido a Madrid comprovar a proibição da venda em Espanha do referido diário e que estava em condições de informar que "a venda não só do «Século», como de todos os jornais portugueses, acha-se, de facto, prohibida pelo governo espanhol em todo o país vizinho, com exceção de Vigo, onde, não se sabe porquê, os referidos jornais continuam a circular livremente"[73].

Será que essa situação está na base de, ainda hoje, a Corunha apelidar os habitantes de Vigo de portugueses?

Quanto à Alemanha, que tanto poderia considerar que as facilidades concedidas por Portugal a Inglaterra representavam um "aleijão à neutralidade", como pensar que as mesmas não passavam de uma "quebrazinha de neutralidade", talvez pudesse "acomodar-se". Só que não se podia colocar de parte a hipótese de Hitler "ter uma reacção pessoal, uma fúria".

---

[72] A carta está na caixa 1, maço 4, do Arquivo Luís Teixeira de Sampaio.
[73] Arquivo Luís Teixeira de Sampaio, caixa 2, maço 40, n.º 5.

CAPÍTULO 1 - SALAZAR DESAFIA A ÁGUIA

Se essa fúria se manifestasse no "afundamento de um ou outro navio", Portugal podia "dissimular". O problema era se Hitler se lembrasse de "um bombardeamento a Lisboa".

Salazar sabia bem o sentido da frase de Hitler: "onde estiver na Europa o inimigo, aí apareceremos nós"[74].

Relativamente aos aliados ingleses, o que Portugal lhes concedia "já basta" e, por isso, não convinha "misturarmos com os ingleses na defesa das ilhas".

A estratégia era "irmos do menos para o mais e não tudo de entrada", como forma de garantir que os ingleses forneceriam "os meios para fazermos face a uma reacção". Era fundamental "arrancar o necessário aos ingleses" antes da situação se alterar.

Que essa eventualidade era muito provável atesta-o a frase final de Salazar: "podemos mesmo chegar a ponto de lhes dar todas as facilidades...".

As reticências não deixam dúvidas sobre aquilo a que Salazar se referia, embora fosse aconselhável esconder essa inquietação na presença dos representantes do governo de Sua Majestade.

A situação era de gravidade acentuada, embora não fosse essa a ideia que perpassava no longo apontamento feito por Salazar quando recebeu, em 12 de julho de 1943, o embaixador inglês acompanhado de Roberts, uma vez que, como já foi dito e agora se repete nas palavras de Salazar, "Campbell suporta correctamente a presença e as intervenções de Roberts"[75].

A audiência fora solicitada como "urgente", mas, no final, Salazar considerou que "o assunto não me pareceu justificar" tal pressa, uma vez que tudo se tinha limitado a "dar uma vista de olhos aos aspectos políticos das questões que estão a ser tratadas".

Salazar não gostava de reuniões com fases em "tom ligeiro" e não se iludia quando lhe gabavam o "bom aspecto" porque sabia que se tratava de "uma nota de solicitude pessoal nesta revisão de assuntos políticos"[76].

---

[74] Frase constante no fólio 100 do documento 20, o resumo de uma conversa, em 12 de julho de 1943, com personalidades alemãs de destaque e que ocupa os fólios 98 a 101 da pasta 1 do Volume IX.

[75] Documento n.º 19, fólios de 88 a 96 da pasta 1 do Volume IX.

[76] Mesmo conhecendo essa faceta de Salazar, não eram poucos aqueles que caíam na tentação do panegírico. Por exemplo, o embaixador em Madrid, Pedro Teotónio Pereira enviou para o MNE, em 16 de outubro de 1943, uma carta onde escreveu: "não tenho a menor dúvida que em época nenhuma da nossa história – pelo menos de há 2 ou 3 séculos para cá – Portugal

Quanto à conjuntura, Salazar nada aprendera e fingira que não percebera o "seu jogo" no que dizia respeito aos aspetos económicos, designadamente, ao nível do fornecimento de mercadorias.

Relativamente à pressa inglesa na assinatura do acordo, Salazar referiu que dera instruções para que a delegação portuguesa trabalhasse com "a maior diligência possível". Aliás, a culpa por possíveis demoras era da responsabilidade inglesa porque "os técnicos ingleses tinham tido todo o tempo para se preparar" e, por isso, igual direito deveria ser reconhecido aos portugueses que não tinham qualquer responsabilidade no facto de a Inglaterra não ter "apresentado o seu pedido há 3 ou há 6 meses".

Afinal, não é apenas em Portugal que as pessoas só se lembram de Santa Bárbara quando faz trovoada.

Entretanto, Salazar continuaria a dar instruções à delegação portuguesa a um ritmo quase diário: 14, 16 e 20 de julho de 1943.

Assim, no documento 26[77], as orientações iam no sentido das reações à concessão de facilidades, uma vez que o embaixador português em Madrid não estava "optimista", pois, de acordo com a ideia do embaixador britânico nessa cidade, havia a hipótese "de as cousas se embrulharem em Madrid" onde, de alguma forma em contradição com uma afirmação anterior, "muitos generais novos são germanófilos".

Assim, era necessário prever a forma de atuar de acordo com a reação espanhola – que podia não reagir ou decidir-se por "romper o bloco" e invadir Portugal – e ter em conta que "os alemães possuem informações sobre as negociações em curso".

A complexidade da situação exigiu um memorandum adicional – documento 27[78] – para marcar "com precisão a posição da Delegação Portuguesa e da Delegação Inglesa".

Tratava-se de um curioso exercício de estratégia assente em quatro hipóteses:

---

haja conseguido sequer aproximar-se do actual nível da nossa política externa", situação que trazia "ao Senhor Presidente mais alto alento e consolo no serviço do País" – Arquivo Teixeira de Sampaio, caixa 2, maço 29, n.º 21.

[77] Fólios 124 a 125 da pasta 1 do Volume IX.
[78] Fólios 129 a 136 da pasta 1 do Volume IX.

- As potências do Eixo conformavam-se formalmente, mas passavam a atacar a navegação portuguesa;
- As potências do Eixo conformavam-se no continente, mas passavam a atacar os Açores;
- As potências do Eixo não se conformavam e atacavam o continente português por terra apoiadas por forças aéreas mais ou menos poderosas;
- As potências do Eixo não se conformavam e atacavam o território português apenas com meios aéreos.

De registar que não foi colocada de parte a hipótese de a Espanha atacar Portugal para resolver "o seu problema de ordem interna, porque todos os espanhóis se uniriam para alcançar aquilo que [...] constitui o anseio ardente de todos".

As informações dadas em 20 de julho[79] já refletiam a conversa que Salazar tivera na véspera com Campbell[80].

Como já foi dito, as negociações iniciadas a 5 de julho – uma segunda-feira para começar bem a semana – passavam só por Sampaio e Salazar.

De registar que a vinda dos oficiais ingleses deveria ser explicada "to discuss the question of the supply of arms to the Portuguese Government", posição que Portugal aceitaria em carta datada de 1 de julho e arquivada no separador 29[81].

Nessa missiva ficava, ainda, a saber-se que, do lado português, na missão chefiada pelo Almirante Botelho de Sousa, estaria o Tenente-Coronel Botelho Moniz, que viria a dar tantos motivos de preocupação a Salazar alguns anos depois.

Que os ingleses tinham pressa na assinatura do acordo poucas dúvidas restam, como se comprova, por exemplo, pelo relato anterior, feito a 6 de julho de 1943 por Eduardo Vieira Leitão, sobre as pressões exercidas por Hopkinson que quis ser recebido pelo MNE, não apenas para saber os nomes da dele-

---

[79] Documento 33, fólio 173 da pasta 1 do Volume IX.
[80] Documento 32, fólios 165 a 171 da pasta 1 do Volume IX.
[81] Documento numerado a vermelho com o número 23 A, fólio 259.

gação portuguesa com quem "os delegados do Board of Trade and Shipping encarregados da parte económica nas negociações" se deveriam encontrar[82].

Aliás, nessa reunião Hopkinson fez-se acompanhar de Nicholls e Roberts "vivo e exprimindo-se com desembaraço [e que] procurou ser amável, começando logo por fazer referências lisonjeiras à atitude perfeitamente correcta do Governo Português na sua política de neutralidade – tão útil à Inglaterra"[83].

Hopkinson queria tudo rapidamente concluído porque dessa assinatura dependia o "abastecimento das bases o transporte regular de abastecimentos e de tropas americanas destinadas ao teatro de operações na Europa"[84].

Leitão, que não lhe forneceu a informação solicitada, referia que os ingleses "haviam organizado com tempo os seus planos sem nada nos dizerem e agora pretendiam resolver tudo em poucos dias", não tendo em conta que essa assinatura teria como "consequência mais provável" a entrada de Portugal numa guerra que não desejava e para a qual, "como eles perfeitamente sabiam", não estava preparado, posição que, como a narração mostra, não era uma novidade do lado português.

Face a este elemento não admira que a delegação portuguesa fosse recebendo instruções ao longo do processo negocial, como, por exemplo, a alteração do âmbito das facilidades.

Aliás, as já referidas instruções dadas por Salazar tinham a ver com as informações que o chefe da delegação portuguesa lhe fazia chegar sobre o andamento das negociações e as exigências inglesas.

Assim, uma carta de Botelho de Sousa para Salazar, com data de 8 de julho de 1943 e que está no separador 36[85], referia explicitamente que as instruções iniciais eram para a concessão de facilidades "em S. Miguel e Terceira para operarem forças de aviação de reconhecimento geral" e "facilidades com restrições para os barcos de escolta se abastecerem de combustível em Ponta Delgada, ou na Horta, alternativamente", mas, pouco depois, as instruções

---

[82] Separador 35, documento 35, 24 A na numeração a vermelho, fólios 279 e 280.
[83] Documento n.º 37, numerado a vermelho com o n.º 26, fólios 287 a 290. As duas citações são do fólio 287.
[84] Fólio 279 do documento n.º 35 - 24 A a vermelho. As citações seguintes são relativas ao mesmo fólio.
[85] Documento n.º 36, fólios 282 a 285, embora a vermelho conste como o n.º 25.

recebidas apontavam para que os representantes portugueses pugnassem "pela cedência de facilidades apenas no campo da Terceira"[86].

Mais tarde, em carta datada de 10 de julho[87], Botelho de Sousa já falava na perspetiva de os ingleses se contentarem com:

" a) o campo de aviação das Lagens,

b) o porto da Horta,

c) toda a defesa a nosso cargo, excepto a defesa próxima daquele campo"[88].

Afinal, apesar de os Açores ficarem no meio do Atlântico, as negociações estiveram longe de constituir um oceano de facilidades.

Por isso, as informações transmitidas ao chefe da delegação portuguesa não paravam.

Mais tarde, em 15 de julho, surgiu um «memorandum» português sobre a possibilidade de uma alteração da posição inglesa relativamente ao fornecimento de matérias-primas e produtos indispensáveis à vida[89] e a chamada urgente a Berlim "para prestar serviço no Ministério dos Estrangeiros" do conselheiro da legação da Alemanha em Lisboa, Walter Weber, uma personalidade que certamente dispunha de informações sobre o Acordo[90].

A situação era complexa e justificava as múltiplas deslocações do embaixador de Inglaterra ao MNE português para tentar desbloquear as "dificuldades que surgiram nas conversações dos técnicos e sobre as quais eles não podiam passar"[91].

Foi um percurso sinuoso até a Inglaterra apresentar uma proposta para o acordo, elemento que está arquivado no separador 48[92] e classificado como "most secret"[93].

Ainda não se tratava de um documento definitivo, mas apenas de um pré-projecto do acordo, ou, como está escrito em inglês, um "Draft Agreement

---

[86] Citações do fólio 282.
[87] Documento n.º 39, fólios 296 a 298. A numeração a vermelho indica o n.º 27A.
[88] Fólio 296.
[89] Documento arquivado no separador 44, embora com o número 32 escrito manualmente a vermelho. Os fólios arquivísticos são 321 a 323.
[90] Apontamento de Eduardo Leitão, com o número 32 a vermelho, mas com o número real 46, fólios 329 e 330. A citação foi tirada do fólio 329.
[91] Documento confidencial de 19 de julho de 1943, guardado no separador 47 e com o número 33.
[92] Documento n.º 48, embora marcado, a vermelho, com o n.º 33 A.
[93] Este documento corresponde aos fólios 340 a 342.

between the British and Portuguese Military Delegations on the principles governing the grant of facilities in the Azores by the Portuguese Government to His Majesty's Government in the United Kingdom"[94].

É um documento com cinco páginas e cinco pontos, dos quais merece redobrada atenção logo o inicial porque as suas oito alíneas indicam as muitas facilidades pretendidas pelos ingleses, sendo que algumas delas se referiam a "full facilities" ou "full use".

Assim, a alínea a) estipulava o "use of the port of Horta, including full facilities for unrestricted refueling and repairs and the supply of fresh water and fresh edible stores according to available local resources, and the accommodation ashore of such personnel as are required in connection with theses facilities. These facilities also cover the stationing there of a tanker and a tug of the mercantile marine"[95].

A alínea b) referia-se ao uso do porto de Ponta Delgada e indicava que esse uso seria "restricted to the facilities normally accorded to a belligerent by a neutral State under international law".

Quanto à alínea c) garantia aos ingleses "the full and unrestricted use of the airfield at Lagens in Terceira".

A alínea d) estipulava "full use of all harbors on Terceira island, this being required for the supply and maintenance of the airfield at Lagens and of British forces stationed in Lagens in connection with the protection and operation of the airfield, it being understood that theses facilities include the right to provide adequate naval and air protection of shipping against all forms of attack from within territorial waters".

A alínea e) garantia à Inglaterra "the use of the airfield at Rabo de Peixe on the island of São Miguel by British aircraft as an emergency landing ground"[96], situação que era, de seguida, explicitada.

No que concerne à alínea f), assegurava à Inglaterra "the refueling of sea-planes or flying-boats at Horta", sendo que a lápis está entrelinhado "occasional" antes de "refueling".

---

[94] Fólio 340.
[95] Fólio 340 para as citações correspondentes às quatro primeiras alíneas.
[96] Esta citação e as seguintes foram feitas a partir do fólio 341.

A alínea g) referia que "all stores required for British forces in the Azores to be given rapid clearance through the customs in accordance with the arrangements - enterlinhado "to be agreed" – set out in the Annex to the present agreement".

Finalmente, a alínea h) estipulava que era aceite que "fuelling facilities under (a), (b) and (d)" eram também para "other United Nations vessels operating in or in connection with allied convoys".

Como parece óbvio, este estender de facilidades constituía uma séria ameaça para a manutenção do estatuto de neutralidade reivindicado por Portugal.

De registar que o ponto 3 já estipulava que Portugal daria "the most sympathetic consideration to any subsequent request for a revision of the arrangements in the light of future developments"[97] e o ponto 4 indicava que seriam feitos "separate arrangements" destinados a cobrir "the normal requirements of military security in the Azores".

Como se consta, a versão estava longe de representar um elemento definitivo, até porque não era possível "to cover at this stage all details arising out of the application of general principles" e, por isso, todos os "practical adjustments which may prove necessary" seriam feitos entre "the respective Portuguese and British local authorities", embora a lápis esteja escrito "sujeito a aprovação".

De facto, não era previsível que as autoridades locais portuguesas dispusessem de capacidade efetiva ou real para, sem aprovação do Poder Central, procederem a alterações decorrentes de problemas de aplicação do acordo.

Aliás, Salazar continuava a acompanhar as negociações em permanência, como se comprova pelo documento datado de 24 de julho de 1943 e arquivado no separador 51[98], no qual resumia a visita a sua casa do embaixador de Inglaterra acompanhado de Roberts porque "as Delegações estavam outra vez em face de dificuldades que não podiam resolver por si"[99].

Desta vez havia desacordo sobre a data a partir da qual os ingleses disporiam das facilidades nos Açores e Salazar fez questão de informar os representantes ingleses que "a Delegação Portuguesa se vira obrigada a manter-se

---

[97] Fólio 342 para esta citação e para as seguintes do mesmo documento.
[98] Fólios 350 a 352. O número a vermelho é 32.
[99] Fólio 350.

no terreno técnico e a deixar ao Governo a possibilidade de resolver as dificuldades ou divergências, fazendo intervir na solução critérios políticos pelos quais ela não se podia guiar"[100].

Era uma forma de explicitar com clareza quem, efetivamente, punha e dispunha na tomada de decisões do lado português, pois o importante era, para além da manutenção da aliança com a Inglaterra, assegurar a obtenção de contrapartidas que permitissem garantir que não seria Portugal a pagar sozinho um esforço que lhe era pedido em nome dessa aliança.

Salazar enviou para a embaixada em Inglaterra um resumo desta conversa, endereçando a missiva ao "Senhor Doutor Armindo Monteiro, Mui Ilustre Embaixador de Portugal em Londres"[101], embora tal tratamento não significasse qualquer deferência especial, uma vez que reproduzia o modelo concedido a Pedro Teotónio Pereira, o embaixador de Portugal em Madrid[102], que, em 16 de julho de 1943, se queixava ao Secretário-Geral do MNE porque o seu automóvel não podia "ser aqui reparado pois não existem as peças", um problema porque se tratava de "um belo automóvel" que tinha sido calçado "de novo há um ano" e "só os pneus que tem, valem hoje cerca de 30 contos". Ora, a reparação não iria "além de 10 contos" se fosse feita em Lisboa[103].

Como se constata, no meio das preocupações oficiais, os embaixadores encontravam ou criavam um espaço para colocar ao MNE assuntos de âmbito pessoal[104].

Voltando ao Acordo, na pasta 54 figura o "Projecto de Redacção do Acordo"[105], um documento de quatro páginas onde o governo português manifestava a sua disposição em conceder muito daquilo que constava na versão proposta pela Inglaterra, embora seja possível identificar diferenças entre os dois pré-projectos.

Assim, neste documento datado de 28 de julho, as principais novidades ou alterações em relação à proposta inglesa residiam não nas facilidades solicita-

---

[100] Fólios 350-351.
[101] Documento n.º 52, fólio 354. Carta de 28 de julho e com o número 34 B escrito a vermelho.
[102] Documento n.º 53, fólio 356. A vermelho consta o número 34 A.
[103] Arquivo Luís Teixeira de Sampaio, caixa 2, maço 29, n.º 2.
[104] No Arquivo Luís Teixeira de Sampaio existem vários pedidos do foro pessoal provenientes das várias embaixadas portuguesas no Mundo e dirigidos ao Secretário-Geral do MNE. Problemas de saúde de familiares estão entre as principais causas dessas solicitações.
[105] A numeração a vermelho indica o n.º 35. Os fólios são 358 a 361.

das – as oito alíneas já referidas na versão inglesa – mas em elementos acrescentados a essa proposta e que se destinavam a apresentar – ou a explicitar – aspetos que o governo considerava fundamentais para a defesa da parte continental de Portugal.

Por exemplo, a questão da entrada em vigor das facilidades – o ponto 3 da proposta portuguesa – exigia, designadamente, o compromisso inglês para uma "colaboração efectiva e eficaz" visando a "defesa do território continental português" e o "fornecimento de material de guerra, dentro de determinados prazos"[106].

O ponto 4 definia a concordância inglesa para a "protecção possível aos navios mercantes portugueses, incluindo os da pesca longínqua e, em especial, os da pesca do bacalhau, e em facilitar os arranjos necessários para assegurar aos primeiros a sua incorporação nos comboios"[107].

Relativamente ao ponto 5, acautelava a "amistosa consideração" de Inglaterra face ao pedido de "novos fornecimentos de material para o Governo Português, caso a evolução da situação estratégica" o viesse a "exigir"[108].

O ponto 6 exigia a concordância inglesa para a revisão dos "acordos comercial de guerra e de fornecimentos-compras e em conceder facilidades de transporte, tudo em ordem a resolver as dificuldades do abastecimento público designadamente de alimentação e combustíveis"[109].

Quanto ao ponto 7, referia-se ao início do prazo para a utilização efetiva das facilidades, mencionando a data de 15 de outubro desde que fossem cumpridas as exigências portuguesas no que dizia respeito à "entrega em Lisboa do material e pessoal especializado" para a defesa portuguesa, pois o Governo considerava que teria de dispor de "dois meses e meio" para a preparação "embora incompleta, da defesa do território português e dos navios de guerra"[110].

Finalmente, o último dos novos pontos incluídos por Portugal – o 8.º de uma lista de 10 – esclarecia que a neutralidade portuguesa exigia que as facilidades concedidas aos ingleses nos Açores apenas vigorassem durante um período

---

[106] Fólio 359.
[107] Fólio 359.
[108] Fólios 359-360.
[109] Fólio 360.
[110] Fólio 360.

"mínimo indispensável à luz da presente situação estratégica", embora Portugal aceitasse analisar com "a mais amistosa consideração" qualquer "eventual pedido de revisão do presente acordo conforme novas circunstâncias"[111].

A pressa inglesa pela utilização das facilidades pode voltar a ser comprovada por um apontamento de Salazar, datado de 2 de agosto e arquivado no separador 55[112], no qual dava conta de ter recebido o embaixador de Inglaterra e Roberts "no sábado, 31, em S. Bento, pelas 18 e trinta"[113].

Como se percebe, a agenda de Salazar não dispensava os fins-de-semana e não conhecia horas de expediente. Oriundo do meio rural sabia bem que o sábado era, por norma, o dia de recebimento da jorna que possibilitava o acerto das contas ou dos fiados e o avio semanal feito pelas mulheres da casa na mercearia do lugar à luz do candeeiro.

Ora, se a gestão da casa exigia o sábado, como é que o governo do país o poderia dispensar?

Pena que toda essa dedicação nem sempre fosse acompanhada de decisões assertivas, sobretudo a partir da conjuntura saída da guerra de 1939-1945. Mas essas são contas de outros rosários que não vale a pena voltar a desfiar.

Na visita mencionada, em causa estava um pedido inglês para a "antecipação da data de utilização das facilidades nos Açores para 15 de Setembro"[114].

Salazar, no seu jeito hábil de negociar, conseguiu colocar os dois representantes ingleses em "visível embaraço" e a "trocarem frases em inglês", quando lhes avivou "a memória" ao mostrar-lhes "uma cópia do memorial"[115] com as condições portuguesas relativas ao fornecimento de material.

Aliás, quando o embaixador lhe disse que o Estado-Maior inglês estava "impaciente por utilizar as facilidades", como o fez "em termos tais de velada ameaça", Salazar limitou-se a responder que "nenhum Estado Maior em país algum do mundo" podia "ter a iniciativa de operações como as dos Açores sem pleno acordo do seu Governo"[116].

---

[111] Fólio 361.
[112] Documento n.º 55, fólios 363 a 370, numerado a vermelho com o n.º 36.
[113] Fólio 363. A data inicial que figura no documento é 31 de julho.
[114] Fólio 363.
[115] Fólio 367.
[116] Fólio 369. As duas citações seguintes também foram feitas a partir desse fólio.

CAPÍTULO 1 – SALAZAR DESAFIA A ÁGUIA

Campbell aceitou essa posição, mas referiu que o "Primeiro Ministro estava também impaciente".

Face a esta confirmação da ameaça, Salazar limitou-se a aconselhar que "todos tivessem paciência".

Como se comprova, Salazar, apesar da valoração que fazia da Aliança Luso-Britânica, não se mostrava sensível a essa pressa e usava os Açores como um instrumento de Poder, ou seja, recusava que o arquipélago pudesse constituir uma ameaça à soberania.

Era esta postura que deixava Campbell "perplexo", até porque Salazar, embora tivesse ficado na posse dos documentos que o embaixador lhe levava e tivesse prometido que ia lê-los, lhe deu "a entender que a resposta estava dada"[117].

Dito de uma forma mais clara, Salazar já tinha tomado uma decisão e tudo o que restava à Inglaterra era aceitar, no essencial, a posição portuguesa.

Bem podia o governo de Sua Majestade lamentar que não podia "accept so late a date as October 15th for the entry of British forces into the Azores" e invocar que tinha feito "the necessary arrangements to supply at earliest possible date the war material required by the Portuguese Government"[118] – documento entregue por Campbell a Salazar e que consta no separador 56 – porque Salazar tinha os seus próprios prazos.

Por isso, considerava que a Inglaterra não podia esquecer que fora ela que solicitara a concessão de facilidades e, ao concedê-las, Portugal teria de "apresentar condições mínimas que resultavam não só da quebra de neutralidade, implícita na concessão de facilidades, mas de eventuais reacções dos inimigos do Governo de Sua Magestade"[119] e, como tal, havia que acautelar a "eventualidade de Portugal entrar na guerra ao lado das Nações Unidas"[120].

---

[117] Fólio 370.
[118] Documento nº 56, numerado a vermelho como o n.º 36 A, "most secret" e correspondente aos fólios 372 e 373.
[119] Documento datado de 5 de agosto de 1943, assinalado a vermelho com o n.º 37, mas efetivamente correspondente ao n.º 58, fólios 380 a 386. A citação é do fólio 380.
[120] Sublinhado no original, fólio 380.

Pressionada pelo tempo, a Inglaterra reuniu o gabinete para apresentar uma proposta com uma data "1 de Outubro – a meio caminho das duas pretensões, nossa e do Governo Inglês"[121].

No documento 4[122], um apontamento de Salazar datado de 7 de agosto de 1943 sobre a visita que, a seu pedido, lhe fora feita pelo embaixador de Inglaterra, voltou a ser feita referência à reunião do gabinete inglês onde "o Doutor Salazar tinha tido os seus partidários mas estes não venceram completamente", ou seja, o gabinete estava dividido porque enquanto "os políticos se mostraram mais conciliadores, os militares menos, pois que, à medida que as operações avançam e se sentem mais fortes, se tornam mais apressados e impacientes"[123].

Era grande o contraste entre a pressa inglesa – Campbell tinha "telefonado duas vezes de manhã para Sintra" à procura de Teixeira de Sampaio – e a aparente calma portuguesa porque Sampaio disse-lhe que "o receberia à tarde se ele tivesse urgência"[124].

Não deixa de ser estranho que a conversa decorresse em língua francesa, o único idioma comum a Campbell e a Sampaio, situação que não abona a favor do domínio linguístico pelo menos de Sampaio, embora o inglês ainda não fosse, na conjuntura de então, a língua de comunicação internacional. Por isso, nos liceus portugueses, o ensino da língua de Molière gozava de preferência relativamente ao idioma de Shakespeare, que apenas era iniciado no 3.º ano do Curso Geral do Liceu[125].

Depois, às 19 horas de 12 de agosto, Salazar pediu a Campbell – que se fez, mais uma vez, acompanhar de Roberts – para ir a São Bento para discutir os últimos pormenores, designadamente "várias alíneas do n.º 3 para as quais o

---

[121] Documento n.º 62, com o número 40 a vermelho, constante do separador 62 da capilha 2, com data de 7 de Agosto de 1943, fólios 396 a 407. A citação foi extraída do fólio 396.
[122] Pasta 2 do Anexo X, fólios 308 a 319
[123] Fólio 308.
[124] Documento n.º 64, ou seja, o n.º 41 na numeração a vermelho, constante do separador 64 da capilha 2 e datado de 11 de agosto de 1943. Os fólios vão desde 411 a 421. As duas citações iniciais do documento dizem respeito ao fólio 411.
[125] A questão do domínio de línguas estrangeiras sempre mereceu uma grande importância. Por exemplo, numa carta enviada pela legação de Portugal em Washington para o MNE em 1943, dizia-se que "o novo adido naval parece uma excelente pessoa. Tem porém contra si o facto de não falar nenhuma língua estrangeira, o que é evidente, pelo menos de entrada, lhe traz muitas dificuldades" – Arquivo Luís Teixeira de Sampaio, caixa 2, maço 29, n.º 6.

Embaixador tinha apresentado nova redacção" e o "n.º 7 cuja redacção definitiva depende em última análise do que se resolver acerca da data do começo de execução das facilidades"[126].

Eram os acertos finais como se comprova pelo facto de a assinatura do acordo ter ocorrido em 17 de agosto de 1943, embora na véspera da assinatura Campbell – valerá a pena dizer «acompanhado por Roberts»? – se visse obrigado a pedir a Salazar "uma audiência urgente que se marcou para o fim da tarde"[127].

Ainda, segundo o mesmo documento, Salazar, depois da discussão e de ter dado "uma vista de olhos ao texto proposto", considerou-o "comedido e na parte final muito interessante até para a nossa política peninsular"[128] e, por isso, era tempo de parar de reivindicar e de proceder à respetiva assinatura.

O documento 44 A, em inglês, – Projected Form of Agreement and Protocol – estipulava os termos do acordo [129] com a particularidade de o protocolo acautelar que "in the event of an attack on Portugal by Spain His Majesty's Government in the United Kingdom will declare and make war on Spain"[130].

A melhor forma de aquilatar a complexidade deste processo negocial talvez seja a consulta do Anexo X, pois só na segunda capilha, para além do relato das audiências de Salazar a Campbell e das cartas entre ou das delegações, é possível encontrar os seguintes elementos: Projecto de Acordo de concessão de facilidades nos Açores de 6 de agosto – documento n.º 2; Redacção do Parágrafo 3 revista pelo embaixador de Inglaterra e redacção do Protocolo sugerida pelo mesmo embaixador – documento n.º 3; parecer acerca da redacção do Contra-Projecto português de 11 de agosto – documento n.º 10; Projecto de Acordo relativo ao uso de facilidades nos Açores de 17 de agosto – documento n.º 20; Redacção definitiva do Projecto de Acordo relativo ao

---

[126] Documento n.º 42 a vermelho, correspondente ao n.º 65, fólios 423 a 429, constante do separador 65 da capilha 2 de AOS/CLB/FA - 1. As duas citações foram feitas a partir do fólio 423. O apontamento desta conversa também pode ser consultado no documento n.º 16, fólios 385 a 391 do Anexo X.
[127] Documento n.º 69 - 44 a vermelho – constante na capilha 2 de AOS/CLB/FA – 1, fólios 439 a 443. A citação é do fólio 439. O relato desta conversa também consta no Anexo X, documento n.º 19, fólios 402 a 406.
[128] Fólio 441.
[129] Este documento tem a numeração 44 A a vermelho e corresponde aos fólios 445 a 449 e está seguido do protocolo, fólio 450.
[130] Fólio 450.

uso de facilidades nos Açores de 17 de agosto – documento n.º 22, que tem o protocolo em anexo e o Projeto de Acordo de Empréstimo e Arrendamento – texto inglês de 28 de agosto – documento n.º 31, já posterior à celebração do acordo.

Ainda no Anexo X, na segunda capilha, o penúltimo documento justifica menção.

Trata-se do n.º 32 e refere-se a um apontamento sobre o conteúdo do Acordo de Empréstimo e Arrendamento entre a Inglaterra e a América[131].

De facto, esse documento reconhecia ao Presidente o poder de "de tempos a tempos, quando o julgue de interesse da defesa nacional" autorizar todos os ministérios ou repartições do Governo a "manufacturar nos arsenais, fábricas ou estaleiros sob sua jurisdição, ou obter por alguma outra forma, qualquer artigo de defesa para o governo de qualquer outro país, cuja defesa o Presidente julgue vital para a defesa dos Estados Unidos".

Além disso, tinha capacidade para "vender, transferir, trocar, alugar, emprestar ou dispor de qualquer outra maneira, a favor de tal governo de qualquer artigo de defesa", para além de poder "experimentar, inspecionar, verificar, equipar, reparar, ou de qualquer outra forma colocar em boas condições de servir, qualquer artigo de defesa para qualquer governo".

Este acordo ainda dava licença "de exportação para qualquer artigo de defesa a tal governo".

Os termos para estas ações seriam aqueles que o "Presidente julgar satisfatórios e a contra partida para o governo dos Estados Unidos pode ser pagamento em género ou propriedade, ou qualquer outra vantagem directa ou indirecta que o Presidente considere satisfatória".

Este acordo está datado de 9 de fevereiro de 1941, mas a sua atualidade parece inquestionável, pelo menos na perspetiva norte-americana.

O último documento do Anexo X – o n.º 33[132] – está arquivado como o 2.º Projecto de Acordo de Empréstimo e Arrendamento – texto em português.

Nos oito artigos desse documento estabelecem-se "as condições de fornecimento de abastecimentos e outros auxílios de natureza militar por parte do Governo de S.M. e outrossim o fornecimento de materiais e prestação de

---

[131] Fólio 463.
[132] Fólios 466 a 469.

CAPÍTULO 1 – SALAZAR DESAFIA A ÁGUIA

serviços que, em compensação e além das facilidades aludidas, devem ficar incumbindo ao Governo Português"[133].

Este documento mostra que, como já estava previsto na versão do acordo principal, haveria necessidade de proceder à celebração de Acordos Complementares.

Esses elementos figuram na 3.ª capilha de AOS/CLB/FA – 1 e o elevado número de folhas – 356 – com algumas anotações a lápis – mostra que havia, ainda, muito a discutir[134]. De notar que este dossier secreto tem o número II e a designação de «Acordos Complementares».

A lista contempla 75 documentos, pois, para além do Projeto de Acordo de Empréstimo e Arrendamento, havia o Projeto de Acordo de Censura, o Projeto de Programa de Execução do Acordo relativo aos Estrangeiros e Funcionários Consulares, o Projeto de Acordo Aduaneiro, o Projeto e vários Contraprojetos do Acordo de Jurisdição Criminal e Civil, memoriais, relatos de conversas e audiências, despachos, notas, apontamentos, cartas, telegramas, informações e memorandos.

Para esta investigação, o documento essencial está arquivado no separador 2, a tradução em língua portuguesa do documento inicial – escrito em inglês – do Projeto de Acordo de Empréstimo e Arrendamento[135].

Essencial porque se fica a saber, logo no artigo 1.º, que o governo inglês forneceria a Portugal "abastecimentos militares e auxílio de natureza militar"[136], mas que o "montante destes abastecimentos e a natureza do auxílio" deveriam "ser acordados entre os dois Governos periodicamente", ou seja, seria a forma como a conjuntura evolucionasse que iria decidir.

É evidente que os abastecimentos seriam "entregues livres de encargos" – art.º 2.º e Portugal não poderia transferir, "sem o consentimento" inglês, "o título ou a posse de quaisquer abastecimentos" – art.º 3.º.

Por outro lado, Portugal ficava obrigado a devolver a Inglaterra os abastecimentos militares cedidos e que ainda estivessem "sob sua autoridade",

---

[133] Fólio 466 do documento n.º 33 da capilha 2 do Anexo X.
[134] Aliás, a execução dos acordos também justificou muita documentação, como se pode comprovar em AOS/CLB/FA – 2 e AOS/CLB/FA – 3, pois só o primeiro desses elementos contém 492 folhas.
[135] Documento n.º 2, fólios 497 a 503 e que está identificado como o n.º 6 a vermelho.
[136] As citações dos artigos 2.º e 3.º foram feitas a partir do fólio 497.

quando o acordo caducasse, se "o Governo do Reino Unido exprimir o desejo de os reaver" – art.º 4.º[137].

De notar que "O Acordo Militar foi publicado no «Livro Branco» português" e que o receio de uma reação por parte de Espanha levou Salazar a Ciudad Rodrigo para se encontrar no paradeiro local com o Ministro das Relações Exteriores, o conde de Jordana, que substituíra o germanófilo Serrano Suñer[138].

Narrada a história do Acordo Luso-Britânico, é tempo de passar para o Acordo Luso-Americano, até porque, em oposição à já mencionada previsão de Campbell e a uma aparente concordância inicial, não se pode dizer que, afinal, a assinatura do Acordo Luso-Britânico tivesse merecido o beneplácito dos Estados Unidos e não foi, certamente, por uma questão de ciúmes.

Importa, por isso, historiar esse assunto e a melhor forma de o fazer talvez passe pela análise – prometida na Introdução – do relatório intitulado "Seizure or peaceful occupation of the Azores", datado de 16 de maio de 1943, preparado pelo Joint War Plans Committee para consideração da Joint Chiefs of Staff[139].

1.3. As Negociações com os Estados Unidos e a «Presença» Inglesa

Um primeiro elemento a ter em conta neste processo prende-se com o facto de os Estados Unidos, sobretudo no que concerne aos setores militares, terem plena consciência do valor estratégico dos Açores. Por isso, tinha sido elaborado "A study to determine the merits and possibilities of a seizure of the AZORES either peacefully or by an occupation through force".

Esse relatório, no seu ponto 2, defendia que "the utilization of air and naval bases in the AZORES will contribute materially to meeting the U-boat threat by providing VLR land-based aircraft cover for the presently uncovered areas of the central North ATLANTIC" e, no ponto 8, traçava os cenários possíveis.

---

[137] Fólio 498.
[138] Artigos intitulados «Os Acordos sobre os Açores em 1943 e 1944» e «A Entrevista de Ciudad Rodrigo», guardados no Arquivo Luís Teixeira de Sampaio, caixa 2, maço 31, n.º 1. Salazar atravessou a fronteira, depois de ter dormido numa pequena hospedaria em Vilar Formoso, às 7 da manhã e à 1 hora da tarde a reunião estava terminada.
[139] Este documento está arquivado na Franklin Roosevelt Library (Hyde Park, Nova Iorque) e pode ser acedido no sítio http://docs.fdrlibrary.marist.edu/PSF/BOX4/t56a02.html.

Assim, embora "a peaceful utilization of the AZORES as an air and naval base would be preferable to an occupation by force", era pertinente acautelar que "if peaceful negotiations should fail, preparations must be complete for an immediate occupation by force".

Dito de outra forma, os Açores teriam de servir – a bem ou a mal – os interesses norte-americanos.

Na eventualidade de Portugal não aceder às pretensões dos Estados Unidos, o relatório avançava com a reação que as tropas norte-americanas iriam enfrentar. A luta não se afigurava difícil, pois, embora "Portuguese armed forces in the AZORES are the best of the nation", a verdade é que estavam "lightly armed and equipped with obsolete aircraft". Como tal, o relatório considerava que "it is felt that their resistance to a well-balanced aggressive force would be ineffective".

O relatório ainda quantificava as forças portuguesas: "Ground: 25,700 troops. Air: 41 obsolete aircraft. Naval: 2 DD's".

Era manifestamente pouco face ao poderio militar dos EUA. No entanto, a águia resolveu não levantar voo.

Regressando ao plano das negociações luso-americanas, é tempo de passar para o Anexo III, intitulado «Execução dos Acordos».

Assim, na capilha 1 de AOS/CLB/FA – 2, separador 5, está o documento com o número 58 a vermelho e que corresponde ao n.º 5 deste anexo[140].

Nesse apontamento Salazar dava conta da visita que lhe fora feita pelo conselheiro de legação dos Estados Unidos em 10 de outubro de 1943[141].

O motivo era a indicação "dentro de pouco tempo" do "novo Ministro para Lisboa"[142], em substituição de Bert Fish, que falecera, situação que levaria, também, à partida do Conselheiro e de Crocker, embora Salazar fosse do parecer que os Estados Unidos deviam deixar "Kennan a trabalhar durante muito tempo ao lado do novo Ministro", pois este teria "desconhecimento do meio"[143].

---

[140] O número 58 mostra que a passagem da capilha anterior não implicou a cessação de numeração. No entanto, o índice refere que se trata do documento n.º 5.
[141] A numeração arquivística corresponde aos fólios 16 a 19.
[142] Fólio 16.
[143] Fólio 18.

Na leitura de Salazar, Kennan podia evitar que o novo embaixador perdesse tempo a compreender a especificidade da situação que viria encontrar em Portugal, circunstância que acabaria por também fazer perder tempo a Salazar.

Os Estados Unidos não pareceram sensíveis a esta «sugestão» – muito por força da Joint Chiefs of Staff que reclamava a nomeação de um diplomata mais «experiente» para Lisboa[144] – e Kennan pouco mais tempo permaneceu na capital portuguesa. No final de 1943 seria colocado em Moscovo, de onde enviaria «The Long Telegram», um documento de 8 000 palavras em resposta a um pedido de informações que lhe fora feito em fevereiro de 1946 pelo Departamento de Estado sobre a ideologia e a política externa soviéticas[145].

Voltando à reunião, é de realçar que o conselheiro considerava que a demora na substituição se ficara a dever ao desejo norte-americano de "não perturbar de modo algum as importantes negociações"[146] em que Portugal e a Inglaterra estavam envolvidos, situação que parecia apontar para uma estratégia norte-americana no sentido de aceitar uma entrada por via indireta nos Açores.

Como a Alemanha não demorou a protestar contra a concessão de facilidades aos ingleses nos Açores[147], a legação dos Estados Unidos fez o ofício n.º 1 297 de 25 de outubro de 1943 com as garantias políticas.

---

[144] Por «experiente» entenda-se «alguém que não colocasse problemas às exigências feitas pelas autoridades militares dos Estados Unidos».

[145] Este telegrama esteve na base do artigo intitulado «The Sources of Sovietic Conduct». Embora alvo de muitas críticas, derivadas, sobretudo, de um bem explícito anti-comunismo de Kennan, o documento apresenta um quadro muito completo sobre as temáticas. Em Moscovo, Kennan dava provas das qualidades que evidenciara em Lisboa e do apoio à posição portuguesa. Aliás, numa entrevista publicada no *Morgenbladet* de Oslo, em 20 de agosto de 1973, chegou a louvar "o convívio pacífico" entre "brancos e pretos" em Angola e Moçambique e "os progressos realizados nos últimos dez anos, sobretudo, no campo da instrução pública" e a alertar para os perigos resultantes do "êxodo massiço dos brancos, a divisão dos movimentos de libertação, uma vez no poder, segundo linhas tribais" – fólio 39 de SCCIM/K/4/371/1. Face à conhecida oposição da Escandinávia à política colonial portuguesa, talvez a jornalista Ingegerd Galtung não estivesse à espera de Kennan assumir publicamente um apoio tão vincado a Lisboa.

[146] Fólio 16.

[147] Memorandum datado de 15 de outubro de 1943, fólios de 37 a 40 na versão em alemão, e fólios 41 a 42 na versão portuguesa, embora a tradução tivesse sido "da responsabilidade da própria Legação da Alemanha". O documento é o n.º 61 do Anexo e tem esse número a vermelho.

A leitura desse documento pode levar à conclusão que a previsão de Campbell, pelo menos na fase inicial, parecia correta porque na pasta 1 de AOS/CLB/FA – 2 está uma carta[148] assinada por George Kennan a garantir que "in pursuance to instructions from my Government", estava em condições de informar que "in connection with the agreement recently concluded between Portugal and Great Britain the Government of the United States of America undertakes to respect Portuguese sovereignty in all Portuguese colonies"[149].

No entanto, tal só parcialmente corresponde à realidade porque, ao entregar essa carta, Kennan estava a agir por iniciativa própria, embora respaldado pela «liberdade» que lhe fora concedida por Roosevelt. Era essa «liberdade» negocial que o levava a comunicar em 23 de outubro aquilo que fora obrigado a calar – por ordem e contra-ordem oficiais – no dia 8 do mesmo mês[150].

Como se percebe, o processo não estava a ser fácil e, em 12 de novembro de 1943, o embaixador inglês avisou Luís Teixeira de Sampaio que a situação estava "pire que je ne pensais et que le déchargement des bateaux anglais dans le port de Lisbonne se trouve entièrement arrêté"[151].

Nessa fase, os norte-americanos já estavam a realizar trabalhos nas Lajes para os ingleses, devido à "superioridade da sua técnica e maior rapidez de execução"[152], como se comprova pelo apontamento confidencial de Salazar, datado de 31 de dezembro de 1943, no qual relatava a visita do Ministro dos Estados Unidos a S. Bento[153].

Esta constatação parece, à primeira vista, passível de uma interpretação que reconhece a autoridade política inglesa e a capacidade técnica norte--americana.

---

[148] De facto, para além da carta está, ainda, a sua cópia.
[149] Documento n.º 14, fólio 50. Trata-se do ofício n.º 1297 de 25 de outubro de 1943, da Legação dos Estados Unidos, contendo as garantias políticas.
[150] O volte-face de 8 de outubro mostra a inexistência de uma verdadeira estratégia norte--americana. Só isso explica que os Estados Unidos tivessem mandado jogar e, logo de seguida, guardar o maior trunfo de que dispunham.
[151] Arquivo Luís Teixeira de Sampaio, caixa 2, maço 29, n.º 22.
[152] Fólio 79.
[153] Documento não numerado e que está arquivado no separador 25, fólios 78 a 81. Como consta no índice, trata-se do documento n.º 25, o relato da audiência do Presidente do Conselho ao Ministro dos Estados Unidos da América em 31 de dezembro de 1943 e tem uma fotografia em anexo.

No entanto, a interpretação terá de ser mais profunda, pois o que estava em marcha era a estratégia dos Estados Unidos para se apropriarem das vantagens bélicas do arquipélago, embora mantendo a fachada de uma subalternidade face à Inglaterra.

De notar que Salazar escreveu "demorou-me uma hora", frase que mostra que a conversa lhe tinha feito perder tempo, uma vez que Kennan não estivera presente e o novo representante americano falava "em francês que de quando em quando mistura com palavras de outras línguas, sobretudo de espanhol"[154].

Esta referência à ausência de Kennan volta a chamar a atenção para o já referido desconhecimento que o novo embaixador ainda tinha do relacionamento entre o seu país e Portugal, embora convenha trazer à colação um novo elemento.

Na verdade, fora Kennan que, no final de novembro de 1943, sugerira a Teixeira de Sampaio que Portugal começasse a construção de um novo aeroporto nos Açores, embora sob o pretexto que o mesmo se destinaria a ser utilizado no final do segundo conflito mundial.

No entanto, quando na reunião em estudo e em nome do governo norte-americano foi feita a oferta de colocar técnicos à disposição de Portugal "para fazer os estudos necessários", Salazar desconfiou que a frase do Ministro tivesse "sentido mais vasto" e, por isso, agradeceu, mas respondeu que ficaria "mais à vontade se lhe fosse indicada uma empresa privada que pudesse encarregar-se dos estudos, em condições correntes, sob a orientação e com a participação de técnicos do Governo Português"[155].

Coisa bonita a soberania, a mesma soberania que levaria Salazar a enviar instruções para os Açores no sentido da proibição de desembarque das forças americanas do esquadrão B-24, embarcadas por ordem do almirante King.

Pena que a ordem tenha chegado depois do desembarque!

Na reunião que vem sido referida, também foi abordada a questão do volfrâmio, assunto que seria novamente objeto de conversa em 12 de janeiro de 1944[156].

---

[154] Fólio 78.
[155] Fólio 80.
[156] Documento secreto constante no separador 33 e correspondente aos fólios 127 a 136.

CAPÍTULO 1 - SALAZAR DESAFIA A ÁGUIA

Esta foi uma reunião que importa analisar com atenção porque é possível fazer descobertas muito pertinentes para a investigação e que se revelam suscetíveis de colocar em causa a ideia avançada por Campbell.

Em primeiro lugar, Salazar queria saber o que os norte-americanos queriam dizer quando usavam a expressão "to survey Acores" e obteve a confirmação de que se tratava, apenas, de "fazer reconhecimentos no terreno para ajuizar da possibilidade dos trabalhos" no que dizia respeito à construção de "novos campos de aviação em Santa Maria e no Faial"[157], e que a companhia indicada pelos Estados Unidos era a Pan-American.

Depois, Salazar quis ser elucidado sobre o que "ia fazer toda aquela gente" para os Açores, sendo que a expressão se referia aos "1 850" americanos que iriam desembarcar na Terceira, pois havia desde "técnicos e operários propriamente ditos", a "indivíduos encarregados da polícia", "indivíduos encarregados da administração" e "pessoal auxiliar"[158].

O representante norte-americano "declarou terminantemente não se tratar de forças militares nem estarem armados"[159], mas Salazar continuava a não perceber a razão de terem chegado antes de os trabalhos exigirem a sua permanência.

Também a presença de uma esquadrilha americana "enquadrada nas forças britânicas da Terceira"[160] mereceu a reprovação de Salazar porque não estava prevista no acordo de 17 de agosto e não lhe parecia necessária para assegurar "a guarda dos comboios que atravessam o Atlântico"[161] porque os ingleses poderiam fazer esse serviço.

Diga-se que esta questão esteve muito perto de criar um incidente de contornos bastante graves. De facto, a proibição de Salazar levou a Inglaterra a sugerir a Roosevelt que os aviões americanos do esquadrão B-24 fossem pintados – melhor, disfarçados – com as cores inglesas, mas Roosevelt não aceitou porque tinha em mente enviar os aviões com ou sem autorização. Como forma de evitar o mais que previsível conflito, restava à Inglaterra convencer Portugal a aceder à pretensão. Não foi tarefa fácil, pois Salazar só viria a ceder

[157] Fólio 127.
[158] Fólios 129-130.
[159] Fólio 130.
[160] Fólio 130.
[161] Fólio 131.

quando o conflito sobre o volfrâmio atingiu o "ponto mais quente" e foi necessário "fazer algumas cedências fáceis à Inglaterra" (Telo, 1991, p. 202). Assim, como a RAF necessitava de substituir um dos esquadrões que mantinha nas Lajes, o lugar foi preenchido pelo esquadrão dos B-24.

Estava ultrapassado mais um mal-entendido e os Estados Unidos levavam a água ao seu moinho – leia-se, estacionavam o esquadrão nas Lajes – preparando mais o futuro que o presente.

Voltando à conversa, face a tal interlocutor o embaixador norte-americano não conseguia argumentos e, por isso, optou por entreabrir a estratégia e reconheceu que os EUA precisavam de Santa Maria. Em seguida, na ótica de Salazar, indicou "números de que pouco sabia e nada provam"[162], apesar de ter adiantado uma boa razão, ou seja, as melhores condições meteorológicas de Santa Maria em relação à Terceira.

Salazar considerava que tinha tido um "trabalho árduo e inútil"[163] para convencer o representante norte-americano de que "as suas necessidades não eram razão suficiente de pedir", pois, na verdade, "a sua posição era completamente diversa da posição inglesa que podia invocar uma aliança".

O Presidente do Conselho afirmou mesmo que "um representante dos Estados Unidos parece não poder compreender que o seu país tenha menos direitos que qualquer outro".

Ora, face à posição de Salazar, o embaixador norte-americano lembrou-o que em breve Portugal passaria à condição de beligerante para defender as "colónias do Extremo-Oriente" do ataque japonês. Além disso, avisou-o que "a maior parte dos aviões que se destinam ao Oriente vão passar pelos Açores" e, por isso, "os Açores lhes eram muito necessários, etc, etc.".

Só que Salazar considerava que esse assunto não tinha importância para a "solução dos problemas do momento" e essa constatação "pareceu desnorteá--lo [ao embaixador] um pouco, tão convencido estava do contrário".

Ainda de salientar que o diplomata norte-americano negava "o direito de ser-se neutral", posição que Salazar não admitia, apesar das Nações Unidas e do Eixo estarem a atuar "de modo a negar ou a desconhecer esse conceito",

---

[162] Fólio 132.
[163] Esta citação e as seguintes foram extraídas dos fólios 132 e 133.

pois defendia que Portugal continuaria a pautar o seu comportamento "pelo direito preexistente"[164].

Outro elemento a reter neste documento prende-se com a avaliação feita por Salazar sobre o embaixador, enquanto fruto e instrumento da lógica norte-americana, pois, apesar de parecer "pessoa compreensiva", não tinha "nem a finura nem a maleabilidade da inteligência europeia", não deixando "marca no seu espírito a nossa exigência mental da lógica nem os escrúpulos das posições jurídicas"[165].

Porém, é a frase seguinte que melhor sintetiza a preocupação de Salazar quando escreveu "tudo é oportunismo e interesse; tudo deve ser disposto à satisfação destes".

Salazar afirmou, ainda, que o embaixador "nunca chegará a compreender que os Estados Unidos não têm título para pedir a Portugal favores ou serviços contrários à neutralidade".

Podiam não ter esse título, mas tinham o poder da força e, como o próprio Salazar reconhecia, o embaixador "há-de fazer todos os esforços para conseguir um acordo próprio seu ou obter concessões directas sem audiência nem aproveitamento do canal inglês".

Preocupante era, na ótica de um Presidente do Conselho – que sublinhou várias vezes o determinante possessivo «seu» –, o facto de os ingleses se estarem a sentir "ultrapassados e vencidos por aquele dinamismo, pressa e falta de cerimónia americana"[166].

Não menos preocupante para Portugal era o facto de Salazar ainda não se ter apercebido da inversão de posições entre a Inglaterra e os Estados Unidos e que a primeira já não estava em condições de se opor à "supremacia dos Estados Unidos e às suas posições no Atlântico"[167].

Na verdade, um estadista que conseguia ver imediatamente que as ideias do embaixador estavam "em polo oposto às nossas" e que a sua "compreensão pode ser dentro do seu sistema de ideias e não dentro do nosso, o que dará cer-

---

[164] A citação das duas frases de Salazar faz parte do fólio 134.
[165] Fólio 135. As citações seguintes constam no mesmo fólio.
[166] Fólio 136.
[167] Fólio 136.

tamente lugar a equívocos"[168], devia ter manifestado a plasticidade suficiente para aceitar que o Mundo já não era o mesmo que saíra da I Guerra Mundial.

Talvez seja interessante referir que, alguns anos depois, a segunda personalidade da embaixada norte-americana em Lisboa, Harvey Wellman, haveria de citar Jorge de Sena para explicar a forma portuguesa de estar e o gosto pela confusão intencional de aceitar como realidade aquilo que se pensa.

Porém, a História provaria que, pelo menos num ponto, a visão estratégica de Salazar sobre a futura ordem mundial estava correta. Na realidade, a aposta inglesa e norte-americana no Atlântico deixou o caminho livre à hegemonia da União Soviética no centro e leste da Europa e permitiria a construção daquilo que Churchill batizaria como a «Cortina de Ferro».

O tempo encarregar-se-ia de mostrar que, como decorre da experiência, o ferro, apesar de sujeito fácil da oxidação ou ferrugem, não deixa de ser duradouro.

Afinal, foi quase meio-século!

De notar que os relatos das entrevistas concedidas a 31 de dezembro e a 12 de janeiro foram enviados para a embaixada de Londres a 15 de janeiro, sendo que o embaixador já era o Duque de Palmela, Domingos de Sousa Holstein Beck, e não Armindo Monteiro[169].

Era a forma do embaixador ficar na posse de documentação que lhe permitisse defender a posição portuguesa e prestar os esclarecimentos solicitados pelo governo de Sua Majestade. Aliás, o mesmo se passava em relação às embaixadas portuguesas em Washington e Madrid.

Afinal, a política portuguesa de então girava à volta de quatro capitais, apesar de a investigação ter encontrado um documento no qual o embaixador em Londres se queixava a Sampaio, no dia 22 de junho de 1944, de que tinha havido "um silêncio de mais de dois meses"[170].

As reuniões no MNE sucediam-se e no Volume IV secreto de AOS/CLB/FA – 2, pasta 2[171], com 257 fls, no separador 54, fólios 423 a 427, está o relato secreto da conversa do Secretário-Geral do Ministério dos Negócios Estran-

---

[168] Fólio 135.
[169] Fólio 140, separador 35.
[170] Arquivo Luís Teixeira Sampaio, caixa 1, maço 2.
[171] De facto, o Volume III e o Volume IV, ambos secretos e dizendo respeito à «Execução dos Acordos», estão juntos num mesmo maço e identificados como as pastas 1 e 2.

geiros, Luís T. de Sampaio, com o embaixador dos Estados Unidos, Norweb, em 28 de junho de 1944[172].

Nessa reunião, depois de ver recusado o pedido "para uma linha adicional entre Londres e Lisboa, destinada a trazer certains cargoes e funcionários americanos", pois desde o começo da guerra que Portugal não dava essa autorização "a qualquer beligerante", Norweb passou a falar "da capital importância do aeródromo de Stª Maria", de onde acabavam de chegar "o engenheiro americano" e o "chefe da missão portuguesa"[173].

O representante da diplomacia norte-americana, que estava à espera de ser recebido por Salazar, considerava que "a primeira inspecção a Stª Maria foi muito favorável", mas era preciso "fazer a inspecção a fundo" e, para tal, "enviar uma segunda equipe de técnicos". Por isso e para não perder tempo, pedia "os vistos para uns 20 ou 25"[174].

Quanto à construção do aeródromo, que deveria custar "uns 10 milhões de dólares", entendia que "na parte para a utilização nas circunstâncias de guerra, os E.U. poderiam pagar uma indemnização de utilização; Portugal viria assim a ter o aeródromo de graça"[175].

Outro aspeto igualmente interessante da conversa prendeu-se com a forma como os norte-americanos e os ingleses pretendiam usar o "cabo da Companhia Alemã Horta-Emdenn" que tinham cortado. Para tal queriam ligar "o termo da linha que ficou no fundo do mar com a linha da West Union que também amarra nos Açores".

Como Portugal não podia conceder autorização para a "utilização da cabine da linha de Emden que está mesmo junto à outra na Horta, selada pelo Governo Português", essa "tentação" seria substituída por uma "ligação no alto mar fora das águas territoriais"[176].

Na realidade, Portugal não podia apoderar-se "de uma linha estrangeira em território nosso para a entregar a um dos beligerantes"[177] se quisesse manter a aparência de neutralidade.

---

[172] Como o documento não está numerado serve a indicação dada no índice – documento n.º 54.
[173] Fólio 423.
[174] Fólio 423.
[175] Fólio 424.
[176] Fólio 425.
[177] Fólio 425.

O embaixador reafirmou o "desejo e a tentação". Por isso, Sampaio não tinha dúvidas que o iriam "fazer no alto mar" e que ficaria "desdobrado um cabo que funciona em território português, o da West Union"[178].

Impotente para interferir no desenrolar do processo, Sampaio limitava-se a questionar: "como evitar?"[179]

O embaixador, demasiado otimista, considerava que a guerra na Europa estaria acabada "em fim deste ano", mas considerava que a guerra para os EUA era "a do Oriente"[180], onde esperavam ter "100 porta-aviões dentro de muito pouco tempo e 1.500 aviões a passearem no Pacífico"[181].

A necessidade de recurso às bombas atómicas mostraria que, afinal, a forma verbal «passearem» tinha sido mais uma das manifestações do exagerado otimismo de Norweb.

No entanto, segundo Sampaio, o interesse da conversa, na ótica norte-americana, resumia-se apenas a "uma palavra"[182] – Açores.

Salazar acabaria por receber Norweb no dia 6 de julho de 1944 pelas 17 horas em S. Bento[183], na primeira audiência desde que este fora acreditado em Lisboa.

Como a entrevista fora "solicitada havia dias"[184], era, mais uma vez, a paciência portuguesa a impacientar os norte-americanos.

Depois de explicar a pouca recetividade de que De Gaulle gozava junto da administração do seu país e que fazia com que o seu governo não fosse reconhecido por Washington, Norweb falou sobre a situação política dos Estados Unidos e da possibilidade de revisão da Constituição para permitir um

---

[178] Fólio 426
[179] Fólio 426. Esta questão seria objeto de vários telegramas, informações e memoriais que estão arquivados no Anexo IV, documentos 66 a 73. Por exemplo, o memorial da Presidência do Conselho, datado de 3 de agosto de 1944, para a embaixada de Inglaterra, arquivado no separador 73, fólio 489, informava que, relativamente ao "lançamento de um segundo cabo entre a cidade da Horta e a Ilha Terceira", o Governo Português concedia a autorização pedida "considerando-se que este segundo cabo fica sujeito ao mesmo regime do primeiro, estabelecido na alínea i) do n.º 1 do acordo de 17 de Agosto".
[180] Fólio 426.
[181] Fólio 427.
[182] Fólio 427.
[183] Apontamento secreto constante no separador 55, fólios 428 a 433.
[184] Fólio 428.

terceiro mandato a Roosevelt, antes de entrar no motivo real que o levara a S. Bento, ou seja, "os estudos do aeródromo de Stª. Maria"[185].

O embaixador queria respostas, mas Salazar, sempre cauteloso, desculpou-se com o facto de ainda não ter examinado criteriosamente o relatório da Pan American e de aguardar o relatório do chefe da missão portuguesa, o Tenente-coronel Serrano.

No que concerne às "relações económicas" e ao "projecto de acordo económico, inclusivamente as listas de mercadorias a permutar", entregue por técnicos norte-americanos e ingleses ao "Cor. Fernandes", Salazar também se desculpou referindo que precisava de tempo para o "estudar convenientemente"[186].

Na verdade, Salazar desconfiava do "optimismo e facilidades que podem não vir a ser corroborados pelos factos", pois Norweb só via facilidades e considerava que "ele e Campbell tinham conseguido garantir-se de poderes suficientes para satisfazer pedidos maiores que lhes fizéssemos"[187].

O Presidente do Conselho, muito realisticamente, considerava que o embaixador era "levado a afirmações e a promessas que depois não correspondem aos factos"[188], pois prometer é bem mais fácil do que cumprir.

De notar que durante a audiência a embaixada informou Norweb que o Departamento de Estado já tinha "telefonado duas vezes e que havia nova chamada". Salazar prontificou-se para que o embaixador "a fim de não perder a linha"[189], respondesse dali mesmo, mas este recusou.

A solicitude de Salazar era compreensível numa altura em que as comunicações entre Portugal e os Estados Unidos não primavam pela eficiência. No entanto, na perspetiva de Norweb, não convinha que Salazar ficasse a saber o teor de uma mensagem tão urgente, pois nunca se sabe quando as paredes da casa alheia têm ouvidos.

A situação relativa às negociações continuava os seus trâmites e, por isso, em AOS/CLB-FA – 3, pasta com 218 fólios arquivísticos, está o documento

---

[185] Fólio 429.
[186] Fólio 430.
[187] Fólio 431.
[188] Fólio 432.
[189] Fólios 432-433.

n.º 15[190], um apontamento sobre a composição da delegação americana para as conversações dos Estados-Maiores em 4 de novembro de 1944.

Essa delegação seria chefiada pelo Major General James E. Chaney cujo currículo de 12 linhas fazia parte do memorando.

Era um documento provisório, como se constata pela existência de dois outros documentos: o n.º 25[191] do embaixador dos Estados Unidos para o Secretário-Geral do MNE, a dar conta do oficial designado pela Marinha, o Capitão Thomas M. Shock, e o documento 26, com a indicação de que se tratava da "composição completa" dessa delegação, embora não passasse de um resumo, em português, do documento anterior.

Voltando à questão dos Açores, o documento 47[192] relatava as conversas do Secretário-Geral do MNE com Campbell e Norweb sobre a construção do aeródromo de Santa Maria, uma matéria sobre a qual "Norweb constantemente instava, sem contudo dar provas de compreender a situação e a nossa posição na matéria".

O primeiro a ser recebido foi Campbell que já conhecia a intenção norte-americana de "tratarem a duo, nós [Portugal] e eles, a questão de Santa Maria", posição que não era partilhada por Portugal que, tal como em relação a Timor, preferia "tratar a três, isto é, conjuntamente com a Inglaterra", face à existência da Aliança Luso-Britânica.

Era Sampaio a dar voz ao pensamento de Salazar segundo o qual "a influência crescente dos Estados Unidos, numa posição sua proeminente nos Açores, enfraquecia aquela situação de privilégio, e era a nossos olhos desvantajosa".

No entanto, como Portugal desconhecia a posição de Londres sobre o caso, e como "o empenho dos Estados Unidos continuava a manifestar-se", não se podia continuar a "protelar, ou dificultar sem fundamento", a menos que o governo português os quisesse "descontentar".

Aliás, Portugal estava disposto a correr esse risco, desde que o governo inglês concordasse que ao recusar ou dificultar as pretensões norte-americanas, Salazar estava a prestar "um serviço à Inglaterra" e, como tal, encontra-

---

[190] Correspondente ao fólio 88.
[191] Fólio 115.
[192] Fólios 179 a 183.

ria "nella apoio" ou então que a atitude portuguesa "lhe servisse a ella para outros fins".

Só que como as "cousas iam correndo", Portugal acabaria "por descontentar um lado sem prestar serviço ao outro". Por isso, parecia preferível tratar com os Estados Unidos, até porque "procurando satisfazê-los, também teríamos facilidade em lhes pedir certas compensações ou garantias".

Campbell respondeu que seria difícil a Inglaterra contrariar o desejo norte--americano de tratar diretamente com Portugal. Aliás, também o MNE tinha informação do então embaixador português em Washington, Bianchi, que apontava no sentido de o governo inglês se ter obrigado "positivamente a deixar esse campo livre aos americanos".

É que, na conjuntura de então, a Inglaterra via os EUA como um "aliado mais íntimo e valioso na luta" em que estava envolvida, embora a construção do aeródromo de Santa Maria correspondesse a um interesse britânico.

Face ao exposto, Sampaio informou-o sobre aquilo que iria dizer a Norweb, ou seja, que "se a questão da participação indirecta portuguesa nas operações do Pacífico relacionadas com Timor for levantada na comissão dos Estados-Maiores" então, uma vez "acordada ali a participação directa, a indirecta pode realizar-se por meio de facilidades nos Açores que serão fixadas num acordo entre Portugal e os Estados Unidos, que ficará como suplemento ao acordo geral".

Campbell não levantou objeções e Sampaio insistiu na questão para que não ficassem dúvidas sobre o interesse britânico na decisão que ia ser tomada.

Como à frase "Il y a donc interêt à ce que nous suivons cette voie", Campbell retorquiu "Oh ! Oui. Il y a là un interêt britannique", Sampaio sentiu-se à-vontade para receber Norweb.

O resto da conversa com Campbell já não faz parte desta temática e apenas serviu para atrasar a receção a Norweb.

Depois o documento passa a recontar a conversa com Norweb, recebido "um bocado depois" e ao qual Sampaio deu conta que Salazar ficara "um pouco perplexo" com a carta "um pouco confusa" que Norweb lhe enviara, situação que provocou o riso deste porque "toda a sua intenção era esclarecer".

Salazar não compreendia a carta e a urgência "de pôr em andamento as cousas, as resoluções da conferência de Quebec onde não estivemos e que não sabemos quais sejam", até porque o "contracto feito com a Pan-American [...] seguia o seu curso nos melhores termos".

Sobre a Conferência de Quebec, Norweb explicou que "tinham sido tomadas resoluções de ordem militar, todo um plano de que a utilização de Santa Maria era uma parte essencial" e, por isso, se "não estiver decidida a construção e a utilização até certa data o plano tem de ser modificado e posto de lado nessa parte".

Mais disse que não desejava que "a questão da participação indirecta" fosse levantada no "seio da comissão mixta de oficiais em Lisboa antes de se ter chegado a acordo sobre a construção".

Sampaio propôs que, "para adiantar serviço", se fosse estudando "o plano de acordo a dois para a participação indirecta", antes de se levantar essa questão na comissão, proposta que agradou ao embaixador norte-americano, embora tivesse levantado a questão do efeito nas obras se os japoneses abandonassem Timor.

Sampaio não estava em condições de lhe dar uma resposta e Norweb colocou a hipótese de "uma espécie de ultimatum ao Japão, proposta que mereceu a objeção do lado português". Era uma questão delicada e, por isso, se ficou de pensar.

Depois, em 4 de outubro de 1944, houve conversas do Secretário-Geral do MNE com Campbell e Norweb[193] que mostram, claramente, que em diplomacia as verdades são marcadas pela transitoriedade.

Assim, Campbell, que trouxera muitos assuntos para a reunião, quando foi abordada a questão da construção do aeroporto de Santa Maria e Sampaio lhe recordou que só depois de Portugal saber que estava a interpretar "fielmente a atitude inglesa" é que falara com Norweb, não manteve a posição anterior e afirmou "mais je ne suis suis pas allé au delà de dire qu'il y avait un interêt britannique dans la construction rapide de l'aerodrome. Je n'avais en vue que la construction, pas l'utilisation. Je voyais seulement l'accord avec la societé Pan Américan, et non pas l'accord avec le Gouvernement pour l'utilisation ».

Sampaio considerava que «o natural e o justificado teria sido eu saltar », mas teve « paciência" para valer "à amnésia alheia", embora um "preocupado" Campbell se fosse limitando a dizer "oui, mais je n'ai pas compris, j'avais en vue seulement la construction".

[193] Documento 52, fólios 194 a 207.

Depois, num segredo pessoal, assumiu que "ce qui me préoccuperait ce serait après avoir négocié si minutieusement l'accord des Açores avec le Gouvernment portugais de voir les Etats Unis obtenir une position dans une autre île qui leur permettrait de nous dire si nous voulions y passer un jour : ah ! bien, bien, vous avez votre accord à vous, vous n'avez rien à faire ici ».

Foi a vez de Sampaio recordar que essas tinham sido as preocupações que Portugal fizera sentir a uma Inglaterra que parecia alheada e de lhe confidenciar que Portugal, prudentemente, emendara a desatenção inglesa, pois a proposta apresentada a Norweb acautelava "que o aeródromo de Stª. Maria poderia ser utilizado pelos aviões americanos e britânicos".

Afinal, Campbell demorara a aperceber-se da existência de "certas correntes nos Estados Unidos" que consideravam "qu' ils pouvaient bien se passer de nous et faire tout seuls leur guerre", até porque, apesar de Roosevelt e Churchill terem decido em contrário, "certos almirantes americanos estimariam muito que a esquadra britânica não tomasse parte nas operações do Pacífico, agora que "as cousas melhoraram na Europa".

Campbell queixava-se de Norweb, uma "pessoa difícil", que lhe dizia "realmente e lealmente" o que se passava, mas não lhe dizia aspetos que considerava "détails" e que, afinal, eram "choses importantes".

Afinal, talvez a explicação não fosse bem essa, conhecida que era a pouca simpatia de Norweb pela Inglaterra.

Na despedia, Sampaio fez questão de recordar o desejo manifestado por Portugal de "negociar a três", uma estratégia que, como já se viu, não era de fácil execução.

Será caso para proverbiar que «aliados, aliados, negócios e interesses à parte».

Nesse mesmo apontamento figura o relato da conversa com Norweb, não sem antes Sampaio tirar a lição desta fábula, a qual ia no sentido do provérbio "on apprend à tout age" porque não tinha havido um problema de comunicação.

De facto, Campbell era um "funcionário de carreira, com mais de 60 anos" e que falava "lindamente o francês" e Sampaio falava-o "com facilidade" e estava "há quinze anos a trabalhar quasi diariamente com representantes de todas as nações", sem nunca ter tido mais do que um pequeno "mal entendido".

Assim, Sampaio não compreendia o que se passava com Campbell que, por duas vezes, já dissera a Salazar "coisas diferentes" daquelas que Sampaio lhe tinha dito, situação que este justificara como sendo "um simples truc de métier para obter uma versão que comparasse com a minha verdadeira". No entanto, em momentos difíceis – como nos casos de Timor e do volfrâmio – tudo correra bem e, por isso, Sampaio questionava se era doença, cansaço ou tática e, no último caso, com que fim.

Depois da surpresa Campbell era tempo de descobrir as novidades de Norweb.

Aliás, ainda sobre a questão dos equívocos valerá a pena recordar que não era situação virgem.

De facto, como Telo (1991, p. 200) refere, também Norweb estava convencido que Salazar tinha autorizado a permanência de uma esquadrilha nos Açores quando lhe dissera que se ia "emprestar aos ingleses uma esquadrilha de aviões", mas, na verdade, Salazar só autorizava "o trânsito de aviões de aviões americanos, mas não a permanência de aparelhos militares".

Voltando à receção a Norweb, a parte inicial da conversa andou à volta do "texto para o acordo de Santa Maria" e do sentido da palavra "eventual", que era "definito, final" em inglês, mas "dubitativo, condicional" em francês e português.

Ora, era esse o adjetivo que caracterizava a "participação de Portugal nas operações do Pacífico" e Norweb era da opinião que Portugal não percebia "o que eram as operações do Pacífico para os Estados Unidos", nem sabia que "cada dia de atraso de operações" se cifrava "em milhões". Por isso, estava ciente que os militares norte-americanos não concordariam com a proposta portuguesa porque só apreciavam aquilo "que não faça perder tempo".

Assim, depois de sugerir que "Santa Maria fosse no man's land", acabou por avançar com a ideia de "um acordo imediato provisório, de linhas muito gerais que permitisse desde já o começo dos trabalhos enquanto não se conclue o acordo minucioso que pode exigir o máximo de mês e meio".

Não deixa de ser preocupante o juízo de valor de Sampaio quando, à guisa de remate, afirmou que, se "Washington não lhe valer" lhe parecia "muito difícil, senão impossível, levar a cabo uma negociação importante com este homem".

O problema não residia no trato que era "muito agradável" e não era de excluir a hipótese de Norweb ter "o que algumas pessoas julgam ser um talento diplomático, a habilidade de esconder a sua inteligência...", uma forma revisitada da douta ignorância socrática.

Seria que a «experiência» que servira de critério para a nomeação de Norweb lhe garantia a capacidade de fingir só perceber aquilo que queria?

Esta reflexão de Sampaio explica bem a necessidade de dar conhecimento destas duas reuniões ao embaixador de Portugal em Londres, o Duque de Palmela, sendo que, como consta no ofício do fólio 209, do separador 53, não era apenas a embaixada de Londres que deveria ser informada e, por isso, seguiram ofícios "idênticos para Londres e Washington".

A questão era complexa e Salazar resolveu chamar Campbell a S. Bento em 12 de outubro de 1944 para o inteirar sobre as negociações entre Portugal e os Estados Unidos e para reiterar que Portugal não pretendia pôr de lado os interesses ingleses.

Nessa reunião[194], Salazar historiou "resumidamente as negociações", referiu que "a origem das dificuldades e demoras estava apenas na impossibilidade de convencer os E.U. de que não tinham título ou base jurídica ou política para fazer um pedido daquela natureza ao Governo Português", embora a solução se pudesse resolver com a "admissão em princípio da nossa participação em operações no Oriente para a recuperação de Timor".

Também referiu os dois compromissos a que Portugal se propunha, isto é, "mandar seguir os trabalhos em Santa Maria e dar a concessão em princípio daquela base", sem deixar de salientar que os Estados Unidos só pareciam interessados em "receberem directamente a concessão, administrando-a e explorando-a sem a menor dependência dos ingleses", razão que levara Salazar a enfatizar o "valor das posições açorianas para a Europa e da nossa ligação de aliados com a Inglaterra", de forma a que esta "estivesse também de alguma maneira na concessão portuguesa".

Campbell ficou satisfeito com o empenho português, pois esteve "mais pródigo em elogios que de costume", agradeceu muito e mostrou o "apreço do seu governo pelo primário e privilegiado papel da aliança anglo-lusa", até porque Salazar se ofereceu para lhe disponibilizar "um exemplar do projecto de acordo de Santa Maria, na edição mandada a Norweb", oferta prontamente aceite.

---

[194] Contada nos fólios 211 a 214.

Talvez seja tempo de frisar que esta sujeição voluntária de Portugal a Inglaterra não recebia igual atenção da outra parte, ao contrário daquilo que, por norma, se verificava mutuamente entre a Inglaterra e os Estados Unidos.

Finalmente, no separador 61, o fólio 244 relativo ao telegrama n.º 396[195] dava conta que "depois [de] arrastadas e muito difíceis negociações devido sobretudo [à] incompreensão [dos] Estados Maiores chegou-se [a] acordo sobre [as] questões [do] Pacífico e [de] Santa Maria".

Nesse telegrama, referia-se que tinha sido "ainda possível introduzir [no] texto [do] acordo relativo [às] facilidades [nos] Açores [para] utilização por aviões [da] comunidade britânica e não só ingleses".

Por isso, Portugal considerava que a Inglaterra deveria "estar grata [aos] esforços despendidos para a manter na base e dentro de acordo que [os] Estados Unidos tinham maior empenho se fizesse sem [a] sua intervenção".

Afinal os norte-americanos já pareciam ter esquecido que, na fase anterior, tinham beneficiado da boa-vontade da Inglaterra e de uma frase constante na Aliança Anglo-Portuguesa de 1373, que falava dos amigos dos amigos.

Ou seria que se lembravam que, apesar da aparente cumplicidade, nem sempre as promessas inglesas tinham sido cumpridas?

No documento seguinte[196], o Duque de Palmela dava conta da satisfação inglesa pelos "esforços para associar [a] Inglaterra e a Comunidade Britânica [às] decisões tomadas", até porque o governo inglês estava ciente das "dificuldades [que os] americanos levantaram para a continuação [das] conversas militares [sobre a] hipótese [da] nossa colaboração [na] busca [da] reconquista [de] Timor".

O embaixador português também fez questão de dizer que o representante do governo inglês, Eden, tinha desvalorizado as palavras proferidas por um "político da oposição", Spender, sobre o relacionamento britânico com Portugal, pois o que contava era a "garantia" dada pela Inglaterra e pela Austrália, aquando do Acordo dos Açores". Aliás, tinha, inclusivamente, mostrado a sua satisfação pelo estado da Aliança Luso-Britânica.

---

[195] Telegrama expedido do MNE para a embaixada de Portugal em Londres, cifrado em 25 de novembro de 1944.
[196] O n.º 62, referente ao telegrama n.º 428, expedido às 22h 20m do dia 29 de novembro de 1944 e correspondente ao fólio 248.

CAPÍTULO 1 – SALAZAR DESAFIA A ÁGUIA

Corria o final de 1944. O Acordo de Santa Maria tinha sido celebrado e as obras nas Lajes – por onde passavam em média 2 000 voos mensais – estavam concluídas[197].

Por essa altura, como Telo (1991, p. 218) afirma, o empreendimento era "quase exclusivamente americano", uma vez que "menos de 10% dos aviões que passam pelos Açores são ingleses"[198].

Por isso, como se pode constatar pelo documento 73, a Inglaterra começava a levar o material bélico que já não fazia falta nos Açores, mas era indispensável noutras frentes, situação explicada pelo Comodoro Fullard numa conversa ocorrida em 31 de janeiro de 1945 com o Comandante Geral de Aeronáutica Militar.

No que concerne a esta investigação, as informações do Anexo V ficam-se por aqui. Por isso se passa para o Anexo VI, também secreto e com a referência AOS/CLB/FA – 3, mas agora numerado com 2 e não com 1, como o elemento anterior.

Neste anexo estão 174 fólios arquivísticos com algumas anotações a lápis, 2 envelopes, 2 fotografias e uma planta, num total de 75 documentos, cada um dos quais em separador próprio. Quanto à execução dos acordos diz respeito praticamente apenas a questões pontuais derivadas dos «grãos de areia» que iam surgindo no relacionamento acordado entre Portugal e Inglaterra.

Trata-se, por isso, de uma pausa na narração das relações luso-americanas e de um retorno à ligação luso-inglesa, uma situação que se voltará a repetir ao longo da obra.

Assim sendo, a investigação considera pertinente indicar os seguintes aspetos: a assistência rádio-goniométrica prestada pela estação rádio da Horta aos aviões Boeing da British Overseas Airways Corporation em viagem das

---

[197] Um recorte de jornal indicava que Portugal tinha gasto na construção do aeródromo "por uma empresa americana" a verba de "2 985 000 dólares" – Arquivo Luís Teixeira de Sampaio, caixa 2, maço 3, n.º 1.

[198] Telo (1991, p. 218) também explicita que "foram os EUA que construíram praticamente tudo nas Lajes; foram eles que executaram Sta. Maria desde o início, e são eles que asseguram perto de 80% do pessoal aliado no arquipélago". Além disso, no que concerne à despesa, a mesma era "essencialmente americana" porque Portugal pagou "cerca de 3 milhões de dólares por Sta. Maria" enquanto "Washington calcula ter dispendido perto de 30 milhões nas duas bases", ou seja, dez vezes mais. Não admirava, por isso, que o "comando teórico inglês sobre as Lajes" não passasse de "uma fachada".

Bermudas para Lisboa; a transmissão de dados meteorológicos pela estação rádio das Flores; o respeito pelos limites das águas territoriais portuguesas decorrente da utilização do "sector do Rádio Lange que a Royal Air Force possui nas Lages"[199]; o sobrevoo da Ilha de S. Miguel "em circunstâncias especiais de tempo pelos aviões militares e civis que, nos termos do pedido para o mesmo fim apresentado pelo Comando Britânico ao Conselho Militar dos Açores, se destinam a fazer a ligação entre a Terceira e Gibraltar ou África do Norte"[200]; a questão do petroleiro «Empire Garden», que estava estacionado permanentemente no porto da Horta para fornecer combustível aos barcos e forças inglesas, pois o governo inglês considerava que, nesse caso, o Acordo de Empréstimo e Arrendamento não estava a ser cumprido, uma vez que as autoridades portuguesas estavam a cobrar impostos não previstos no mesmo – por exemplo, nos fólios 379 a 381, documento secreto n.º 301 – 167/7/45, arquivado no separador 21, sendo que o Chefe da Delegação Portuguesa reconheceria que o «Empire Garden» tinha pago à Alfândega da Horta 253 085$00 até Abril de 1945[201] e o Governo assumiria a devolução de parte das verbas, ou seja, daquelas que tinham indevidamente entrado nos cofres do Estado[202]; o funcionamento do rádio-farol da ilha das Flores "como medida de segurança para os aviões Britânicos e Aliados que passam nas proximidades", num período experimental de "15 minutos em cada hora"[203], documento que mereceria a aprovação do governo português[204]; a desnecessidade de manter secretas as previsões meteorológicas nos Açores face à "cessation of hostilities in Europe"[205]; o pedido britânico para "estacionamento de 4 vedetas de salvamento" nos portos da Horta, Praia e Ponta Delgada e consequente res-

[199] Fólio 359, documento 17.
[200] Documento 21, fólio 367.
[201] Documento 34, fólio 432
[202] Documento n.º 38, fólios 440 a 444. Esta questão só ficaria resolvida nos documentos 28 e 29 de AOS/CLB/FA – 4, após o acordo entre "o SBNO na Horta e as autoridades locais portuguesas na mesma cidade" e o preço estipulado foi "270 155$30 e libras 1 876" – documento 29, fólio 90, embora no Anexo VIII a questão ainda continuasse a merecer tratamento nos documentos 15, 19 e 21, sendo que neste último, o fólio 305 indicava que o MNE esperava que não houvesse "nenhuma demora na satisfação da promessa da nota de 4 de Dezembro passado". Para que conste, o documento estava datado de 2 de abril de 1946.
[203] Fólio 392, documento n.º 23.
[204] Documento 31, fólios 423 a 425.
[205] Fólio 394, documento n.º 24 de 9 de maio de 1945.

CAPÍTULO 1 – SALAZAR DESAFIA A ÁGUIA

posta positiva portuguesa, datada de 31 de maio de 1945[206], embora só os "fins humanitários" pudessem justificar a utilização de um porto – Ponta Delgada – não previsto no acordo[207] e, finalmente, o uso do plano inclinado de Ponta Delgada para alar duas vedetas, mantidas nos Açores pela RAF[208] e o assumir dessa despesa por Portugal[209].

Como se constata pela enumeração, os grãos eram numerosos e nem sempre de dimensão minúscula.

Para a temática de uma das minhas investigações anteriores, importa frisar a importância que a Inglaterra concedia à questão da censura militar, assunto que foi objeto de farta troca de correspondência, uma vez que era o próprio Diretor dos Serviços de Censura que, através do documento 16[210], informou o gabinete do Ministério da Guerra, da necessidade de manter um "oficial de ligação de Censura Britânica em Ponta Delgada", posição que também era defendida pela embaixada de Inglaterra em Lisboa.

No entanto, o documento 51[211], um memorial datado de 11 de junho de 1945 do MNE para a embaixada de Inglaterra, dava conta da "recente retirada dos agentes britânicos de ligação com o serviço português de Censura, um indício de que o Governo inglês considerava que as providências eram "desnecessárias ou pelo menos que o âmbito da sua aplicação pode ser reduzido", uma vez que tinha havido uma "modificação de circunstâncias operada pelo fim da guerra na Europa".

Também o governo português desejava rever o Acordo Relativo à Segurança e Censura e, como tal, avançou com uma proposta e solicitou a "concordância" do governo inglês relativamente à mesma ou, em alternativa, a designação da "entidade com a qual as competentes autoridades portuguesas deveriam entender-se acerca deste assunto".

O memorial inglês, datado de 16 de junho[212], apenas agradeceu a colaboração dada pelos Serviços de Censura Militar, designadamente pelo Coronel

---

[206] Documento 39, fólios 446 e 447.
[207] Documento n.º 42, fólio 454.
[208] Fólio 555, documento n.º 73 na tradução portuguesa.
[209] Documento n.º 74, fólio 557.
[210] Fólios 350 a 356
[211] Fólios 487 e 488.
[212] Documento n.º 58, fólios 508 e 509.

Carlos Afonso dos Santos, Diretor dos Serviços de Censura, Coronel João Alpoim Borges do Canto, Chefe dos Serviços de Censura em Angra e Capitão João A. da Silva, Chefe do Estado-Maior na Horta.

Só mais tarde, em 26 de junho, chegaria a nota n.º 497 da embaixada inglesa relativa às alterações a introduzir no acordo sobre as medidas de segurança e censura nos Açores.

Como havia que negociar, Portugal indicou o Comandante Sousa Uva "para discutir com Mr. Lane a modificação ao acordo, em harmonia com as circunstâncias actuais"[213].

Um aspeto que não pode passar em claro prende-se com nova manifestação de submissão voluntária de Portugal a Inglaterra.

De facto, o telegrama secretíssimo n.º 265, enviado pelo Ministro dos Negócios Estrangeiros para a embaixada de Londres, em 10 de maio de 1945[214], dava conta que o Ministro queria que o embaixador se informasse junto do governo inglês sobre a pretensão apresentada pela embaixada dos Estados Unidos no "começo [de] Abril" para "estabelecer e pôr em funcionamento uma rede [de] radiogoniómetros de alta frequência no Atlântico Norte e Mar das Caraíbas para auxiliar [os] vôos intercontinentais e [a] segurança [da] marinha mercante".

As estações seriam instaladas em Cape Ray (Newfoundland), nos Açores e nas vizinhanças de Halifax (Nova Escócia) e em Swan Island, "isto para o caso de conseguirem [as] necessárias autorizações".

Ora, o Ministro desejava saber se o governo britânico acederia a este pedido, uma vez que a decisão portuguesa seria condicionada pela posição inglesa e lembrava que ainda não tinha satisfeito todas as pretensões dos Estados Unidos nos Açores porque estes não desejavam que "fosse violado [o] segredo [sobre a] aparelhagem empregada".

Segundo ele, Portugal não estava disposto a "admitir [uma] espécie [de] enclaves [em] território português para funcionamento [de] serviços estrangeiros" que competiam a Portugal, designadamente a proteção meteorológica e o apoio via rádio à navegação aérea e marítima.

---

[213] Fólio 547, documento n.º 70.
[214] Fólios 396 a 398, separador 25.

No entanto, o que estava em causa era o alinhamento voluntário com a posição inglesa, situação que voltaria a verificar-se em 29 de maio de 1945 quando o Ministro enviou o telegrama confidencial n.º 322 para a embaixada em Londres no sentido de saber qual era a posição inglesa relativamente à pretensão apresentada pelos Estados Unidos no sentido de se voltar "nos Açores [ao] regime [de] consulados que porventura nos darão mais facilidades que [a] existência [dos] actuais delegados marítimos ainda que esteja subentendido terem estes últimos a mesma competência daqueles".

O Ministro não colocava outra "objecção ao deferimento [do] pedido senão [a] situação contratual resultante [dos] acordos [dos] Açores com [a] Inglaterra" até porque o embaixador em Lisboa dissera a Sampaio que deveriam "continuar durante algum tempo [as] medidas [de] defesa com receio [de] alguma investida [de] submarinos alemães piratas".

A diligência continuou a ser recomendada, embora, no dia seguinte, o Ministro tivesse remetido o telegrama n.º 324 confidencial[215] a informar a embaixada portuguesa que o embaixador inglês tinha dito ao Secretário-Geral do MNE que as "autoridades inglesas desejariam [tal] como [os] americanos que [o] regime [de] delegados marítimos nos Açores voltasse ao regime dos cônsules".

Assim sendo, não admirou que o documento n.º 60, enviado pela embaixada portuguesa em Londres, em 18 de junho de 1945, trouxesse em anexo um memorando inglês[216] onde se dizia que o governo inglês estava "happy" e não tinha "objection to the re-opening of the foreign consulates in the Azores".

Os norte-americanos não tardariam a solicitar a reabertura do seu consulado em Ponta Delgada e na Horta "for the convenience of both the citizens of the United States and of Portugal", até porque o governo britânico "sees no objection to such action"[217].

O MNE, em 25 de junho, daria resposta positiva[218], sem deixar de frisar que o encerramento daqueles consulados tinha sido estabelecido "como medida de segurança conexa com as facilidades ali concedidas pelo Governo portu-

---

[215] Fólio 436, documento n.º 36.
[216] Fólio 516.
[217] Fólios 518 e 519, documento n.º 61.
[218] Documento n.º 65, fólio 529.

guês" e só por isso, "à data da apresentação do pedido", Portugal não estava "habilitado a deferi-lo".

Aliás, importa salientar que, em contradição com esta aparente concordância de interesses, nem sempre era fácil agradar a ingleses e norte-americanos, como se comprova pelo telegrama confidencial n.º 336 do Ministro para a embaixada de Londres, em 4 de junho de 1945[219], que reconhecia que as "relações entre estes ambos não parecem terem sido especialmente cordiais".

Em causa não estava a posição portuguesa porque "no respeitante [à] Horta e [à] Terceira (ou de modo geral [aos] Açores com excepção [de] Santa Maria) [o] Governo tem-se sempre entendido com [o] comando inglês (e assim continuará) sendo este que se entende combina ou comunica [com o] comando americano".

Talvez devido ao que acabou de ser dito, os ingleses tenham procedido à alteração da chefia das suas tropas, pois Campbell informou o MNE que o "Secretário Geral Bromet passará hoje [dia] 4 [o] comando [das] forças britânicas [nos] Açores ao Group Captain Southey com a categoria [de] Air Commodore".

O MNE esperava que as "qualidades pessoais [de] Bromet" pudessem "atenuar [os] atritos" e recordava que os norte-americanos tinham no comando o General Smith que tinha mudado a "sede para Santa Maria mas continuando [a] estar-lhe subordinadas segundo penso todas [as] forças [nos] Açores".

A este relacionamento nem os mortos escapavam porque a embaixada britânica pediu na nota n.º 541 de 6 de junho de 1945, que o cemitério provisório onde estavam enterrados "15 membros das forças britânicas, autorizado pelo C.M.T. e situado próximo do aeroporto das Lages", passasse a definitivo[220], mas, antes de pedir a Portugal, tinha feito uma "consulta com a [embaixada] dos Estados Unidos".

Entretanto Luís Teixeira de Sampaio faleceu e, na ocasião, o embaixador português em Londres ouviu "palavras [de] muita simpatia e apreço" pelo falecido[221], durante uma reunião com o Ministro de Estado Richard Law, na

---

[219] Fólios 471-472, documento n.º 47.
[220] Documento n.º 75, fólio 559.
[221] Também Campbell tinha enviado uma carta de condolências do governo britânico, como consta no documento n.º 54, fólio 495. Trata-se do telegrama confidencial n.º 386 recebido da embaixada portuguesa em Inglaterra no dia 13 de junho de 1945.

CAPÍTULO 1 – SALAZAR DESAFIA A ÁGUIA

qual aproveitara para o sondar sobre a hipótese de convidar Churchill para almoçar ou jantar[222].

Parece que a diplomacia portuguesa em Londres não fez questão de respeitar por inteiro o luto que a ação de Sampaio parecia justificar.

No entanto, não foi o desaparecimento de Sampaio que fez esbater a posição subalterna de Portugal em relação ao reino de Sua Majestade. Aliás, essa submissão a Inglaterra permitia a Portugal recorrer ao pedido de favores, como a continuação de quatro barcos ingleses de patrulha e rocega ao serviço de Portugal, depois de finda a guerra na Europa[223].

É que Portugal precisava deles para o Índico, pois os "pequenos e velhos barcos de pesca, adaptados ao serviço naval", estavam "gastos ao fim de ano e meio de serviço na barra de Lisboa" e não tinham "condições para empreenderem a viagem até Moçambique".

Um país que dominara os mares com as suas caravelas e naus não dispunha, em meados do século XX, de barcos capazes para dobrar o Cabo das Tormentas, na circunstância de então, cada vez menos da Boa Esperança.

Retomando aos Açores, no Anexo VII Secreto – AOS/CLB/FA – 4, o documento n.º 22[224] informava o MNE que nos EUA os jornais tinham publicado "resumos [da] notícia dada à imprensa pelo Departamento [de] Marinha revelando que uma esquadrilha americana de libertadores utilizou nos últimos 10 meses [a] base [das] Lagens para operações nocturnas contra submarinos em complemento [das] operações [que a] RAF efectuava durante o dia".

Embora, a notícia referisse que a "esquadrilha americana estava sob controle inglês" não deixava de frisar a "importância [da] cobertura aérea assim conseguida para vitais linhas [de] comboios [no] Atlântico Central" e considerava que se tratava de "um dos empreendimentos mais curiosos e complexos da guerra europeia", pois os aviões tinham "base secreta num país neutro".

A notícia ainda adiantava dados sobre o "desenvolvimento efectuado [no] porto [da] Praia por americanos, com [o] consentimento [de] Portugal, [a] construção do aeródromo [das] Lagens por engenheiros do exército americano, ofertas [de] reparações [de] navios, estação [de] rádio e [o] facto [da]

---

[222] Telegrama confidencial n.º 375, de 8 de junho de 1945, documento n.º 49, fólio 481.
[223] Documento n.º 53, fólios 492 e 493.
[224] Telegrama 854, recebido às 10 horas do dia 5 de setembro de 1945 da embaixada em Washington.

Terceira ter sido [um] importante ponto [de] ligação para aviões e navios de transporte", embora não fizesse "qualquer alusão a Santa Maria".

O Ministro respondeu no telegrama n.º 424, também de 5 de setembro, para informar a embaixada que os jornais portugueses tinham publicado uma "pequena notícia menos completa do que [o] extracto [do] 854 mas suficiente para [o] público tomar conhecimento [das] concessões feitas através [do] acordo anglo-americano [na] Terceira" e que "só vantagens se viram [em] tal publicidade", até porque nada se dissera sobre Santa Maria, pois o Governo estava a aguardar a melhor "oportunidade [para] publicar [no] País em nota oficiosa [a] política [do] Governo relativamente [a] Timor e seria aí que deveria fazer-se pela primeira vez referência [ao] acordo".

Aliás, dentro do espírito da Ilusitânia, a "inauguração [do] campo aqui publicada passou como sendo de aeródromo [para] fins comerciais que se mandara construir [aos] americanos mas nada se sabe ainda fora [dos] restritos meios [dos] Ministérios [dos Negócios] Estrangeiros [da] Guerra [e da] Marinha [sobre a] existência [de um] acordo [de] mais longo alcance.

Também o Comandante Militar de Santa Maria, Coronel C. da Costa Santos, entraria na discussão deste assunto porque, em 11 de setembro, enviou ao Ministro da Guerra o documento confidencial n.º 130/C[225] com a transcrição de "uma local aparecida na revista americana «Newsweek», de 3 do corrente".

Essa notícia indicava que o "future status of the highly strategic Allied bases in the Azores will present a problem", embora houvesse "some sentiment in the USA and British circles for asking Portugal to offer them as United Nations bases once the world organization is set up".

A notícia ainda acrescentava um pormenor preocupante que se prendia com o facto de "largely US –Built, the bases were secured on short-term leases".

Para Costa Santos, o problema advinha da circunstância de a revista ter "larga tiragem tantos nos Estados Unidos como no estrangeiro", para além de circular no "Acampamento Americano".

Apesar da já prevista e "próxima retirada das forças britânicas nos Açores"[226], Salazar continuava a necessitar de corrigir ou emendar pelo pró-

---

[225] Documento n.º 25 fólio 79.
[226] Documento n.º 35, fólio 104.

prio punho, a resposta a alguns memoriais britânicos, como aconteceu quando, em 20 de setembro, a Inglaterra solicitou "o estabelecimento de mastros adicionais em «Cinco Picos» e «Vila Nova»[227].

A resposta rasurada por Salazar está no fólio 102, documento 34 e a posição oficial[228], embora reconhecendo a pertinência do pedido, voltava a enfatizar o aspeto que se prendia com "o curto período em que ainda se torna necessário".

De notar que a resposta portuguesa explicitava que tinha tomado "boa nota de que estas [instalações] passarão a ser guarnecidas por pessoal das forças armadas americanas, sob comando britânico".

A Inglaterra preparava-se para regressar a penates e, por isso, se propunha vender quatro patrulheiros que tinham estado ao serviço de Portugal "desde o começo das facilidades nos Açores concedidas ao Governo Britânico"[229], embora o preço pedido excedesse em 40 000 libras esterlinas a avaliação feita pela parte portuguesa e que era de 160 000 libras esterlinas.

De registar que a verba pedida pelo Almirantado "foi fixada sem vistoria aos barcos, que nos Açores tiveram quase dois anos de serviço intensivo"[230], uma estranha forma de valorizar os ativos.

Aliás, talvez valha a pena recordar, como fez o Chefe da Delegação Portuguesa, o Vice-Almirante Alfredo Botelho de Sousa, que estes barcos eram os mesmos que Portugal pedira para continuarem ao seu serviço "enquanto durasse a guerra do Pacífico, pedido que não chegou a ter qualquer decisão"[231].

Afinal, tudo se comporia e a Inglaterra acabaria por aceitar "the sum of £160,000 proposed by the Ministry as the purchase price of the four trawlers"[232].

Na diplomacia, a clareza não é a regra, mais a mais em tempos conturbados. Por isso, não admira o conteúdo do documento 41, enviado em 22 de outubro pela embaixada em Washington, para informar "só" o Ministro dos Negócios Estrangeiros que o embaixador tinha "razões para crer que governo americano e governo inglês terão entabulado conversas muito secretas para

---

[227] Documento n.º 33.
[228] Documento n.º 35, fólio 104.
[229] Fólio 106, documento n.º 36.
[230] Fólio 109.
[231] Fólio 111, documento n.º 37.
[232] Documento 68, folio 227.

eventualmente nos fazerem proposta de um acordo trilateral cujo fito principal seria a defesa do Atlântico e que implicaria as bases aéreas [o] reabastecimento [nos] Açores, equipar [o] nosso exército com tudo [o] que o seu efectivo pudesse comportar de armamento o mais avançado e o necessário complemento de cláusulas militares navais e aéreas"[233].

O assunto estava a ser "objecto de sério estudo pelos respectivos Estados Maiores incluindo [a] questão de oportunidade", ou seja, quando seria levado "à próxima consideração do Governo português".

Como argumentos ou "fundamentos inconfessáveis" eram adiantadas as "precauções contra a Rússia e falta de confiança nas «Nações Unidas», para além das afirmações do Ministro português "sobre uma política [para o] Atlântico".

O embaixador Bianchi pedia ao Ministro – afinal a Salazar porque este só viria a ser exonerado do cargo de Ministro dos Negócios Estrangeiros pelo Decreto nº 36 126, publicado na I Série do *Diário do Governo* de 6 de novembro de 1947 – "a maior discrição", até porque quase podia "assegurar que [a] questão não será levada pelo State Department ao conhecimento de Embaixador Herman Baruch, mas seria eventualmente tratado por [um] Delegado especial".

Por isso, sugeria que não fosse tomada qualquer "iniciativa de abordar [o] assunto com [o] Embaixador dos Estados Unidos bem como não levantar qualquer suspeita de indiscrição americana" e pedia para ser informado sobre se "da Inglaterra chegou a V.ª Ex.ª qualquer indício a este respeito".

O assunto era sério e deveria ficar apenas no conhecimento de Salazar. No entanto, como este não dispunha de informações sobre o mesmo, resolveu solicitar mais esclarecimentos, até para poder satisfazer o pedido expresso por Bianchi. Assim, nesse mesmo separador, está uma nota manuscrita por Salazar na qual se pode ler "escrevi longa carta ao duque de Palmela sobre o assunto em 7 de novembro a informar e pedi que siga com interesse o que houver relacionado com a questão".

Como é sabido, Salazar não gostava de surpresas e não desconhecia que a frequência dessas varia na razão inversa do nível de informação credível de que se dispõe.

---

[233] Fólios 122 a 124, telegrama secretíssimo n.º 943.

Ora, era para isso que serviam os embaixadores de Portugal – os novos *missi dominici* – nos principais centros de decisão.

Pouco depois, através do telegrama n.º 519, cifrado em 12 de novembro[234], o Ministro informou a embaixada em Washington que, devido à "delicadeza [do] assunto" não tinha podido "consultar Londres telegraficamente", mas tinha escrito uma "carta pessoal [ao] Embaixador" e que aguardava resposta. Entretanto, adiantava que em Lisboa "nada se ouviu ou pressentiu àquele respeito". Salazar prometia informar o embaixador sobre "o que se for apurando", porque era "do máximo interesse ir seguindo [a] questão".

No entanto, não foi sobre este tema que o Duque de Palmela enviou o telegrama n.º 818 no dia 21 de dezembro de 1945[235], embora o assunto trazido a lume por esse telegrama mereça ser contado, uma vez que faz luz sobre a conjuntura inicial da II Guerra Mundial, designadamente às estratégias pensadas pelos Estados Unidos e pela Inglaterra e que envolviam Portugal.

Assim, "em correspondência [de] Washington publicada [no] Times [na] edição [para o] estrangeiro" sobre o inquérito a Pearl Harbour, havia referência a um "memorial preparado [em] 1941 pelo então Sub-Secretário de Estado S. Wells agora tornado público em que se declara que [a] Inglaterra planeou naquela data invadir [as] Canárias". Além disso, afirmava que a Inglaterra vira como "inevitável [a] ocupação [de] Portugal e [da] Espanha pela Alemanha" e Churchill informara Roosevelt sobre "uma carta recebida do Primeiro Ministro Português que Roosevelt considerara altamente satisfatória e abria caminho [à] ocupação [dos] Açores pelos ingleses para evitar [a] ocupação pela Alemanha". No entanto, a Inglaterra, devido à "projectada operação em relação às Canárias não podia empreender [a] ocupação [dos] Açores. Por isso acordou-se que [a] Inglaterra solicitasse a Portugal que pedisse [aos] Estados Unidos que defendessem [os] Açores".

Ainda sobre este assunto, Bianchi enviou o telegrama n.º 1040, expedido a 31 de dezembro de 1945[236] para dar conta de uma carta que o Almirante Stark, Chefe do Estado-Maior Naval, tinha escrito em "24 Maio 1941 ao Almirante Kimmel Comandante em Chefe da esquadra americana".

---

[234] Documento n.º 43, fólio 128.
[235] Documento n.º 63, fólio 215.
[236] Documento n.º 66, fólio 221.

Nessa carta, Stark dizia que o Presidente lhe tinha dado "an overall limit of 30 days to prepare and have ready an expedition of 25 000 men to sail for and take the Azores whether or not there would be opposition" e que deviam "be fully prepared for strenuous opposition".

Como se constata, era grande a diferença que separava o discurso oficial e a sua «praxis».

Voltando à atualidade, na Câmara dos Comuns o Sub-Secretário Parlamentar do Ministério do Ar, John Strachey, era questionado, no dia 18, sobre a evacuação das tropas inglesas nos Açores[237] e Palmela dava conta da sua resposta.

Assim, Strachey, confrontado com a existência de "1500 RAF personnel [...] stationed in the Azores" dos quais "1000 redundant or unemployed", defendia que a Inglaterra estava "steadily bringing down the strength of the Royal Air Force in the Azores" e que "airmen are steadily being brought home from the Azores".

No entanto, Strachey voltaria a ser questionado na Câmara no dia 23 sobre a mesma questão[238].

Desta vez, o deputado Driberg – que também fizera o primeiro questionamento – queria saber a percentagem de pessoal estacionado nos Açores "at the end of November, 1945" que tinha "returned to the United Kingdom".

A resposta foi clara, embora não muito elevada: "eight per cent have already returned, and a further 21 per cent will leave as and when transport can be arranged".

Como se constata, os 29% estavam longe de atingir os dois terços dos militares britânicos considerados supérfluos nos Açores.

Aliás, já no Anexo VIII, o documento 5[239] voltava a referir nova interpelação, desta vez feita pelo "Wing-Commander R. Robinson" na sessão de 12 de fevereiro de 1946.

Como resposta, Strachey, para além de explicar a forma como o correio estava a ser entregue aos militares britânicos estacionados nos Açores, reconhecia que "twenty-six airmen, the total of tour-expired men who are now

---

[237] Documento n.º 64, fólio 217.
[238] Documento n.º 75, fólio 247.
[239] Fólio 265.

awaiting repatriation from the Azores, will be returned to the United Kingdom by air within the next 15 days if weather conditions are fit for flying".

Ainda sobre esta questão, o documento 9[240] dava conta, em 27 de fevereiro de 1946, da manutenção "for the time being sufficent of personnel at Lagens to operate the air field for military traffic", enquanto os serviços meteorológicos terminariam a 2 de março e "the British naval component will be withdrawn from Horta at approximately the same time".

Como se constata, a situação não estava a ser fácil para o governo inglês. Aliás, Driberg voltaria à carga em 6 de março[241].

Mais satisfatório para Salazar foi o telegrama enviado por Bianchi em 2 de janeiro de 1946[242] porque dava conta de um artigo de Sumner Wells que advogava "a admissão imediata dos neutros (menos Espanha) às Nações Unidas".

No caso de Portugal, Wells, embora reconhecendo que o governo português mantinha "traços autoritários", também admitia que as "recentes eleições demonstraram que o Doutor Salazar tinha em grande medida o apoio popular".

Por isso, era tempo de admitir estes membros, sob pena de a "reconstituição política da Europa" vir a ser "retardada" e, consequentemente, "a federação económica da Europa, o mais sólido fundamento da estabilidade europeia, será indevidamente atrasada".

Talvez seja tempo de os atuais dirigentes europeus voltarem a ler o artigo de Wells.

Entretanto, para desassossego de Salazar, o Mundo não voltaria à ordem anterior ao segundo conflito mundial. Foi isso que Bianchi lhe deu conta no telegrama n.º 32, expedido às 14h51m do dia 26 de janeiro de 1946[243].

Na verdade, estavam a surgir problemas "sem solução entre as grandes potências" e não havia a certeza "de que as Nações Unidas consigam funcionar por forma a manter a paz". Por isso, apareciam na imprensa "artigos e comentários dizendo que a política americana de segurança terá de insistir a todo o custo num programa completo de bases no ultramar".

Ora, o que era o Ultramar para os EUA?

---

[240] Fólio 274.
[241] Documento n.º 10, fólio 276, enviado pelo Duque de Palmela.
[242] Documento 69, fólios 229 e 230.
[243] Documento n.º 73, fólio 243.

Nada mais do que as bases do Pacífico e, ainda, "a Gronelândia, Islândia e outros no Atlântico do Norte e provavelmente os Açores".

Salazar sabia bem que o advérbio de modo apenas tinha valor retórico destinado a suavizar o tom – que não o realismo da inevitabilidade – do discurso.

Já no Anexo VIII de AOS/CLB/FA – 4, fólios 249 a 399, há muita matéria sobre os Açores até porque, a exemplo de Wells, também alguns militares norte-americanos começavam a falar sobre as ações em que tinham participado.

Foi o caso do Marechal Bromet que fez uma palestra em Douglas na qual falou da luta antissubmarina que dirigira enquanto comandante das forças estacionadas nos Açores[244].

Entretanto, em 18 de fevereiro de 1946, Salazar informou a embaixada de Londres sobre a prorrogação de três meses relativamente à utilização de Santa Maria pelos americanos[245], situação que levava a que o término do acordo acontecesse no dia 2 de junho.

Nesse documento secreto, Salazar reconhecia que o governo de Inglaterra era "parte no acordo de 28 de Fevereiro de 1944 entre a Inglaterra, os Estados Unidos da América e Portugal" e, como tal, "directamente interessado nas facilidades concedidas na Ilha de Santa Maria por outro acordo da mesma data, previsto no primeiro, entre Portugal e os Estados Unidos".

A prorrogação fora solicitada pela embaixada dos EUA em "nota de 2 de Fevereiro" e o governo português respondera afirmativamente em "6 de Fevereiro", tal como aceitara a interpretação norte-americana segundo a qual a data a considerar "findo o primeiro período de seis meses estabelecido pelo acordo para utilização das aludidas facilidades" era o dia 2 de março.

A embaixada inglesa agradeceria a atenção em 21 de fevereiro[246].

Aliás, os acordos relativos às facilidades concedidas por Portugal a Inglaterra em 17 de agosto de 1943, 28 de novembro de 1944 e 30 de maio de 1946, surgem no documento 31[247] e dizem respeito a uma publicação feita em Londres em julho de 1946. Na capa pode ler-se que os documentos foram "presen-

---

[244] Documento n.º 3, fólios 260 e 261, acompanhado do recorte do jornal *Isle of Man Times* onde figurava uma reportagem sobre o evento e a síntese das principais afirmações de Bromet.
[245] Documento n.º 6, fólio 267.
[246] Documento n.º 7, fólio 269.
[247] Fólios 331 a 334.

ted by the Secretary of State for Foreign Affairs to Parliament by Command of His Majesty".

Entretanto, a conjuntura mundial começava a ditar uma nova ordem e, como se lia na informação n.º 2424 da revista de imprensa de 4 de abril de 1946[248], o Boletim de Imprensa da embaixada em Washington, no número de 26 de março, dava conta que os "irmãos Alsop" afirmavam que "em resultado do receio crescente por parte de diversas Nações do perigo do imperialismo russo, os Estados Unidos encontram uma atmosfera mais propícia para as negociações que estão decorrendo relativas ao estabelecimento de bases aéreas em território estrangeiro".

Como é lógico, os Açores eram incluídos na lista e o prolongamento da utilização norte-americana de Santa Maria era visto como um bom sinal para os interesses dos Estados Unidos.

No mesmo sentido, o documento n.º 52, o ofício n.º 278 de 21 de outubro de 1946 da embaixada[249], era acompanhado de recortes de jornais que indicavam a importância estratégica de Portugal e dos Açores para a defesa do mundo ocidental contra o perigo comunista.

Os jornais eram o *Baltimore Sun* e o *Evening Star* e foram remetidos pelo 1.º secretário da embaixada portuguesa em Washington, Manuel Rocheta. De notar que um desses recortes – da edição de 16 de outubro do *New York Times* – dava conta, igualmente, dos "incidentes e tentativa de alteração da ordem pública, em Portugal, no dia 10 de Outubro corrente".

Em causa estava um confronto entre manifestantes e a polícia devido a uma manifestação que pretendia saudar a vitória do Professor Mário Silva contra a sentença que o condenava a prisão política. A notícia, proveniente de Coimbra, indicava que "several persons were injured", falava de "a crowd of several thousand" e da impossibilidade de Mário Silva "to debark at the Coimbra railroad station".

Certamente que Salazar não gostou de ler esta notícia. No entanto, ainda menos lhe deve ter agradado que o *Baltimore Sun* de 16 de outubro afirmasse que "people in high places are beginning to look around for a sucessor to

---

[248] Documento n.º 22, fólios 307 a 309.
[249] Fólios 393 a 395.

Salazar, and already some four or five names are quoted with varying degrees of plausibility".

Os nomes dos possíveis sucessores não eram indicados e o futuro encarregar-se-ia de provar que, embora a sucessão não estivesse para breve, os interesses instalados já tinham optado por um candidato.

Os americanos é que não pareceram ter aprendido a lição, pois voltariam a apostar no «cavalo errado» aquando da aproximação de Elbrick a Botelho Moniz na «Abrilada» de 1961.

Entretanto, Salazar considerou que era tempo de deixar de acumular a pasta dos Negócios Estrangeiros e escolheu José Caeiro da Matta para o substituir.

Em AOS/CLB/FA – 5 deveria ser possível continuar a acompanhar a forma como evolucionou a situação relativa à presença militar estrangeira nos Açores.

No entanto, no Anexo IX, a pasta 1, com 50 documentos e 231 fólios, apesar de ser uma fonte de muita informação, refere-se a um período anterior.

De facto, há como que uma analepse, uma vez que o Anexo secreto se intitula «Negociações Militares C.A.P.A (43)» e, por isso, os documentos dizem respeito a essa temática.

Ora, entre a narração por ordem cronológica dos acontecimentos e o tratamento separado das negociações militares, a investigação optou pela primeira.

Assim sendo, foi necessário procurar nova fonte que explicasse o processo que culminaria na assinatura do Acordo de 6 de setembro de 1951 – o Acordo de Cooperação e Defesa entre a República Portuguesa e os Estados Unidos da América.

Uma das fases desse processo, como Calvet de Magalhães afirmou[250], aconteceu em 27 de março de 1946, quando as autoridades norte-americanas "invocando as difíceis situações na Europa e no Extremo Oriente, como resultado do conflito mundial, solicitaram negociações para a continuação da cooperação mútua no domínio da defesa iniciada em 1943".

Por isso, foi na sequência dessas negociações que foi assinado "o acordo de 30 de Maio de 1946, pelo qual o governo português autorizou, pelo prazo

---

[250] No artigo intitulado «Portugal e os Estados Unidos – relações no domínio da defesa». O artigo está disponível no sítio do IEEI. As citações seguintes também foram feitas a partir desse documento.

de 18 meses a contar de 2 de Junho, que os aviões americanos e ingleses passassem em trânsito pelo aeródromo das Lajes e, transitoriamente, até à instalação no aeródromo de Santa Maria de uma unidade militar portuguesa, também por este último".

Não se julgue, porém, que se tratou de um processo linear e fácil de conduzir, pois as negociações continuaram durante 1946 e 1947, embora, como decorria do texto do acordo, o acordo cessasse apenas "em 2 de Dezembro de 1947", data que Calvet de Magalhães também confirmou.

Na sequência das negociações, "em 2 de Fevereiro de 1948 foi assinado novo acordo entre ambos os países segundo o qual as facilidades concedidas pelo governo português nos Açores continuariam por um período de três anos, a partir de 2 de Dezembro de 1947, período este que era «tacitamente prorrogável ano a ano por mais dois anos se não for denunciado pelo governo português com três meses de antecedência»".

Ora, com os três anos previstos e os dois passíveis de prorrogação, o acordo deveria manter-se por cinco anos, ou seja, até 2 de dezembro de 1952.

No entanto, não foi o que aconteceu porque, como já foi referido, em 6 de setembro de 1951 foi assinado o Acordo de Cooperação e Defesa entre a República Portuguesa e os Estados Unidos da América.

Foi esse o documento que a investigação viria a encontrar no Arquivo Marcello Caetano onde figura como o penúltimo documento – o n.º 60 – e a cujo estudo se procede em seguida.

Assim, no preâmbulo, justificava-se a celebração do Acordo com "a doutrina e deveres emergentes dos artigos 3.º e 5.º do tratado do Atlântico Norte, assinado em Washington em 4 de Abril de 1949", pois, mesmo em tempo de paz, era necessário regular "as providências de carácter militar necessárias à defesa comum". Ora, como a área dos Açores interessava "directamente a Portugal e aos Estados Unidos", era do comum interesse "estabelecer os acordos para definição e utilização das facilidades " que Portugal podia conceder aos Estados Unidos "naquelas ilhas".

Depois, o artigo 1.º estipulava que Portugal concedia aos EUA, "em caso de guerra na qual estejam envolvidos durante a vigência do tratado do Atlântico Norte e no quadro e em virtude das responsabilidades assumidas no mesmo", facilidades nos Açores "conforme forem descritas nos arranjos técnicos a concluir pelos Ministros da Defesa dos dois Governos".

Quanto ao artigo 2.º mencionava que os dois países construiriam "novas instalações" e ampliariam e melhorariam "as existentes com o fim de preparar e aprontar as facilidades acordadas nos Açores com o necessário à execução das missões que nos planos de defesa lhes estejam atribuídas para o tempo de guerra".

O parágrafo primeiro explicitava que nos trabalhos preparatórios se incluíam "o armazenamento de óleos, munições, sobresselentes e quaisquer abastecimentos considerados necessários aos fins em vista" e o parágrafo 2 referia que o prazo terminaria em "1 de Setembro de 1956, com a tolerância de quatro meses".

O artigo 3.º acautelava que "todas as construções e materiais incorporados no solo" seriam "propriedade do Estado Português", apesar dos EUA disporem do direito de uso de "tais construções e materiais em tempo de guerra, ou em tempo de paz na medida e no modo regulados neste Acordo, e de as fazer levantar e remover por sua conta no termo da vigência a que se refere a artigo 1.º". O mesmo se aplicava aos "equipamentos técnicos que lhes pertencem e não sejam necessários ao ulterior funcionamento das bases, devendo o Governo português justa indemnização pelos que deseje adquirir e possam ser-lhe cedidos".

Relativamente ao artigo 4.º, o mesmo estipulava que era o governo português que respondia "pela manutenção das facilidades, em ordem à sua eventual utilização" e remetia para o artigo 1.º e para o artigo 7.º

No que concerne ao artigo 5.º, acautelava "as facilidades necessárias à aprendizagem e treino do pessoal português em ordem ao perfeito funcionamento das bases" por parte dos EUA, que estavam, igualmente, obrigados a facultar "pessoal americano devidamente habilitado e o material julgado indispensáveis para as missões atribuídas às forças militares nos Açores, tanto em tempo de paz como em tempo de guerra", sendo que "no período subsequente à evacuação das bases e em tempo de paz" o pessoal americano ficava "sob direcção portuguesa".

O artigo 6.º autorizava que, "durante o prazo de preparação das bases" e "durante o prazo de evacuação", os aviões militares americanos circulassem pelo Aeródromo das Lajes. Igualmente autorizado era "o treino de pessoal de aviação e naval dos Estados Unidos, podendo ser aumentado até ao necessário o pessoal militar e civil dos Estados Unidos ali estacionado". Também a "visita eventual ao Aeródromo de Santa Maria de alguns aviões militares" era autorizada, dependendo dos arranjos técnicos a concluir entre os dois Ministérios da Defesa, que também definiriam "a quantidade e missões do pessoal empregado", assim como "o estatuto jurídico a que este ficará submetido, bem como as isenções de que gozarão as pessoas e o material em tempo de paz e em tempo de guerra".

Quanto ao artigo 7.º estipulava entre "seis meses e um ano, conforme as circunstâncias e as dificuldades da ocasião" o tempo para a evacuação do pessoal americano e "a retirada dos materiais que devam acompanhá-lo".

Este artigo ainda garantia "o armazenamento de materiais e abastecimentos, necessário à preparação para tempos de guerra", de acordo com "as razoáveis exigências da situação internacional e nos termos constantes dos arranjos técnicos".

O artigo 8.º garantia aos EUA o direito à renúncia "em qualquer momento" às concessões, situação que implicaria o fim das "obrigações assumidas a esse respeito pelo Governo Português".

Relativamente ao artigo 9.º, reconhecia aos outros membros da NATO, "em caso de guerra", a concessão de facilidades "estabelecidas por acordo entre as competentes autoridades portuguesas e americanas", embora Portugal se reservasse "o direito de estender ao Governo de Sua Majestade Britânica no Reino Unido facilidades análogas às concedidas por este Acordo".

O artigo 10.º garantia aos aviões militares dos EUA, depois do período de evacuação, o direito a transitar pelas Lajes desde que o fizessem no âmbito de "missões nos quadros da Organização do Tratado do Atlântico Norte".

Também assegurava que, para além do prazo de evacuação, mas "de tempos a tempos", a Base das Lajes pudesse ser "utilizada para exercícios de treino combinado de forças adequadas da Organização do Tratado do Atlântico Norte", de acordo com o que fosse estabelecido "pelos Ministros da Defesa dos dois Governos em face das circunstâncias e em cada caso concreto", embora o pessoal não português só devesse permanecer nos Açores o "tempo que para cada treino for indispensável".

Finalmente, o artigo 11.º acautelava que nos arranjos técnicos a concluir nada pudesse "ser entendido em contrário do clausulado no presente Acordo de Defesa" e o artigo 12.º estipulava a entrada em vigor do Acordo e a cessação daquele que fora assinado em 2 de fevereiro de 1948.

As duas vias do documento – em português e inglês – eram consideradas "igualmente válidas" desde o "dia 6 de Setembro de 1951"[251].

Foi esse documento que serviu de referência ao relacionamento entre Portugal – dentro da posição oficial da unidade do Minho a Timor, os Açores não eram chamados a ter voz no processo – e os Estados Unidos da América e que foi renovado em 1957, apesar da existência de problemas no relacionamento, pois, por exemplo, Craveiro Lopes não aceitou o convite que lhe foi endereçado, em 29 de outubro de 1954, para visitar os Estados Unidos.

Aliás, no documento n.º 144 do volume XXVII de *Foreign relations of the United States – 1955-1957*, um memorando de uma conversa no Departamento de Estado, em 13 de janeiro de 1955, podia ler-se que, de acordo com a embaixada norte-americana em Lisboa, "in the circustances it would be desirable to avoid at this time any major negotiations on a political level with Portugal", e o embaixador Bonbright sugeriu " the possibility of obtaining these objectives on a purely military and technical level".

Ainda segundo o mesmo memorando, os Estados Unidos pretendiam "increase in personnel ceiling, stationing of three early warning squadrons, stationing of a Fighter Interceptor squadron and substantial additional land areas" nos Açores, mas sabiam que ainda dispunham de tempo, pois só seriam "obligated to get out of the Azores on December 31, 1956".

No entanto, como Hensel — Assistant Secretary of Defense – reconheceu, havia que ter em conta que "the problem was not [...] simple" e, de acordo com o Assistente Especial em Lisboa, Xanthaky, o "stake there amounted to over $200, 000, 000", verba confirmada pelo Comandante da Base das Lajes, o General Smith. Por isso, os Estados Unidos deveriam "to tackle the problem from the point of view of how much [they] have to spend in order to protect [their] investment".

Pragamaticamente, Bonbright "expressed the view that if it were possible to tie in the visit with Santos Costa's material requirements, particularly the 175 armored cars which are apparently close to his heart, it would have more

---

[251] No final da versão portuguesa consta a seguinte inscrição: "Direcção-Geral dos Negócios Políticos e da Administração Interna, 20 de Junho de 1952 – o Director-Geral, Vasco Pereira da Cunha".

purpose than a purely good will visit which might not have much appeal at this stage of our relations".

Porém, ao contrário daquilo que Hensel pensava, a questão dos Açores não era apenas "a matter of exchange" de "hardware" norte-americano – aliás nem sempre disponível – pelas facilidades portuguesas.

Havia que contar com a capacidade negocial de Lisboa. Por isso, se a primeira renovação viria a acontecer, o mesmo não se passaria com a segunda, aquela que deveria ser feita antes de 31 de dezembro de 1962. Efetivamente, tratou-se de um processo que esteve longe de pacífico, muito por força da chegada ao poder de John Kennedy e dos seus ideais de uma solidariedade para com os povos ainda sob domínio colonial. Essa solidariedade era decorrente do passado igualmente colonial dos Estados Unidos, embora Salazar julgasse que tanto se poderia estar perante um sentimentalismo ingénuo e sem significado, como face a uma estratégia norte-americana de vir a colher os frutos deixados pelo antigo colonizador.

Em Washington, a administração norte-americana via acentuar-se[252] a brecha entre os conselheiros defensores do apoio aos movimentos independentistas ou nacionalistas e aqueles que consideravam que os interesses dos Estados Unidos ficariam melhor acautelados se fosse concedido auxílio e tempo a Portugal para encaminhar os povos por si colonizados para a autodeterminação.

Afinal, era esse sensivelmente o espírito de descolonização da ONU e havia o perigo – real – dos novos países libertados da tutela do colonizador virem a cair na alçada de um novo colonialismo – o imperialismo soviético.

Chester, na sequência da frase que consta como epígrafe da Introdução, quando questionado sobre se acreditava na viabilidade de Salazar aceitar vender os Açores, respondeu que não, embora acrescentasse que essa tentativa representaria uma forma de mostrar ao povo português que havia alternativas à política oficial de sentido único.

Esta dupla perspetiva ou dualidade norte-americana levou a que várias das medidas tomadas tivessem afrontado os interesses da política do Estado Novo.

---

[252] A forma verbal aponta para a falta de unanimidade da administração norte-americana, pois, já no dia 29 de junho de 1961, o documento n.º 351 do Volume XXI das *Foreign relations of the United States* reconhecia que "The major problem the task force now as before it is to define clearly the difference between the view of the State Department and the Defense Department with respect to the Azores base".

Foi um tempo difícil para o embaixador dos EUA em Portugal, Charles Burke Elbrick, até porque a aproximação a Botelho Moniz na fracassada tentativa de derrubar Salazar[253] voltava a aconselhar uma meditação nas palavras proferidas, na década anterior, pelo Secretário de Estado de Truman e um dos grandes «construtores» da NATO, Dean Acheson, segundo as quais era muito provável que o derrube do «regime de um homem só» conduzisse Portugal ao estado caótico de onde Salazar o tirara, uma vez que não se vislumbrava qualquer personalidade capaz de o substituir na Presidência do Conselho.

Acheson, tal como Dwight Eisenhower e Foster Dulles, considerava que para os interesses norte-americanos nos Açores era fulcral não hostilizar Salazar, posição que não colhia os votos favoráveis dos conselheiros africanistas, identificados por Rodrigues (2000, p. 57) como "o secretário de Estado assistente para os assuntos africanos, G, Mennen Williams, o secretário de Estado e depois conselheiro do Presidente para os assuntos africanos, Chester Bowles, e o embaixador americano nas Nações Unidas, Adlai Stevenson", a personalidade que tinha sido derrotada por Kennedy na corrida à presidência.

Só que Kennedy – melhor, os Kennedy porque fora Robert Kennedy que prepara o relatório que serviu de base da política africana do seu irmão John – encontraram em Lisboa um governante hábil nas negociações e que pretendia usar os Açores para garantir o apoio norte-americano à sua política.

Assim, Salazar não se recusou a negociar e, apesar do acordo não ter sido assinado, foi permitindo a permanência das forças norte-americanas nos Açores durante esse período, embora essa presença *ad hoc* estivesse sujeita, no final de cada ano, a uma «ordem de despejo».

Ciente da impossibilidade de «domesticar» a águia, Salazar lançava-lhe a «comida mínima» como forma de não a deixar levantar voo e caçar.

São os passos ou desenvolvimentos dessa estratégica que serão objeto de narração no ponto seguinte.

---

[253] No telegrama n.º 748 enviado para Washington, para o Departamento de Estado, no dia 13 de abril de 1961, Elbrick informava que Botelho Moniz lhe pedira para se encontrarem nesse dia. Porém, tinha sido informado que "Embassy has recently received unmistakable evidence that other elements of government are aware that Embassy has been having unconventional contacts with military". Por isso, Elbrick considerava "very unwise to see him at this particular juncture", posição que Moniz disse compreender.

CAPÍTULO 1 – SALAZAR DESAFIA A ÁGUIA

1.4. Os Açores como Moeda de Troca

O processo negocial da renovação da presença norte-americana nas Lajes foi complexo porque, como já foi aflorado, Portugal, que tinha contado com o apoio norte-americano no Conselho de Segurança aquando da perda da Índia portuguesa, não obtivera igual atitude no que concerne à sua política e à compra do material militar necessário para a guerra colonial iniciada em Angola. Por isso, não admira que Lisboa assistisse a manifestações de antiamericanismo, como aconteceu quando o embaixador Elbrick informou a administração norte-americana de uma manifestação antiamericana junto à embaixada envolvendo entre 15 000 e 20 000 manifestantes que só tinham dispersado por força da intervenção das forças da ordem.

Era como que um regresso aos tempos do Ultimatum inglês quando a falta de racionalidade dos manifestantes e o desejo de encontrar um bode expiatório levara ao apedrejamento da residência do Ministro Henrique Barros Gomes. Num caso e no outro, o Ultramar como motivo para o agravo nacional, embora no segundo momento não se tivesse chegado ao ponto de mudar a toponímia lisboeta e rebatizar a «Travessa dos Inglesinhos» do Bairro Alto em «Travessa dos Ladrões».

Nessa conjuntura, o regime, talvez por se sentir respaldado no apoio popular, não se mostrava muito comedido nas palavras e Franco Nogueira não se coibiu de lembrar os EUA que não convinha repetir a postura antiportuguesa na ONU sob pena de Portugal lhes negar as facilidades de que até então tinham disposto nos Açores.

Prova da importância que este assunto assumia para os EUA é a existência na John F. Kennedy Library de uma pasta intitulada "Portugal: Security, 1961-1963" onde constam "101 digital pages", desde 13 de março de 1961 a 7 de novembro de 1963[254].

---

[254] Como se pode constatar na descrição da pasta, a mesma contém "materials collected by the office of President John F. Kennedy's secretary, Evelyn Lincoln, concerning Portugal. Materials in this folder include a newspaper article, talking papers, a report from Under Secretary of State George W. Ball, a paper entitled «Portuguese Africa and American Foreign Policy», telegrams from United States Ambassador to Portugal Charles Burke Elbrick, excepts of reports from the United Nations African Group, and memoranda from Cabinet members and advisors, including Secretary of State Dean Rusk, regarding the Portuguese colonial territory of Angola, negotiations concerning the Azores, and President Kennedy's meetings with Portuguese officials".

Ainda sobre a atitude norte-americana relativamente a Portugal, há um elemento que convida a uma reflexão.

De facto, quando começaram em Luanda os conflitos que viriam a representar o início da guerra colonial e/ou de libertação, a delegação da Libéria solicitou que a situação em Angola fizesse parte da agenda da reunião seguinte do Conselho de Segurança, posição que se enquadrava na luta que o Terceiro Mundo tinha encetado contra a dominação colonial em África.

Na sequência desse pedido, o embaixador português, Luís Esteves Fernandes – que se aprestava para ceder o posto a Pedro Theotónio Pereira[255] –, tentou junto do Departamento de Estado, mais exatamente do responsável pelo Bureau of International Organizations, Woodruff Wallner, que os Estados Unidos não acolhessem a solicitação da Libéria. No entanto, o reduzido empenho dos Estados Unidos fez com que a Libéria levasse a questão ao Conselho de Segurança e, em 15 de março de 1961, a resolução foi posta à votação.

Felizmente para Salazar, os votos recebidos não foram suficientes para a aprovação, pois a Inglaterra, a França, a China, a Turquia, o Equador e o Chile abstiveram-se.

Problemático foi o apoio norte-americano à proposta, tanto mais que esteve ao lado do voto da URSS, ou seja, as duas superpotências, mesmo num clima de «guerra fria», condenavam por igual a política colonial portuguesa.

Como Rodrigues (2004, p. 70) afirma, "nos meses seguintes, os americanos votaram favoravelmente diversas resoluções relativas ao problema em Angola e à política colonial portuguesa em geral", com a agravante de o terem feito, também, no Conselho de Segurança, onde, como é sabido, dispunham de direito de veto.

Nessa conjuntura, Salazar procedeu a uma remodelação ministerial na sequência da tentativa perpetrada por Botelho Moniz e Adriano Moreira seria chamado a chefiar a pasta do Ultramar.

---

[255] A atenção dada à figura do embaixador levou a que fosse enviado para Washington todo o seu currículo e aspetos da vida particular como o facto de ser casado, desde 1926, com Isabel Van Zeller Palha, "a member of an old and distinguished Portuguese family". No entanto, a esposa não o acompanharia em Washington porque "has for many years been an invalid and was at one time under medical care in a home for the mentally ill". Também nenhum dos três filhos, todos adultos, do casal iria viver para Washington.

CAPÍTULO 1 - SALAZAR DESAFIA A ÁGUIA

Como já historiei em publicação anterior[256], a ação governativa de Adriano Moreira caraterizou-se por uma produção legislativa destinada a promover a autonomia irreversível do Ultramar, posição que ia ao encontro do espírito da ONU e deveria satisfazer os Estados Unidos.

Aliás, o próprio Elbrick se apercebera que a política colonial portuguesa sofrera uma alteração positiva e dera conta da mesma a Washington.

Talvez por isso – mas não apenas por isso – "os primeiros sinais de mudança da política americana no que às Nações Unidas diz respeito surgiram em Agosto de 1962. Neste mês, os Estados Unidos votaram contra uma resolução sobre o colonialismo português. Tratava-se de uma resolução sobre a situação em Moçambique que se encontrava à discussão na chamada «comissão dos dezassete»" (Rodrigues, 2004, p.85).

A administração Kennedy estava ciente da importância da Base das Lajes e parecia ver com bons olhos a alteração da política ultramarina portuguesa.

Aliás, já em 20 de fevereiro de 1962, Elbrick escrevera a Kennedy para lhe agradecer a fotografia autografada com que o presenteara e para lhe dar conta de que, em relação aos Açores, pouco mudara desde a conversa que tinham mantido em novembro do ano anterior, até porque em Lisboa se vivia um "mood of anger and frustration" nada favorável a uma boa atmosfera para a renegociação.

Kennedy estava ciente que "the two issues—Azores and Angola—cannot be separated because Portugal will not permit them to be separated" e, por isso, no dia 2 de maio de 1962, na conversa que manteve com o embaixador Adlai Stevenson aceitou a proposta deste, segundo a qual, "since the Azores were important not only to American security but to NATO as a whole, he felt that more of an effort should be made to seek the cooperation of the NATO countries, as well as Brazil, in bringing pressure on Portugal". Aliás, Stevenson já tinha falado com Macmillan e sabia que "Britain would be glad to cooperate to this end, and that Sir Patrick Dean was ready to do anything he could"[257].

---

[256] *Adriano Moreira: uma intervenção humanista.*
[257] Citações feitas a partir do documento n.º 359 do Volume XXI de *Foreign Relations of the United States 1961–1963*.

Por isso, na agenda presidencial para o dia 15 de junho de 1962, incluía um encontro com Rusk – que iria fazer um périplo por várias cidades entre as quais Lisboa – e com McNamara, sendo o ponto quatro desse encontro dedicado aos Açores. Aliás, quem preparou a agenda fez questão de colocar em anexo o memorandum produzido por Rusk sobre a questão, pois considerava que seria "good sense for the opening steps".

Parece, pois, de interesse proceder a uma interpretação desse memorandum secreto de sete páginas, pois o mesmo relevava a importância de assegurar a permanência norte-americana nos Açores e traçava as estratégias possíveis para alcançar tal desiderato.

Assim, o memorandum começava com cinco pontos sobre aquilo que era designado como "Current situation" e não deixava dúvidas sobre a circunstância de a renovação do acordo ser fundamental para a "maintenance of a strong and flexible military posture for the protection of our national security interests", nem sobre o facto de os "prospects for Portuguese acquiescence to the renewal of the Agreement are not encouraging", pois Portugal fazia da preservação da integridade territorial o objetivo da sua política e os EUA tinham procedido, desde março de 1961, à "vigorous implementation", de uma "policy of publicly advocating self-determination for the peoples of Portugal's African territories". Para já não falar no caso do Santa Maria e na perda de Goa – onde os ingleses e americanos tinham fracassado ao não conseguirem "to dissuade India from attacking" –, nas afirmações e sentido de votação norte-americanas na ONU, na receção e apoio a Holden Roberto e no apoio governamental a programas de formação de estudantes que fugiam das colónias portuguesas.

Ora, "the only level by which the Portuguese can hope to obtain a modification of our [American] African policy" era através do interesse dos Estados Unidos na manutenção de facilidades nos Açores.

Assim, embora Salazar não pretendesse "press this advantage to the full immediately" iria "maintain constant pressure down to the termination date of the Agreement and beyond in seeking to obtain modification of the United States policy".

Por isso a parte B referia que a estratégia norte-americana deveria ir no caminho de "a simples five-year extension of the existing Agreement" e prognosticava a tática portuguesa "to attempt the obtain a modification of our

Portuguese African policy and the adoption of a policy more favorable to Portugal".

A parte C referia-se aos possíveis cenários e apontava para que Elbrick lhe fosse preparando o caminho para as reuniões que iria ter com Salazar e Franco Nogueira. Indicava que, "realistically", poderiam não ser capazes de forçar Portugal a aceitar a separação da questão dos Açores da política norte-americana para África e, como o que os portugueses pretendiam era "political concessions", não convinha, inicialmente, "make any offer of monetary or economic assistance", embora o Departamento de Defesa estivesse a trabalhar "on a military assistance package", até porque se Portugal fizesse qualquer pedido económico relacionado com os Açores, ao mesmo seria dada "full and prompt consideration".

De registar que uma das estratégias apontava para o contacto com "Brazilian officials who have recently been taking constructive and imaginative steps to promote a solution to the problema with Angola" e que, no ponto 9, Rusk equacionava a hipótese de Portugal insistir em concessões que os Estados Unidos "cannot agree", situação que levaria à "necessity of withdrawing from the Azores", embora tal não significasse a perda do direito de "wartime use of the Azores and the right of transit for the life of NATO". Aliás, nesse caso, conviria propor o estabelecimento de "a NATO presence [...] to assist in maintaining the facilities there", situação que não conhecia precedentes e exigiria "a considerable change in the attitudes and policies of a a number of NATO governments". Aliás, não se deveria pôr de lado a possibilidade de as autoridades portuguesas não permitirem aos Estados Unidos "to use theses facilities under a NATO arrangement, if they would be unwilling to do so bilaterally", situação que aconselharia que "every effort would be made through the NAC".

Finalmente, no ponto 10, Rusk defendia uma estratégia de "utmost patience", pois era possível que Portugal se recusasse "to sign even a temporary extension of the agreement but simply keep us dangling on a month-to-month basis".

Afinal, esta previsão não andou muito longe da verdade dos factos.

Já a partir de Lisboa, no dia 24 de outubro de 1962, Rusk informou o Presidente relativamente ao encontro com Franco Nogueira e recomendou que o Presidente "ask him to convey to Salazar your own confidence that Mr. Salazar will be solidly with the free world in this difficult situation".

No documento seguinte, Rusk dava conta de que Kennedy aceitara receber Franco Nogueira e sugeria a forma como a conversa deveria ser conduzida, nomeadamente, recorrendo à combinação de "conciliation with firmness" e, no que dizia respeito à política norte-americana para África, deveria ficar claro que a mesma assentava em "principles from which there will be no retreat". Também conviria elogiar os Congressistas e Senadores descendentes de portugueses e as "many fine qualities of the Portuguese people", bem como o papel de Portugal na NATO.

Afinal, o elogio é, habitualmente, melhor estratégia do que a recriminação.

Ainda neste ficheiro não pode passar sem menção um documento intitulado «Mr. Ball's instructions on Portugal» porque deixava explícito que os EUA consideravam "the continuance of a Portuguese presence in Africa as useful" e que apoiariam essa presença se Salazar estivesse disposto a tomar as seguintes medidas:

"a) permit the devolution of effective powers through local assemblies;

b) progressively expand voting opportunities;

c) bringing increasing numbers of Africans into Government positions;

d) expand and extend educational opportunities and

e) discuss the foregoing program with African leaders (governmental and, if possible, nationalist) in as effort to get their cooperation".

Afinal, a estratégia de apoio à libertação dos povos colonizados não era um ato mas um processo gradual e que acautelava, também, os interesses do colonizador. Só que em Portugal os interesses instalados – e que eram responsáveis em parte considerável pelo marasmo do país – ditaram o afastamento voluntário do Ministro Adriano Moreira quando convidado por Salazar a mudar de uma política ainda mais ousada e avançada do que aquela que era «recomendada» pela administração de Washington.

A exoneração aconteceu em 4 de dezembro de 1962, duas semanas antes da aprovação pela XVII Assembleia-Geral da ONU da moção 1819, em 18 de dezembro de 1962, que condenava a política seguida em Angola e exigia que Portugal reconhecesse o direito de Angola à autodeterminação.

O Secretário-Geral, U-Thant, na carta que enviou ao Conselho de Segurança em 22 de janeiro de 1963, chamava a atenção "sur les dispositions du paragraphe 9 du dispositif de cette résolution", ou seja, "prie le Conseil de Sécurité de prendre les mesures appropriées, y compris l'adoption de sanctions, pour obtenir que le Portugal se conforme à la presente résolution et aux résolutions antérieures de l'Assemblée Générale et du Conseil de Sécurité».

Aliás, o mesmo documento fazia questão de mencionar algumas dessas resoluções e a recusa por parte de Portugal na sua aplicação, como eram os casos das resoluções da Assembleia Geral 1514 (XV) de 14 de dezembro de 1960, 1542 (XV) de 15 dezembro 1960, 1603 (XV) de 20 de abril de 1961, 1654 (XVI) de 27 de novembro de 1961 e 1742 (XVI) de 30 de janeiro de 1962 e da resolução do Conselho de Segurança de 9 de junho de 1961[258].

Eram demasiadas resoluções, situação que não parecia ter em conta a referência aAM e dAM, ou seja, antes de Adriano Moreira e depois de Adriano Moreira, embora convenha realçar – e lamentar – que a letra «d» apenas cronologicamente signifique «depois», uma vez que, do ponto de vista do tempo cairológico, esse período não representou o futuro mas o regresso ao passado.

Voltando à moção, a mesma foi aprovada com 57 votos a favor, 14 contra, 18 abstenções e 21 ausências. No entanto, para contentamento do Ministro dos Negócios Estrangeiros, Franco Nogueira, e para sossego de Oliveira Salazar, os Estados Unidos votaram contra porque, como se pode ler no documento n.º 315[259], um memorando de Schelesinger datado de 1 de julho de 1963, "the question is how far we can go without risking the Azores base [...] or, even more essentially whether these military facilities are so indispensable to us that they must determine our African policy". Segundo ele, "the choice may well be between the military risk of losing the Azores [...] and the political risk of losing Africa".

Do lado norte-americano, falou mais alto o desejo de manter os Açores, como Schelesinger reconheceria, porque Kennedy "estava prestes a apresentar ao senado o Tratado sobre o banimento das experiências atómicas e não queria dar aos republicanos a oportunidade de o acusarem de pôr em perigo a segurança dos Estados Unidos, caso Salazar decidisse expulsar os americanos dos Açores"[260].

---

[258] As citações foram feitas a partir do sítio da ONU, na versão francesa disponível em http://daccess-dds-ny.un.org/doc/UNDOC/GEN/N63/020/72/PDF/N6302072.pdf?OpenElement.
[259] Documento existente no Volume XXI de *Foreign relations of the United States – 1961-1963*.
[260] Fólio 165 de SCCIM/K/4/371/1. Trata-se da terceira página do artigo «Portugal e os Estados Unidos» da autoria de Robert A. Diamond e David Fouquet.

Do lado português, era a condição humana a ver vitórias nos aspetos menos negativos das derrotas. Afinal, uma forma de derrota eufemisticamente batizada como vitória moral.

As pazes entre Portugal e os Estados Unidos da América estavam quase feitas, situação que não deixa de ser curiosa porque aconteceu quando Portugal resolveu retroceder na política de autonomia progressiva a caminho da autodeterminação das possessões ultramarinas sob soberania portuguesa. Dito de uma forma mais direta: os Estados Unidos deixaram de pensar nos povos colonizados quando sentiram que os interesses norte-americanos nas Lajes estavam efetivamente a ser colocados em risco e essa situação era mais problemática do que os problemas rácicos que viviam internamente[261].

Nada melhor do que ter um Pentágono e um Departamento de Defesa como vozes da consciência.

Aliás, sobre esta questão, importa relembrar que Calvet de Magalhães (1987), ao historiar as relações entre Portugal e os EUA, identificou três fatores determinantes – geoestratégico, ideológico e constitucional – sendo que o primeiro foi "certamente o mais importante e aquele que através de várias vicissitudes acabou sempre por se impor como resultado da evolução da situação política internacional e como factor positivo por excelência. O factor ideológico e o factor constitucional actuaram quase sempre como factores negativos".

Nessa conjuntura, era tempo de retomar as negociações relativas à presença – melhor ao estatuto ou vínculo dessa presença, uma vez que os EUA nunca foram forçados a evacuar a base –, sem pressas do lado português, porque Salazar há muito que se apercebera que coerência e constância não eram as palavras de ordem da política externa norte-americana.

Nessa fase, William R. Tyler enviou para Washington um apontamento – inicialmente designado como confidencial HLO/CP-11 – no qual reconhecia que tinha havido "few recente changes" e que os Estados Unidos estavam a operar nos Açores "under a de facto extension of our agreement which will

---

[261] Num memorandum enviado por Rusk em 28 de maio de 1963 para Kennedy, que se iria encontrar com Franco Nogueira, o Presidente era avisado que "the Portuguese press is saying that our interest in Africa is purely related to our own domestic race relations problem; Nogueira may respond to you in the same way". Como já escrevi noutra obra, a regra apontava para que a imprensa da Ilusitânia fizesse eco da opinião governamental.

CAPÍTULO 1 – SALAZAR DESAFIA A ÁGUIA

carry us to the end of 1963". No entanto, importava ter presente que era de esperar "to face soon the problem of trying to negotiate a long-term extention of the agreement", pois o Departamento de Defesa considerava as facilidades nos Açores de "paramount strategic importance to the USA"[262].

No entanto, não era essa a imagem que interessava transmitir, como se comprova pela leitura dos documentos existentes na pasta 13, da caixa 409 da cota AOS/NE – 30.

Assim, em 30 de julho de 1963, um documento secreto do MNE[263], assinado por J. M. Fragoso, dava conta da passagem do Subsecretário de Estado da Aeronáutica pelo MNE, para, por sugestão do Ministro da Defesa, comunicar que "recebera na sexta-feira passada o General americano comandante da Base das Lages".

O pretexto da visita fora apresentar o "novo comandante naval. Mas, após a saída deste último, o general Barly entrou no plano das «confidências» a título de amizade pessoal".

E o que se ficou a saber?

Nada mais nada menos que o general tinha recebido "instruções para dentro de dois meses ter terminado a evacuação de todo o material e pessoal utilizados no Comando Aéreo Estratégico (Strategic Air Command), que é um dos serviços americanos de maior importância naquela Base, pois tem a cargo o reabastecimento, no ar, de aviões em trânsito entre a Europa e a América".

Em consonância com esta ordem, também fora avisado para "não fazer qualquer despesa além das de manutenção das instalações, e para tomar as previdências necessárias para reduzir as compras de víveres frescos efectuadas localmente".

Ora, se não era necessário comprar comida era porque, como as palavras do comandante deixavam implícito, não haveria a quem alimentar.

No entanto, o Secretário de Estado da Aeronáutica informou que não era essa a interpretação que o Ministro da Defesa dava às confidências do general.

Assim, na sua opinião, " a decisão americana não significava necessariamente um desinteresse pela Base, embora este não seja de excluir". Porém, havia que ter em conta que "o material aeronáutico ali estacionado para o

---

[262] *Portugal: Security, 1961-1963*.
[263] Fólios 220 a 222.

efeito" parecia "estar obsoleto" e, por isso, era possível que "os americanos tencionando substituí-lo, tenham aproveitado a comunicação" para "impressionar e deixar na dúvida".

Afinal, um Ministro da Defesa tem de dominar a arte da Estratégia!

Ainda nesse apontamento é possível perceber que o MNE não fora apenas recetor de informação.

Na realidade, Fragoso informou o Secretário de Estado da Aeronáutica que "os Conselheiros da embaixada americana Srs. Blue e Xanthaky", o tinham visitado e haviam deixado "um memorandum em que, a propósito do pedido feito pelo Senhor General Mira Delgado às autoridades militares americanas para a transferência para Angola de 2 aviões RT-33 e de 8 aviões F-86 para a Guiné, se reafirma que o Governo americano não pode concordar com a proposta".

Aliás, o memorandum relembrava a garantia dada por Portugal "em Setembro de 1961 de que, embora algum armamento tivesse até então sido transferido, tais casos não se repetiriam; e ao entregá-lo, os americanos apontaram uma passagem do discurso ontem proferido pelo Senhor Ministro dos Negócios Estrangeiros, em New York, reafirmando não estarmos utilizando, no Ultramar, material fornecido ao abrigo dos acordos existentes".

Era a questão do fornecimento de material outra vez a subir à tona. Aliás, noutras subdivisões da mesma pasta, existem várias cópias com a mesma "contract clause" relacionada com "United States Products (Military Assistance Program)"[264], relativamente a dezembro de 1962.

Tratava-se de uma clarificação ou de uma especificação que admitia que "there will be delivered under this contract only United States end products", definindo, logo a seguir, o significado prático de dois conceitos: «components» e «end products».

Assim, "components means those articles, materials and supplies which are directly incorporated in end products", sendo que estes eram "those articles, materials and supplies, which are acquired under this contract for public use".

Como não podiam ficar dúvidas, o documento ainda se debruçava sobre as condições a que esses elementos tinham de obedecer para poderem ser considerados de origem norte-americana.

---

[264] Fólio 250 para esta citação e seguintes.

Voltando ao interesse ou desinteresse dos norte-americanos pela Base das Lages, em total desacordo com o que fora transmitido pelo comandante norte-americano das Lajes quase no fim de 1963, às 16 horas do dia 7 de novembro, Kennedy recebeu Franco Nogueira e, no dia 5, o Secretário-Executivo, Benjamin H. Read preparou um memorandum no qual um dos assuntos ou "points the President should not raise" era precisamente a renovação do Acordo das Lajes que seria "taken up by Secretary Rusk".

Porém, se Franco Nogueira levantasse a questão, o Presidente era aconselhado a dizer que estavam prontos "to continue negotiations and would like a five-year extension of the original agreement". No entanto, era necessário esconder o jogo e "not to emphasize further this installation's importance".

Como em qualquer processo – mesmo que não negocial – quem não é confiável se arrisca a despertar no outro um acumular de reservas, Salazar – a raposa de Freire Antunes – cairia da cadeira do Poder sem ter tido tempo – leia-se disposição – para autorizar a assinatura do novo acordo.

Para trás ficava um período em que, segundo William Winter[265], desde o acordo celebrado em 1951, o auxílio militar dado pelos EUA a Portugal não tinha sido "grande em comparação com as quantias enormes empregadas em países como o Vietnam ou Taiwan". Auxílio que o general Lemnitzer afirmara, em 1968 perante a Comissão Interna de Negócios Estrangeiros, ser destinado a "treinar o principal pessoal militar português e a fornecer o material para ajudar na sua manutenção".

Nesse âmbito, "o treino militar, de pessoal militar português, nos Estados Unidos e em Portugal totalizou 2 288 homens em 1963 e 205 de 1964 a 1968" e, depois da substituição de Salazar, "em 1969, 133 portugueses receberam treino de harmonia com o programa de auxílio económico e número idêntico [...] em 1970"[266].

Mesmo sendo "difícil obter-se números exactos sobre o auxílio dado", pois "as fontes de informação diferem e o dinheiro destinado para um determinado ano pode representar entregas espalhadas por vários anos subsequentes", a Divisão de Estatística e Relatórios, Agência para o Desenvolvimento

---

[265] Fólio 127 de SCCIM N.º 665. As citações dizem respeito à frente e ao verso, páginas 3 e 4 do relatório confidencial.
[266] Fólio 169.

Internacional, indicava os seguintes montantes em milhões de dólares, para "entregas efectivas durante os anos fiscais indicados":

Ano	Programa de auxílio militar	Stocks existentes ou "Excess Stocks"	Auxílios militares ou "Other Military"	Total
1949-1952	10.6	5,0	-	15,6
1953-1961	270,1	12,5	7,8	301,4
1962	4,4	0,8	0,6	5,8
1963	8,7	0,6	-	9,3
1964	5,6	0,5	-	6,1
1965	7,5	0,1	-	7,6
1966	1,5	0,2	-	1,7
1967	2,2	2,4	-	4,6
1968	3,2	0,5	.	3,7
Totais				
1962-1968	33,1	5,4	0,6	39,1
1949-1968	317,9	22,7	8,4	349,0

Caído Salazar, restava aos Estados Unidos acreditarem que o seu sucessor natural – e serôdio – fosse mais sensível aos argumentos norte-americanos e à visibilidade que os defensores da independência das possessões portuguesas iam granjeando na ONU.

O capítulo seguinte mostrará se o triunvirato identificado por George Ball[267] na sua visita de trabalho a Lisboa – Vasco da Gama, o Infante D. Henrique e Salazar – se desfez com o fim do governo deste último, embora talvez

[267] Este Subsecretário de Estado foi o autor de uma afirmação que não pode passar em claro para que se possa perceber claramente as relações entre o centro e a periferia. De facto, disse que se devia "reconhecer que a África é uma especial responsabilidade europeia, da mesma maneira que as nações europeias reconhecem a nossa especial responsabilidade na América Latina" – fólio 123 verso de SCCIM n.º 665 – a tradução do artigo «Aliados do Império – a

não constitua bom augúrio o facto de Salazar, afetado pelos problemas derivados da queda da cadeira, continuar a pensar que ainda era o Presidente do Conselho.

Como numa conjuntura anterior um representante castelhano ouvira, em Portugal a força de um homem em sua casa era de tal grandeza que, mesmo depois de morto, eram necessários quatro homens para o tirarem de lá.

---

política externa americana e o colonialismo português» de William Minter, inserto na revista *Africa Today* de julho-agosto de 1970.

Capítulo 2: Do Bluff Português ao Ultimato da Águia

2.1. Nótula Introdutória
Na senda daquilo que foi assumido na Introdução, este capítulo justifica uma nótula introdutória, pois com a queda – acidental – de Salazar da cadeira do Poder, os atores deste jogo de correspondência ficaram resumidos, do lado português, praticamente a dois – o Ministro dos Negócios Estrangeiros, Rui Patrício, e o embaixador em Washington, João Hall Themido – uma vez que Marcello Caetano não teve o protagonismo já assinalado relativamente a Salazar e Américo Tomaz, resolvida a questão da sucessão do Presidente do Conselho, voltou a um registo que esteve longe de poder ser considerado muito interventivo, embora a forma como desempenhou o cargo não possa ser traduzida na alcunha pejurativa que alguns continuam a fazer questão de lhe colar.

Se é verdade que, durante o governo de Salazar, só mesmo na Constituição de 33 é que a sede do Poder residia na Presidência da República, não é lícito afirmar que Américo Tomaz se limitou a cortar fitas.

Quanto aos intervenientes norte-americanos, o Presidente Rixard Nixon apenas se fez ouvir quando julgou necessário. Aliás, o mesmo se passou com o Secretário de Estado Henry Kissinger, nomeado em 22 de setembro de 1973, numa altura em que, face ao desenrolar do escândalo Watergate, o Congresso fazia questão de mostrar que, mesmo num sistema presidencialista, há um tempo para ser ele a ditar as ordens. Por isso, foram figuras como o embaixador em Lisboa, Ridgway Knight, o Ministro-conselheiro da embaixada,

Richard Post, e outros nomes do Departamento de Estado e da CIA que serviram de interlocutores.

Voltando aos intervenientes do lado português, como é sabido, Hall Themido publicou, com a chancela do MNE, uma obra sobre esta temática, intitulada *Uma autobiografia disfarçada*[268].

Não estando em causa o conteúdo da publicação, importa frisar que nas Ciências Sociais e Humanas dois dos critérios a ter sempre em conta quando se procede à análise crítica interna de um documento se prendem com as circunstâncias em que eles foi produzido e o tempo que passou entre os acontecimentos e a produção escrita sobre o mesmo.

Na verdade, se o distanciamento temporal permite algum ganho em termos de objetividade, também não parece questionável que a circunstância de o narrador ter sido participante nas ações acaba por trazer sempre para a narração algumas marcas do discurso justificativo.

Além disso, textos secretos e secretíssimos e produzidos a um ritmo quase quotidiano constituem um elemento fundamental para perceber ou captar a ansiedade que acompanhava o evolucionar da situação e esse é um aspeto que, muito provavelmente, colherá o interesse e a curiosidade do leitor.

Face ao exposto, os sessenta e um documentos guardados na caixa 12 do Arquivo Marcello Caetano (AMC) constituem a fonte privilegiada para esta narração porque são eles que se ocupam da temática em estudo.

2.2. A Razão da Força e a Arte do Fingimento

O título escolhido para este ponto deixa implícito que quando a Base das Lajes se revelou imprescindível para o apoio norte-americano a Israel devido à guerra do Yom Kippur, os Estados Unidos procederam como se a base fosse propriedade sua e lançaram um verdadeiro ultimatum ao governo português.

A argumentação que se segue procurará explicitar a justeza da afirmação anterior.

Assim, o telegrama 203571, enviado para Lisboa em 13 de outubro, "transmitted a personal letter from President Nixon to Portuguese Prime Minister Caetano stating that the United States needed Portugal's cooperation to

---

[268] Convém frisar que esta já é a segunda obra do autor relacionada com a temática em estudo, uma vez que já publicara, em 1995, na editora Dom Quixote, o livro *Dez anos em Washington 1971-1981*.

support ending hostilities and bring a durable peace to the Middle East. He noted that if Portugal were threatened by terrorism or an oil boycott as a result of its help, the United States would be willing to consult on what steps they could jointly take. Nixon warned Caetano «in all frankness» that if the U.S. Government were forced to look to alternative routes due to Portugal's failure to help at this critical time, the United States would be forced to adopt measures that could not but hurt their relationship" (National Archives, RG 59, Central Foreign Policy Files)[269].

Na realidade, apesar de parecerem solicitar permissão para a utilização das Lajes como elemento de escala na ponte aérea para Israel, os Estados Unidos limitaram-se a informar – e de uma forma não muito diplomática – Portugal da decisão já tomada e, na carta enviada a Caetano, Nixon não mostrou o mínimo incómodo pelo tom de ameaça com que encerrou a missiva.

Por isso, a «autorização» portuguesa dada por Marcello Caetano[270] foi mais um dos exemplos em que a História dos países periféricos e semiperiféricos é fértil quando os interesses das grandes potências estão em jogo. Com a agravante de, no caso de uma superpotência, esta manifestar uma tendência para considerar que os seus interesses estão sempre em causa.

---

[269] Documento que consta na nota de rodapé 6 do Memorandum da conversa entre Kissinger, o Secretário da Defesa James Schlesinger, o Secretário de Estado Kenneth Rush, o Secretário da Defesa William Clements, o Director da CIA William Colby e Thomas Moorer. Este documento refere-se a uma reunião em Washington, às 10h 45m do dia 13 de outubro de 1973, e constitui o documento 173 do Capítulo XXV de *Foreign Relations, 1969–1976*. De notar que nessa reunião, Schlesinger colocou na mesa uma proposta atentatória da soberania portuguesa nos Açores, ao dizer: "We can just use Lajes and let the Portuguese protest to us".

[270] Como se pode ler na nota de rodapé 2 da página 490 do Volume XXV de *Foreign Relations, 1969–1976*, referente ao document 176, "Telegram 203651 to Lisbon, October 13, 0352Z, transmitted a personal letter from Prime Minister Caetano to President Nixon, October 13, stating that the Government of Portugal had authorized the United States «the transit of American aircraft, relying on your word that my country will not remain defenseless should this decision bring about grave consequences. (Ibid.) In a conversation with Stoessel, October 13, Portuguese Ambassador Themido emphasized that allowing the United States use of Lajes as a transit point in the resupply operation for Israel was the largest risk in their history and had only been agreed upon in response to President Nixon's direct appeal to Prime Minister Caetano. Themido also stressed that the Portuguese were going to expect «greater understanding and more friendly attitude on part of the United States», including shipments of surface-to-air missiles. (Ibid.) Telegram 3782 from Lisbon, October 13, 2053Z, reported Prime Minister Caetano's agreement. (Ibid., RG 59, Central Foreign Policy Files)".

É à luz deste maquiavelismo que deverá ser apreciada a receção feita por Nixon a Hall Themido para lhe agradecer, formal ou oficialmente, a colaboração prestada por Portugal.

Porém, face a este «agradecimento», Portugal considerou que poderia vir a obter contrapartidas para a defesa dos seus interesses numa fase em que a guerra colonial estava perdida na Guiné e consumia grossos recursos – não apenas financeiros – em Angola e Moçambique.

De facto, uma coisa era agradecer e outra – bem diferente – era assumir o papel de um verdadeiro aliado.

Ora, como estava a chegar, novamente, o tempo de renegociar a presença norte-americana nos Açores, Portugal procurou tirar dividendos da «autorização concedida» para conseguir que o novo acordo fosse feito em condições mais favoráveis para os interesses portugueses, muito embora o governo português soubesse que, nessa conjuntura, eram, sobretudo, os militares que defendiam a presença norte-americana na Base das Lajes[271].

Nessa perspetiva, o ataque de que Israel fora vítima acabava por ter consequências positivas para Portugal, uma vez que, nas vésperas desse ataque, já se fazia sentir nos Estados Unidos uma corrente condenatória do Acordo das Lajes, invocando duas razões.

Em primeiro lugar, essa corrente afirmava que a base era desnecessária para os interesses norte-americanos.

Em segundo, considerava que o processo negocial do Acordo das Lajes deixava o país mal visto na cena internacional por negociar com a última potência colonial europeia[272].

---

[271] Por exemplo num longo artigo intitulado «Aliados do Império – a política externa americana e o colonialismo português», William Minter, escreveu na edição de julho de 1970 da revista *Africa today*, que "a base é agora desnecessária para o seu objectivo inicial" – fólio 129 de SCCIM N.º 665 – e trouxe à colação a opinião expressa por James Reston na edição de 5 de março de 1969 do *New York Times*, segundo a qual "Washington já não precisa dos Açores mas os antigos acordos continuam". Por isso, Minter concluía que "todas as bases são importantes para o Pentágono; há sempre possiblidade de se encontrar nova utilidade para uma velha base" – fólio 129 verso, ou página 8 do Anexo A do Relatório da Situação n.º 461.

[272] Uma das vozes dessa corrente era, segundo Antunes (1993, p. 266), o senador Clifford Case, que "requereu que todos os futuros acordos sobre bases militares no estrangeiro – e deu o exemplo concreto dos Açores – fossem submetidos ao Senado para prévia ratificação".

Esta posição era defendida, principalmente, por movimentos como o «Congress of African people», «The Black Comunity Defense and Development», «The Ebony Businessen's Association», escritores como Le Roi Jones e os cinquenta «mayors» negros dos Estados Unidos, como se constata pela manifestação realizada frente ao consulado de Portugal em Newark, no dia 29 de novembro de 1970 e que mereceu o repúdio ativo das comunidades portuguesa e luso-americana, situação que "causou espanto e admiração por parte dos americanos que em relação à generalidade das depradações provocadas por negros assumem uma atitude passiva"[273].

No entanto, antes de abrir o ficheiro Marcello Caetano, importa explicar uma das partes do título do capítulo.

2.3. Do Bluff Português à Primeira Cimeira dos Açores

O Presidente do Conselho, Marcello Caetano, certamente para esconder o nervosismo decorrente do isolamento internacional, decidiria, como afirma Antunes (1993, p. 156) pressionar os Estados Unidos porque não existia "nenhum acordo com os Estados Unidos sobre a base dos Açores. O acordo original não foi renovado". Por isso, como a situação não podia continuar, lançou um quase ultimato: "ou o acordo é renovado ou a Base das Lajes, tornar-se-á pura e simplesmente uma base da NATO, cujo uso será limitado aos objectivos da aliança e nada mais".

A circunstância desta posição ter chegado a Washington não por via diplomática, mas através de uma entrevista concedida ao Presidente da United Press International, constitui a melhor demonstração da incapacidade portuguesa de pressionar os Estados Unidos.

Uma situação que – salvaguardadas as devidas distâncias – o povo proverbia quando afirma «cão que ladra não morde».

De facto, ameaçar em público é sinónimo de reconhecimento de limitações próprias. Por isso, Caetano arrefeceu o seu discurso e aproveitou a crise monetária internacional para levar a água ao seu moinho, sendo que a estratégia para tal passou pela realização, em 13 e 14 de dezembro de 1971, nos Açores, na ilha Terceira, da cimeira entre Nixon e Pompidou, tendo como anfitrião o

---

[273] Fólio 134 de SCCIM N.º 665. Este documento foi proveniente da resenha n.º 6/71 de 10 de fevereiro, feita pela Polícia Internacional e Posição de Portugal no Exterior para o GNP.

Chefe do Executivo de Portugal, uma cimeira que exigiu que a TAP, no período de 10 a 15 de dezembro, alterasse a rota Lisboa – Nova Iorque, a qual deixou de fazer escala em Santa Maria e passou a recorrer às Lajes.

Nixon, conhecedor do bom relacionamento que o Eliseu detinha com Pequim e com Moscovo, veio aos Açores não apenas discutir a crise económica internacional e a decisão tomada pela sua administração no sentido de restringir as importações, mas também, procurar conselho sobre a forma de preparar a sua deslocação a essas duas capitais onde vigoravam regimes nada compatíveis com os interesses norte-americanos.

Essa cimeira justifica ser contada e, para tal, a fonte privilegiada é a Caixa 3031 do SNI, guardada na Torre do Tombo.

A reunião exigiu uma minuciosa preparação e uma elevada cobertura mediática. Essa atenção levou mesmo à realização de um filme da autoria de António Lopes Ribeiro. Aliás, o Diretor-Geral da Informação, Geraldes Cardoso, informou a TELECINE-MORO[274] que a Secretaria de Estado lhe compraria "em 16 mm, duas cópias em inglês e duas em francês, pelo valor total de Esc. 120 000$00 (cento e vinte mil escudos); e, ainda, uma cópia, pelo valor de Esc. 15 000$00 (quinze mil escudos) do filme da vossa produção «O encontro Presidencial da Ilha Terceira»".

A complexidade do evento pode ser aduzida pela existência, na referida caixa, de várias pastas com múltiplos assuntos, nomeadamente:

- Organização dos serviços, colocação dos funcionários e diversos elementos que foram necessários para a montagem da organização;
- Pessoal que colaborou na reunião, designadamente "30 empregados do Hotel Avenida Palace";
- Dados gerais sobre os locais onde decorreram as reuniões;
- Credenciais passadas e jornalistas que vieram à cimeira;
- Informações e notas à imprensa, a qual ficava a saber que poderia enviar "para Lisboa qualquer material de reportagem dirigido a qualquer órgão de informação ou para a Sala de Imprensa que funciona na Secretaria de Estado da Informação e Turismo", através de um "voo inter-continental TAP 311", embora todo o material tivesse de "ser

---

[274] Ofício 11-IE-RIE-DSI-DGI- 213410 de 10 de janeiro de 1972, constante na caixa 3031 de SNI.

entregue a um coordenador da Sala de Imprensa instalada no Palácio Bettencourt";
- Uma «Memória» com 5 imagens e descrição trilingue dos elementos açorianos que teve 1000 exemplares impressos na Tipografia Luzarte Cardoso;
- As cerimónias da chegada e partida dos Presidentes;
- Telex recebidos e enviados;
- Banquete oferecido pelo Senhor Presidente do Conselho, entidades convidadas e discursos.

No que concerne ao último ponto, Nixon falou de improviso e na versão traduzida desse discurso pode ler-se que lhe ocorria "quanto o Novo Mundo – o hemisfério americano – deve ao Velho Mundo, e particularmente aos dois países representados nesta mesa".

Depois desceu ao pormenor e exemplificou. Assim, os EUA deviam muito à França "a começar pelo momento em que nos tornámos uma nação independente, durante a Revolução", e a Portugal porque o Estado da Califórnia de onde era natural tinha "sido descoberto pelo capitão português Cabrillo".

Porém, também reconhecia que "por vezes, somos competidores" e, apesar de não falar com "inveja", dava o exemplo da sua viagem ter sido feita a uma velocidade três vezes inferior à do «concorde» francês, afirmando que "desejaria que o avião tivesse sido por nós construído".

Depois, em oposição às medidas protecionistas que tomara, considerou que se vivia "num tempo feliz, em que a competição entre os nossos grandes países é causa de progresso cujos benefícios podem ser repartidos pacificamente entre os nossos povos", embora considerasse "inevitável" que surgissem "problemas no comércio, no sector monetário, em todas aquelas áreas, nas quais as sociedades avançadas podem entrar em competição" até porque "a nação ou o povo que viverem numa ilha, fechados sobre si mesmos, ficarão inevitavelmente na retaguarda do resto do Mundo".

Essa era a razão pela qual as vozes norte-americanas que falavam "em isolacionismo e em denúncia das responsabilidades" não fariam "o futuro da América".

Depois referiu-se à maneira de o Novo Mundo pagar a dívida ao Velho Mundo e afirmou que a melhor forma passava pelos Estados Unidos se assumirem como "membros responsáveis da comunidade mundial" e contribuírem para "um mundo que desejamos pacífico".

A concluir lembrou que as divergências entre os três países não se aplicavam "à causa da Paz e à construção de um mundo, em que todas as nações possam regozijar-se e beneficiar as Bênçãos da Paz", para voltar ao realismo e falar num "encontro entre os chefes de Estado e de Governo de duas grandes nações".

Afinal, Portugal era apenas o anfitrião, circunstância que levara Caetano a abrir os discursos e a propor os brindes.

O Presidente do Conselho fez um discurso muito bem estruturado, metafórico – a necessidade de procurar uma "pequena ilha" nos tempos "tão cheios de preocupações" – e histórico – a descoberta e povoamento dos Açores, os nomes dados às ilhas e a emigração açoriana para a América – para reforçar a ideia de que os povos português e norte-americano não podiam "deixar de se entender". Depois, passou a referir a influência francesa ainda visível no arquipélago e o peso que os portugueses tinham na França de então.

No que se refere aos resultados da cimeira, Caetano afirmou que "o mundo espera muito do encontro de Vossas Excelências" porque eram "dois homens de bem que falam de olhos nos olhos", pois eram "dois estadistas experientes" que sabiam fazer o "balanço a uma situação crítica".

Em seguida voltaria à metáfora afirmando que o lugar, "por detrás das aparências borrascosas do Inverno" poderia contribuir "para a feliz conclusão" porque na ilha existia "um clima humano de bondade e de compreensão entre as pessoas". Além disso, convinha ter presente que sem os anticiclones "estaríamos sujeitos a catástrofes muito frequentes", ou seja, "a natureza criou o movimento normal, mas previu também o remédio para os seus excessos".

Era uma forma imaginativa de concluir um discurso onde a criatividade marcou presença.

Quanto ao discurso de Pompidou, que medeou entre os dois já apresentados e o único que apenas consta na língua original, também falou da colonização dos Açores, referindo os contributos "des hommes venus de diverses nations européennes", para passar para a Europa atual onde "nous savons que vous êtes prêts à prendre votre part".Depois, recordou que os Açores "dans le trésor de leurs traditions" guardavam "certains souvenirs français", falou da coragem do movimento emigratório português para França que contribuía para "consolider et approfondir l'amitié franco-portugaise en même temps qu'il sert, directement ou indirectement, l'économie de nos pays".

Em seguida, o discurso passou a estar virado para Nixon, com quem tinha mantido "au début de 1970 des entretiens confiants et approfondis et que j'ai revu en des circonstances douloureuses en novembre de la même année » e saudou a escolha do lugar do encontro. Só depois passou a falar da situação no Mundo "incertain" devido a "des conflits déplorables", que se encarregavam de mostrar que "rien n'est jamais acquis", apesar da "stabilité de l'Europe, la croissance économique et le progrès de nos sociétés, les échanges entre les nations, l'universalité aujourd'hui réalisée des Nations-Unies ».

No entanto, como "la prosperité est un facteur fondamental de l'equilibre mondial" conviria evitar que «les difficultés du système monétaire occidental » constituíssem «trouble».

Era por isso que «les Etats-Unis, comme la France, comme d'autres nations se sont engagés, consciemment et résolument dans une voie qui doit mener à une meilleure compréhension entre les peuples et à la disparition des divisions suscitées par les oppositions idéologiques» e Pompidou via na cimeira, «un symbole d'unité et d'espoir".

Será que os resultados da cimeira justificaram a despesa feita e que, como é lógico, ia muito além dos 120 000$00 cobrados pelo Hotel de Angra para acomodar a delegação francesa – verba que deveria ser acrescida da quantia de 60 000$00 resultante da estada de Pompidou na Estalagem da Serreta[275], ou os 9 620$00 pagos à firma «Primeira Casa das Bandeiras», "referente ao seu fornecimento de 6 000 bandeirinhas nacionais, americanas e francesas"[276]?

---

[275] De notar que o ofício 225/72, de 10 de julho de 1972, relativo ao Proc.º 402, considerava que a primeira verba deveria ser suportada pela embaixada de França, assumindo o MNE a responsabilidade pela segunda. Afinal, só Pompidou era visto como convidado.
[276] Ofício 77-IE-RIE-DSI-DGI- 213410, datado de 10 de março de 1972 e enviado pelo Diretor dos Serviços de Informação, Pedro Feytor Pinto, ao embaixador chefe do Protocolo do Estado. Na caixa 3031 de SNI está essa fatura muito detalhada. Assim, as 2000 bandeiras nacionais em papel c/28x18 tinham custado 1 600$00; as 2 500 americanas e francesas em papel n.º 5, 5 100$00 e as 1450 bandeiras americanas e francesas n.º 4 em papel, 2320$00.
Na mesma caixa está uma pasta com as despesas efetuadas pelos funcionários e referentes ao encontro nos Açores. Assim, fica a saber-se, por exemplo, que o almoço de dia 4 de dezembro de três funcionários – que estão identificados – custou 105$00 no restaurante-cervejaria Mondego, verba totalmente discriminada na fatura, ou que o táxi para transporte de outro

Se as várias edições do jornal *A União* existentes na caixa 3031 do SNI pudessem ser consideradas como fidedignas, a resposta seria totalmente positiva.

Aliás, como já foi referido, o simples facto de o local da cimeira ter recaído nos Açores foi visto por Caetano como uma possibilidade para retirar dividendos políticos.

Assim, antes da realização da cimeira, as negociações sobre o acordo foram retomadas e, em 9 de dezembro de 1971 – quatro dias antes do início da cimeira –, Rui Patrício e William Rogers[277] selaram o acordo, nos termos do qual as facilidades concedidas vigorariam por 5 anos a partir de uma data já ultrapassada e relativa à renovação anterior – 3 de fevereiro de 1962. Por isso, a resenha n.º 36/73 feita pelo GNP falava de um recorte do *Observer* que mencionava um "arrendamento de 26 meses"[278].

Ora, face ao exposto, quando os Estados Unidos abordaram Portugal[279] no sentido da concessão de autorização para que os aviões C-5 e C-130 que se deslocavam para o Médio Oriente fossem reabastecidos nos Açores, os norte-americanos dispunham de um documento que lhes garantia facilidades nas Lajes.

Interessa, por isso, saber as razões que levavam os EUA a solicitar a autorização da parte portuguesa.

A resposta tem a ver com os três aspetos que serão elencados de seguida.

---

funcionário – novamente identificado – e que tinha "saído de serviço às 22 horas", tinha orçado em 120$00, no dia 1 de dezembro.
Que pena que esta transparência não se estendesse a toda a vida de então!
[277] Rogers, no ano anterior, tinha visitado o continente africano e respondera ao Secretário da OUA, Diallo Telli, que estava "esperançado de que não seriam necessários cemitérios americanos em África no futuro" – fólio 200 de SCCIM N.º 665 – documento secreto referente à resenha n.º 12 de 18 de março de 1970 da Polícia Internacional e Posição de Portugal no Exterior e existente no GNP. Esta afirmação aponta para a não intromissão direta dos EUA em África, seja porque não a incluía na sua zona de influência, seja porque esperava uma solução diplomática para o problema.
[278] Fólio 47 de SCCIM N.º 665.
[279] A primeira abordagem, ainda em 12 de outubro, foi feita por Richard Post e o destinatário da mesma foi Rui Patrício. No entanto, não deve ter sido essa a razão para Patrício se ter apressado a comunicar a Post a autorização «concedida». Afinal, era importante manter a aparência de que Portugal detinha o poder de decisão.

Assim, o primeiro decorria do próprio espírito do tratado, uma vez que as facilidades concedidas por Portugal deveriam ter como único destinatário os Estados Unidos, se bem que os outros membros da NATO também pudessem vir a usufruir do benefício, e destinavam-se à defesa do Atlântico Norte. Além disso, as concessões recebidas não poderiam ter um fim diferente daquele a que se destinavam.

Quanto ao segundo, embora implícito no primeiro, derivava do facto de Israel – como advertiu Américo Tomáz quando foi informado do pedido norte-americano – fazer parte dos países que Portugal considerava como seus inimigos, ou adversários, se o termo for suavizado.

Finalmente, o terceiro tinha a ver com a mais que provável guerra que Portugal se veria obrigado a comprar com os países árabes, entre os quais avultavam os seus fornecedores de petróleo.

Dito de uma forma ainda mais clara. Por força do acordo renovado em 9 de dezembro de 1971, os Estados Unidos tinham direito a usufruir de facilidades nos Açores. Porém, o usufruto dessas regalias não poderia ter implicações na política externa portuguesa.

Não poderia ter, mas teve, uma vez que Caetano não estava em condições de seguir a recomendação negativa que chegava de Belém.

Num passado longínquo de quase dois mil anos, uma estrela guiara os Reis Magos a uma outra Belém. Em 1973, a Belém portuguesa, apesar de sede constitucional do Poder, não era a estrela norteadora da política de Portugal e via o país ser arrastado para um conflito que procurava, de acordo com os interesses em jogo, ofuscar ou salvaguardar a estrela de David.

Um último aspeto que merece ser explicitado prende-se com o facto de, na conjuntura em estudo, os Estados Unidos não disporem de um embaixador a chefiar a embaixada em Portugal, pois, desde a partida de Ridgway Knight, em novembro de 1972, que esta estava confiada a Richard Post, um antigo cônsul-geral que Knight «resgatara» de Luanda. Aliás, a situação pouco mudaria com a chegada do novo embaixador, Stuart Nash Scott, por voltas de meados de janeiro de 1974, porque o golpe de estado do 25 de abril aconteceria na fase em que Post ainda tentava «orientar» Scott, face à manifesta falta de experiência diplomática deste.

Como decorre da História do século XX, é habitual referir a intervenção – quase sempre disfarçada – dos Estados Unidos no derrube de regimes que não serviam os seus interesses. No entanto, manda a verdade que se diga que Scott não teve qualquer papel – mesmo que secundário – no fim do regime protagonizado por Caetano.

Agora sim, já é tempo de dar voz aos documentos e abrir ao conhecimento do leitor os documentos secretos e secretíssimos, esclarecendo que se procedeu à correção dos erros que figuram nos mesmos e que facilmente se percebe terem sido decorrentes da decifração[280].

2.4. Os Segredos do Processo: Avanços, Recuos e Meias-Verdades

A complexidade deste processo, patente no título escolhido, aconselha a que a narração do mesmo seja feita por ordem cronológica dos documentos

Assim, o documento n.º1, um telegrama recebido às 23h 30m do dia 18 de outubro de 1973 no Ministério dos Negócios Estrangeiros e proveniente da embaixada de Portugal em Washington[281], dava conta dos agradecimentos norte-americanos.

Assim, informava que o embaixador Porter "começou por agradecer [as] facilidades [que] estamos [a] conceder. Usou termos [de] maior apreço e disse que a começar [pelo] presidente e passando pelo congresso todos nos estavam reconhecidos".

Como se verifica, grande era a diferença entre a posição oficial e a realidade dos factos, situação que o embaixador português fingiu não perceber – afinal o fingimento é uma arte ao nível do relacionamento diplomático – e entrou nesse jogo usando os agradecimentos como adjuvante para a defesa dos interesses de Portugal.

Então, aproveitou para pedir – o verbo mais odiado mas repetidamente usado por quem está numa situação de dependência ou exiguidade – que o Departamento de Estado "passasse [a] esclarecer [o] congresso através [de] alguns [dos] seus elementos mais representativos [das] nossas realidades [com

---

[280] Os erros mais frequentes, para além dos nomes próprios iniciados com minúsculas, prendem-se com a repetição da vogal onde deveria estar um acento gráfico: Aa – à; aceitaavel- aceitável; preocupaccooes – preocupações; negociaccooes – negociações; oonus - ónus; compensaccaao – compensação; renovaccaao – renovação ....

[281] Este telegrama de duas folhas tem o número geral 13706, é o telegrama 459 secreto, em aditamento ao 452, e está assinado por Themido.

o] intuito [de] alterar [a] corrente [que] ali estava [a] estabelecer-se contra Portugal".

Na verdade, era tempo de recordar as "afirmações irresponsáveis feitas no congresso com base [em] falsidades", sem deixar de ter em linha de conta que o Departamento de Estado também não podia enjeitar responsabilidades no assunto, pois "contribuía para este clima".

Como exemplos das posições norte-americanas que Portugal não percebia, Hall Themido referiu as "«background notes» sobre [a] Guiné portuguesa [...] da publicação relativa [a] 1973 [de onde] havia sido retirada [a] passagem favorável [a] Portugal contida [na] edição [de] 1971 e incluída outra desfavorável e inexacta".

Confrontado com estes dados, o embaixador Porter "exprimiu [o] desejo [de] colaborar nesse terreno". Depois, considerou chegado o momento de apresentar "sugestões sobre [a] forma [de] conduzir [as] negociações".

Quando se fala em negociações era da questão da renegociação do Acordo das Lajes que se tratava e não deixa de ser digno de registo o facto de ser o lado americano a apresentar as condições.

Assim, de acordo com Porter, as reuniões "teriam em princípio [o] mesmo número [de] participantes (Rabenold Martin dr. Alves Machado) embora pudessem ser chamados elementos militares".

Além disso, eram os Estados Unidos a propor o calendário, indicando que a "próxima reunião seria dentro [de] 2 a 3 semanas" e a definir a estratégia a ter em conta no que dizia respeito à divulgação das reuniões. Para tal, propunham que não fossem "dadas notícias sobre [a] realização [de] negociações. Todavia no caso de ser necessário para responder [a] perguntas [dos] jornalistas dir-se-ia apenas [que as] mesmas estão a ter lugar" e, para tudo funcionar a uma só voz, "qualquer informação [de] outra natureza ficaria dependente [da] consulta à outra parte".

Entrando no campo das pretensões portuguesas, Porter afirmou que os Estados Unidos "poderiam dar resposta" ao memorial português "antes [da] próxima reunião", mas deixava no ar uma perspetiva otimista ao afirmar que "queriam responder-nos [em] termos mais favoráveis conforme determinado pelo presidente".

Face ao sentido das palavras de Porter, o embaixador português concordou "com todos pontos", apenas acentuando que o "memorial devia ser considerado separadamente e receber tratamento urgente sem prejuízo [dos] assuntos nele suscitados poderem vir a ser analisados [nas] negociações"

Sublinhado a vermelho, podia ler-se que "acerca [do] problema [de] fundo [o] embaixador limitou-se [a] declarar [que os] E.U. desejam poder continuar [a] beneficiar [do] uso [da] base" e, por isso, o "acordo deveria ser [uma] simples renovação do existente e para uso continuado [da] base".

Estas palavras não confirmavam o otimismo anterior porque a renovação significava a manutenção das condições assumidas no acordo que ia terminar e não era essa a intenção portuguesa. Por isso, Hall Themido voltou a fingir que não tinha percebido o real sentido das palavras de Porter e pediu-lhe que lhe "indicasse [na] próxima reunião [as] compensações" que os Estados Unidos pensavam "oferecer".

Como forma de justificar a posição portuguesa, o embaixador acentuou que, do lado de Portugal, a "orientação tinha sido definida antes [da] actual crise [no] Médio-Oriente".

Ora, devido aos efeitos que essa crise estava a provocar em Portugal, a "opinião pública portuguesa teria dificuldade [em] compreender [o] favor [que] estamos [a] prestar [aos] E.U. e consequentemente [a] base devia passar [a ser] mais impopular".

Neste ponto impõe-se uma breve paragem narrativa apenas para dizer que esse fora, precisamente, o argumento usado por Rui Patrício, revoltado com a recusa de Kissinger em recebê-lo, no dia anterior ao início da guerra do Yom Kippur.

Confrontado com esta posição, Porter mostrou-se mais cauteloso e como não sabia quais eram as "necessidades" portuguesas, considerou que "lhe parecia mais apropriado [que] Portugal as indicasse", insistindo na ideia de que esses pedidos "seriam considerados com amizade".

João Hall Themido fez questão de frisar que "numa atitude inusitada" o embaixador o tinha acompanhado até ao elevador "que estava muito afastado [do] seu gabinete".

Era uma deferência que talvez pudesse vir a confirmar o otimismo que por vezes perpassava nas palavras de Porter.

Os telegramas seguintes permitirão aquilatar da veracidade dessa cortesia.

Aliás, a demora não foi longa porque, três dias depois, no dia 21 de outubro de 1973, chegava às 18 horas um telegrama com apenas uma página[282].

Nesse telegrama podia ler-se que as "condições [em que a] base [das] Lages está [a] ser utilizada impediram este país [de] fazer [o] pedido [de] renovação [do] acordo [dos] Açores alegando interesses [da] Nato. Por outro lado nenhuma objecção foi levantada nesta fase [das] negociações à nossa ideia de que [a] continuação [do] uso [da] base deve ser acompanhado [de uma] compensação adequada".

Como se constata, o telegrama servia para justificar a posição norte-americana e, por isso, no telegrama o embaixador português referia que o "ónus [da] indicação [da] compensação foi posto sobre Portugal com recurso difícil [de] afastar".

Assim sendo, julgava que Portugal teria de "indicar urgentemente as [suas] pretensões nos três sectores" a que tinha aludido, ou seja, as compensações deveriam ser no âmbito "político, militar e de assistência económica"

Na sua opinião, os portugueses teriam "de ser extremamente exigentes pois no fundo [as] negociações resumem-se [a] saber que apoio político e que assistência militar e económica" os norte-americanos podiam oferecer " a troco [do] uso [da] base".

Era o realismo a falar, embora as "circunstâncias parece[sse]m as mais favoráveis" e, como tal, "muitos dos pontos ventilados [no] nosso memorial [de] dia 13" pudessem "ser agora apreciados".

Porém convinha preparar tudo de uma forma cuidadosa e os pedidos teriam de "ser reordenados e apresentados em termos mais gerais considerando [as] nossas preocupações e necessidades no futuro próximo", até porque o embaixador português sabia bem que era " impossível conseguir as garantias [que] pretendemos e o material militar de que necessitamos".

Nesse jogo de fingimento talvez a plasticidade constituísse uma boa estratégia e, por isso, Hall Themido pensava que se teria de "apresentar [o] problema em termos tais que seja possível fazer concessões para se atingir [um] mínimo aceitável", ou seja, Portugal deveria exagerar naquilo que solicitava para vir a garantir aquilo que realisticamente poderia exigir.

---

[282] Documento n.º 2 da caixa 12 do AMC, com o número geral 13 809 e que correspondia ao n.º 464 secreto em aditamento ao n.º 459.

Afinal, a tradição de regatear tão comum entre os povos do Norte de África parece ter deixado marcas em Portugal.

O documento n.º 2 ficava-se por esta sugestão de estratégia e o documento n.º 3[283] poderia constituir um «corpo estranho» na temática em estudo porque não dizia respeito à correspondência trocada entre o Ministério dos Negócios Estrangeiros e a embaixada portuguesa em Washington.

De facto, era um telegrama proveniente da DELSE de Portugal em Genebra, escrito por Fortunato de Almeida a dar conta que entre os membros da delegação americana à 2.ª fase da conferência estava Russel, do departamento jurídico do Departamento de Estado, já seu conhecido e com quem almoçara várias vezes e um "funcionário da íntima confiança [de] Rogers e por isso mesmo enviado por este diversas vezes a Helsínquia para ter informações directas do que se ia passando".

Fortunato de Almeida sabia que "Russel esteve ligado [às] negociações [do] ultimo acordo [dos] Açores e por isso mesmo acompanhou o senhor Rogers a Bruxelas para [a] assinatura [do] mesmo".

Esta frase prova que, afinal, o telegrama não era alheio à temática que estava a ser abordada.

Aliás, Fortunato de Almeida fazia questão de informar que "ainda não tinha havido "ocasião para grandes conversas", embora Russel já o tivesse procurado "para falar [da] questão [dos] Açores" e tivesse, sobretudo, tentado justificar a posição do Departamento de Estado "expondo longamente [as] dificuldades encontradas para execução [do] último acordo".

Russel estava bem informado porque "tocou [em] todos [os] pontos [do] acordo dando pormenores [de] toda a ordem até quanto [à] matéria [do] auxílio económico e fornecimento militar".

Como não "estava habilitado a ir mais longe", Fortunato de Almeida limitara-se "a ouvi-lo", embora solicitasse ao MNE as "instruções [que] forem tidas por convenientes", pois não se "admiraria" que Russel continuasse a tratar do assunto e que "provocasse nova conversa" consigo.

Com o intuito de se informar, Fortunato de Almeida pedia, ainda, o envio dos "últimos documentos", pois naquele local não dispunha do telegrama

---

[283] Correspondente ao telegrama de duas páginas com o número geral 13970 e o número 127 secreto recebido às 15h 30m de 24 de outubro 1973.

CAPÍTULO 2: DO BLUFF PORTUGUÊS AO ULTIMATO DA ÁGUIA

enviado para a embaixada de Washington "sobre [a] conversa com Rogers", que tinha lido em Bruxelas, nem sabia o "teor [das] declarações recentes [de] Vexa em New York".

Além disso, tinham-lhe dito que existia um "telegrama de há dias dando conta [da] diligência americana em Lisboa e outro sobre [a] nossa posição quanto [ao] uso [dos] Açores para auxílio [a] Israel". Era um assunto sério pois já tinha sido questionado por "alguns delegados" para saberem qual era a posição portuguesa, embora Fortunato de Almeida acreditasse que se tratasse "apenas de curiosidade pessoal".

Como se constata, Fortunato de Almeida disponibilizava os seus préstimos para ajudar na questão da renovação do Acordo das Lajes.

No entanto, antes de se saber se o MNE considerava alguma utilidade nessa iniciativa, chegou ao MNE o telegrama n.º 4[284].

O assunto era delicado porque se prendia com a possibilidade de a "publicidade sobre [a] nossa colaboração poder provocar [uma] reacção árabe contra Portugal", que assim se veria "forçado [a] não prescindir [da] protecção americana e a proceder com moderação quanto [à] renovação [do] acordo [dos] Açores e [a] outros problemas bilaterais".

Themido considerava que esta publicidade podia fazer parte da estratégia norte-americana, uma "iniciativa do Departamento de Estado" até porque a "divulgação [da] promessa [que] nos foi feita [de] combater [a] legislação hostil [a] Portugal vai obviamente dificultar [a] sua eliminação o que deve ser do interesse [do] Departamento [de] Estado além [de] lhe resolver [a] dificuldade em que se encontra para cumprir [a] sua palavra".

Dito de uma forma mais clara, o embaixador português não rejeitava a hipótese de os Estados Unidos divulgarem elementos que contribuíam para o isolamento de Portugal para que este se visse obrigado a solicitar proteção, situação que constituiria um rude golpe no poder negocial por parte de Portugal. Por isso, Hall Themido informava Lisboa que já tinha pedido "para ser recebido a fim [de] exprimir [a] minha surpresa", e considerava conveniente "fazer aí reparo firme".

---

[284] Documento com o n.º geral 13978 e o n.º 474 secreto, recebido no dia 24 de outubro de 1973 às 17h 30m e proveniente da embaixada de Portugal em Washington, com uma página assinada por Themido.

Seria tempo de conhecer a resposta de Rui Patrício, mas, no entanto, o documento n.º 5[285] não a indica, pois responde à solicitação feita – e já referida – por Fortunato de Almeida.

A resposta não podia ser mais clara, uma vez que esclarecia que o assunto da renovação do Acordo dos Açores "e outros ligados [à] utilização por americanos [da] base [das] Lages" se inseriam no quadro das relações bilaterais luso-americanas e, como tal, "excedem [a] competência dessa delegação e [dos] trabalhos preparatórios [da] Conferência [de] Segurança Europeia", uma vez que estavam "a ser devidamente seguidos nesta Secretaria de Estado".

Por isso, só quando se verificasse "necessidade [de] qualquer eventual participação [de] Vexa neles" é que haveria lugar ao envio das "necessárias instruções".

Era o MNE a esclarecer a DELSE que não se devia meter onde não era chamada e devia ter presente a sua verdadeira missão.

Por isso, nada de responder a perguntas sobre o assunto ou de criar ou aceitar encontros para abordar um assunto que caía fora da órbita das suas competências.

Como o telegrama explicitava, Lisboa estava a seguir – palavra que pecava por defeito – o desenrolar do assunto e o documento n.º 6 da caixa 12 de AMC faz prova disso mesmo.

De facto, em telegrama[286] desse mesmo dia para a embaixada de Portugal em Washington, o Ministério dos Negócios Estrangeiros dava conta que estava "procurando afincadamente recolher em colaboração [com] outros Ministérios elementos [que] nos permitam instruir convenientemente Vexa [no] sentido [de] poder apresentar [a] esse Governo [o] quadro completo [das] compensações [que] pretendemos obter em contrapartida [à] renovação [do] Acordo [dos] Açores".

---

[285] Este telegrama, o n.º 5 com o n.º geral 12375 e o n.º 58 secreto, cifrado em 24 de outubro e enviado por telex às 0h 30 m do dia 25 de outubro de 1973 para a DELSE de Portugal em Genebra, indicava que o original fora assinado por Freitas Cruz, chefe político para a Europa, embora no telegrama figurasse o nome de Vieira Gonçalves

[286] Telegrama de número geral 12988 e n.º 271 confidencial, cifrado em 3 de novembro e enviado por telex às 16h 30 m.

CAPÍTULO 2: DO BLUFF PORTUGUÊS AO ULTIMATO DA ÁGUIA

Como se constata, o conteúdo deste telegrama confirma aquilo que foi dito num documento anterior no qual Russel afirmava desconhecer a lista relativa aos elementos de que Portugal carecia e pedia uma explicitação dos mesmos.

Como essa recolha deveria ficar pronta antes do final da semana seguinte, o embaixador era aconselhado a "protelar por mais uns dias [o] novo encontro previsto com essas autoridades para prosseguimento [das] discussões nesta matéria".

Era a forma de Hall Themido se apresentar nas negociações na posse de todos os elementos exigidos por Portugal, se bem que, como o próprio já referira, as negociações viessem a exigir a concessão de algumas cedências. Por isso, nada melhor do que pedir muito – para além do possível – para depois dar a ideia de flexibilidade e de cedência, mas garantindo sempre uma base mínima.

De facto, a diplomacia portuguesa, mesmo quando negociava em condições pouco favoráveis, parecia seguir a regra do Teorema do Minimax de forma a obstar a chamadas de atenção e a arrependimentos futuros.

O documento seguinte, o n.º 7[287], tinha duas páginas e o original era assinado pelo Ministro dos Negócios Estrangeiros.

Tratava-se da resposta sobre as compensações esperadas por Portugal para a renovação do Acordo dos Açores.

Assim, a primeira e "fundamental prioridade" consistia no "fornecimento [de] mísseis para ocorrer [às] necessidades prementes [da] nossa defesa".

O Ministro esclarecia que como se tratava de "material caracterizadamente defensivo" não estava "abrangido [pelos] embargos".

Além disso, alertava para o facto de "inconfidências, certamente inspiradas [pelo] State Department pois não descortinamos outra origem, que inspiraram [o] artigo [do] «Washington Post» referido [no] seu 536 [e que] não facilitam [as] negociações".

O Ministro informava a embaixada sobre a ideia de enviar o general Câmara Pina "como emissário [da] Defesa Nacional" a Washington para se encontrar com o Almirante Moore no sentido de lhe expor a "urgente necessidade [de] obter mísseis, avaliar [a] real importância [que o] Pentágono atribui à base

---

[287] Correspondente ao n.º geral 13824 e ao n.º 292 secreto, cifrado em 15 de novembro e enviado por telex, às 22h 45 m desse mesmo dia, para a embaixada de Portugal em Washington.

[dos] Açores e procurar por seu intermédio [que] se exerçam pressões junto [de] outros sectores dessa Administração nomeadamente [da] Casa Branca [no] sentido [de] permitir também orientar [a] negociação e [a] apresentação [dos] nossos pedidos concretos não só [no] sector [do] fornecimento [de] material defensivo como outros".

Como os políticos e os militares norte-americanos não tinham a mesma visão sobre a importância estratégica dos Açores, era importante que Portugal intercedesse junto dos segundos no sentido de estes pressionarem os primeiros.

O embaixador era, ainda, aconselhado a "repetir [as] considerações feitas" nas reuniões do "dia 19" e a "anunciar [a] firme disposição [do] Governo Português [de] exigir [uma] compensação material importante por continuação [da] utilização [dos] Açores por forças americanas".

Os elementos a exigir em "fornecimentos [de] material defensivo" e que seriam enviados "imediatamente por correio especial" não deveriam ser "apresentados em pormenor mas apenas em termos gerais" e o embaixador deveria "acentuar [o] seu carácter essencialmente de assistência técnica".

Além disso, deveria ser omitida qualquer alusão ao "pedido relativo [ao] equipamento [para as] centrais nucleares que ficaria para oportuna apresentação", embora o embaixador pudesse apresentar "pontos relativos [ao] apoio político [que] desejamos".

A parte final aconselhava o embaixador a telegrafar se tivesse "qualquer dúvida relativamente [à] interpretação" e encorajava-o a tecer os "comentários [que] lhe suscite [a] orientação".

A leitura deste telegrama ministerial não deixava dúvidas sobre três pontos.

O primeiro prendia-se com a exigência por parte de Portugal de obter compensações superiores às vigentes para que os norte-americanos continuassem a utilizar a Base das Lajes.

O segundo tinha a ver com a estratégia portuguesa para receber material bélico numa conjuntura marcada pelo embargo a esse fornecimento, estratégia que passava pela indicação de que o material pretendido se destinava apenas à defesa e não ao ataque contra os movimentos nos três cenários da guerra que o país enfrentava.

O terceiro ponto referia-se à decisão de contrariar a pretensão norte--americana de uma pormenorizada explicitação das exigências portuguesas porque a vagueza das mesmas deixava um maior campo de manobra no plano negocial.

O embaixador responderia logo no dia seguinte[288] para dar conta que captara as instruções e que tencionava encontrar-se com o embaixador Porter para falar sobre o "problema [da] fuga [de] informações do lado americano", situação que, a exemplo do Ministro, considerava "muito inconveniente".

O embaixador era da opinião que a ida de Câmara Pina a Washington era muito útil "desde que efectuada sob [a] maior discrição a fim [de] evitar especulação [da] imprensa".

De facto, quem estava no terreno conhecia bem a forma de actuação dos agentes locais e, por isso, Hall Themido já sabia que se essa visita fosse divulgada a imprensa iria usá-la para pressionar a opinião pública, o Congresso e a administração norte-americana.

Relativamente aos Açores, julgava que nos Estados Unidos a base era "considerada indispensável", pois servia de "escala [a] qualquer eventual nova ponte aérea" e constituía um "elemento praticamente insubstituível [na] luta anti-submarina".

De facto, como o embaixador já informara, havia que ter em conta a "ida [para] Norfolk [de] submarinos russos [que] dispõem [de] mísseis «delta» que podem atingir [os] Estados Unidos de distâncias enormes (costa da Noruega ou arquipélago Cabo Verde)".

Ora, a "observação eficiente dos seus movimentos parece só poder ser assegurada dos Açores dada [a] distância [a que] se encontram outras bases americanas e [a] existência [da] cordilheira ao longo [do] Atlântico que dificulta [a] escuta a partir [da] costa oriental [dos] Estados Unidos".

Era, por isso, que Câmara Pina deveria esperar a "melhor compreensão [para os] nossos problemas e [a] disposição [para] nos ajudarem" nos elementos militares porque estes sabiam da importância geoestratégica dos Açores para a segurança dos Estados Unidos e para a implementação da sua estratégia internacional.

---

[288] Documento n.º 8, ou seja, o n.º geral 15250 e o n.º 546 secreto, recebido em 16 de novembro e acabado de decifrar às 22h 45 m, proveniente da embaixada de Portugal em Washington, com 2 páginas e assinado por Hall Themido

No entanto, Câmara Pina deveria estar ciente que iria enfrentar dificuldades, sendo que estas se colocavam ao nível do "sector político em especial [do] Departamento [de] Estado", embora a colaboração portuguesa derivada da crise no Médio Oriente tivesse tornado a Casa Branca e o Departamento de Estado "desejosos [de] nos serem úteis e muitos elementos [do] Congresso partilham [os] mesmos sentimentos mas infelizmente não se verificou uma modificação na política dos Estados Unidos em relação [aos] nossos problemas".

Essa situação era verificável pela "resposta [aos] nossos pedidos, quer aquela recebida durante [as] negociações [para o] estabelecimento [da] ponte aérea, quer a constante [ao] memorial de 2 [do] corrente".

Além disso, os Estados Unidos, por "decisão do executivo", aplicavam um "embargo que visa[va] toda e qualquer espécie de armamento e não só o de carácter ofensivo" e não era "fácil" eliminar esse bloqueio.

Como se constata, este embargo deitava por terra parte da estratégia pensada em Lisboa e transmitida para a embaixada em Washington.

Nesse telegrama era, ainda, referida a emenda Young-Tunney que embora tivesse "sido profundamente alterada constitui [uma] limitação legal inconveniente".

Neste ponto, importa esclarecer que esta emenda, que por vezes surge com a ordem dos nomes trocada, correspondeu a uma iniciativa legislativa levada a cabo em outubro de 1973 e que obrigava o Presidente a entregar ao Congresso um relatório anual sobre o auxílio prestado a Portugal e fazia depender a venda de equipamentos de dupla finalidade de uma autorização do Congresso.

Tudo começara com uma emenda apresentada por Andrew Young, senador democrata da Geórgia, a exigir explicações à presidência sobre o destino da colaboração norte-americana a Portugal, a que se seguira uma outra emenda, da autoria de John Tunney, senador democrata da Califórnia, igualmente lesiva dos interesses portugueses, antes dos dois senadores decidirem juntar as duas emendas, ou melhor, de Tunney anexar ao documento inicial uma cláusula sobre a necessidade de ser o Congresso a aprovar toda a venda a Portugal de material susceptível de aproveitamento militar.

Talvez convenha reter que o mês em que a emenda foi aprovada coincidiu com o ultimatum dos Estados Unidos para a utilização da Base das Lajes na guerra do Yom-Kippur.

Como parece fácil de perceber, só o desrespeito do princípio da igualdade de Estados no que concerne ao relacionamento internacional pode explicar que um Estado, que acabava de tomar medidas que condicionavam a estratégia de outro, decidisse que tinha direito a exigir a esse mesmo país a cedência de facilidades.

Afinal, não era dar com uma mão e tirar com a outra, mas sim, tirar com ambas.

O embaixador reforçava a ideia de que as negociações da renovação do Acordo dos Açores seriam "difíceis" porque os Estados Unidos não estavam dispostos ou não podiam "seguir [uma] política esclarecida [de] apoio [a] Portugal que é afinal a que serviria [os] seus interesses conforme [a] guerra [do] Médio Oriente acaba [de] provar".

Porém, se os Estados Unidos sabiam o "alto preço político" que Portugal lhes estava a pedir, também eram "forçados [a] procurar renovar [o] acordo em virtude [da] importância decisiva [que a] base tem para [a] sua defesa".

Afinal, uns dias tinham bastado para que a base das Lajes passasse da condição de dispensável ao estatuto de imprescindível.

Só que os norte-americanos não queriam "sacrificar o que considera[va]m ser seus interesses designadamente não afrontar [os] africanos nem suscitar críticas [do] Congresso [da] imprensa [dos] elementos liberais pacifistas e [dos] porta-vozes [da] comunidade preta que se manifestariam sem dúvida contra a menor ajuda militar americana [aos] nossos territórios [de] África mesmo sob forma [de] fornecimento [de] material defensivo como assistência técnica".

Esta estratégia só não era uma forma de estar bem com Deus e com o diabo porque nenhum dos elementos referidos integrava o eixo do mal traçado pelos Estados Unidos.

O embaixador era da opinião de que só uma conversa em Lisboa do Presidente do Conselho e do Ministro dos Negócios Estrangeiros como o "sr. Kissinger" poderia, apesar das dificuldades, "levar [a] uma mudança [da] atitude americana".

Afinal, a regra aponta para maiores facilidades quando o jogo se processa em casa própria.

O realismo era a nota final do telegrama pois Themido lembrava que embora Portugal pudesse sempre fazer intervir nas negociações a ameaça de pôr termo ao acordo sobre a utilização da base, não poderia deixar de ter

em conta que estava "a tratar com uma super-potência que deseja manter facilidades [nos] Açores e não hesitaria [em] fazer toda [a] pressão junto nós".
Maquiavel sabia do que falava!

Como se contata, as ações desenvolvidas – tanto a nível oficial como particular – pelo embaixador português em Washington não heciam descanso e o caudal informativo para Lisboa era intenso.

Assim, o documento n.º 9[289] era uma missiva para informar que "no cumprimento [das] instruções [do] despacho eea 5396 [do] passado dia 6" tinha pedido no "passado dia 6 a[o] sr. Rabenold [o] interesse [do] Departamento [de] Estado pelo fornecimento [de] equipamento destinado [às] nossas corvetas"

Como resposta, o Sr. Rabenold que era sempre "muito reservado disse [que o] assunto seria considerado mas que lhe parecia bem [que] não deixássemos [de] incluir [o] pedido nas actuais negociações [de] renovação [do] Acordo [dos] Açores".

Era a já referida estratégia norte-americana de exigir a explicitação do pedido português e a colocar ênfase na ligação entre a solicitação portuguesa e o processo negocial relativo à Base das Lajes.

Preocupante para os interesses portugueses foi o comentário final de Rabenold, segundo o qual o equipamento pedido por Portugal "seria muito dispendioso".

Este comentário não deixava de constituir uma contradição face ao otimismo revelado por Russel, mas apontava para a realidade, denunciada por Hall Themido, da existência de posições muito díspares em relação ao apoio norte-americano a prestar a Portugal, mais a mais quando a presidência estava tão fragilizada e os democratas tão ativos.

No entanto, neste jogo de avanços e recuos, o documento seguinte proveniente da embaixada em Washington[290], na sua única página, voltava a acalentar a esperança.

De facto, Themido dava conta que no seguimento da sua ida a "Norfolk (meu 504) [o] almirante Le Bourgeois pediu [que o] adido naval se deslocasse

---

[289] Correspondente ao n.º geral 15253 e ao n.º 549 secreto, recebido em 16 de novembro e acabado de decifrar às 22h 25 m, era, novamente, oriundo da embaixada de Portugal em Washington e a sua única página estava assinada por Hall Themido.

[290] O n.º 10, ou seja, o n.º geral 15257 correspondente ao n.º 550 secreto, recebido em 16 de novembro e acabado de decifrar às 23h 45 m.

CAPÍTULO 2: DO BLUFF PORTUGUÊS AO ULTIMATO DA ÁGUIA

[a] Norfolk a fim [de] a título pessoal e confidencial lhe dar conhecimento [do] texto preparado por representante [do] Saclant [em] Bruxelas acerca [da] participação portuguesa [na] área Aclant bem como das emendas que ia propor [n]aquele texto com [o] intuito [de] o tornar mais favorável [a] Portugal".

Como as emendas tinham sido "feitas com espírito [de] amizade e compreensão" e devido à "impossibilidade [da] consulta [de] Vexa em tempo útil", o embaixador português dera-lhe o seu "acordo baseado [no] parecer [do] adido naval".

Porém, como esta situação não se enquadrava na normalidade, Themido ia enviar ao MNE os "textos" e reafirmava que a Saclant[291] procurava dar a Portugal "argumentos [que] justifiquem [o] pedido [de] assistência americana para [o] esforço militar [de] Portugal [no] âmbito [da] Nato".

Era uma nova hipótese que se levantava para que Portugal pudesse levar a água ao seu moinho, ou seja, obter os equipamentos militares necessários para enfrentar os conflitos armados na Guiné, em Angola e em Moçambique.

Esta temática voltou a ser objeto de informação no documento n.º 11[292].

Era mais uma página para Hall Themido informar que "na ida [a] Norfolk para efeitos referidos [no] meu 550 [o] adido naval foi informado a título muito reservado de que em breve se propõem realizar conversações em Lisboa acerca [dos] planos [de] defesa [da] marinha mercante nas rotas [do] Atlântico Sul". Aliás, "para esse efeito estaria já assente [a] vinda de Norfolk a Washington [do] oficial da Saclant para apresentar [ao] adido naval [um] questionário destinado [às] entidades competentes portuguesas".

Como Adriano Moreira ensina há muito, é grande a importância de Portugal e dos países lusófonos no que concerne à segurança do Atlântico.

Retomando um assunto já aflorado – a missão do general Câmara Pina – no documento n.º 12[293], o embaixador de Portugal em Washington usou uma página para transmitir para o MNE as informações que o general lhe pedira para serem enviadas para Lisboa.

---

[291] Supreme Allied Commander Atlantic.
[292] Proveniente da embaixada de Portugal em Washington, com o n.º geral 15258 e o n.º 551 secreto, recebido em 16 de novembro e acabado de decifrar às 23h 45 m.
[293] Com o n.º geral 15603 e o n.º 571 secreto, recebido em 23 de novembro e acabado de decifrar às 19h 45 m.

Confirmando o previsto otimismo sobre as conversações com os militares, o general português referia que a "conversa [com] Moorer demorou 1 hora. [Foi] muito franca e muito clara" e, aproveitando esse clima, Câmara Pina tinha pedido a Moorer a sua "intervenção [no sentido] de obtenção [dos] mísseis e acção junto [do] state department", pedido que este aceitara.

Além disso, Câmara Pina insistiu no facto de o "fornecimento [de] mísseis ser vital e [o] governo português [teria] que o pôr como condição [de] renovação [do] Acordo [dos] Açores".

Na conversa falara-se "muito [da] maneira [de] efectuar [o] fornecimento", pois Moorer "preferia evitar choques [nas] negociações [do] acordo" e Câmara Pina tinha sugerido a "título pessoal retirar material de Israel que podia ser dado como destruído [nas] operações militares ou até deixar mísseis nos Açores", pois Portugal não desejava "o mais sofisticado míssil porque [o] hawk já satisfaria".

Como se verifica, a proposta do general português poderia servir os interesses lusos sem levantar problemas aos Estados Unidos. Bastava abater ao ativo materiais bélicos levados para Israel que continuavam operacionais e como o «repatriamento» passaria pelos Açores, esses materiais poderiam interromper a viagem de regresso aos Estados Unidos.

Até porque Portugal não exigia tecnologia de ponta.

É claro que na perspetiva portuguesa os "mísseis eram mais dissuasores que defensivos" uma vez que os "portugueses não atacavam ninguém", mas a "Rússia aparecia abertamente [a] equipar [a] Guiné para desviar [o] auxílio [dos] USA confiada que [os] USA hesitaria(m) [numa] nova confrontação e não auxiliaria(m) [os] portugueses mas [os] USA devia(m) já conhecer este jogo".

Face à argumentação de Câmara Pina, Moorer perguntou qual seria, na opinião dos portugueses, o interesse da Rússia na Guiné e ouviu como resposta que a "perda [da] Guiné abalaria [a] sociedade portuguesa e daria ganhos territoriais [a] Sekou Toure". Mais tarde iria permitir "conquistar bases [em] Cabo Verde".

Ora, os sectores militares norte-americanos sabiam bem do perigo que representava para a segurança dos Estados Unidos a passagem de Cabo Verde para a órbita soviética. Por isso, durante esta fase da conversa, Moorer tirou "muitas notas" e, no final, prometeu "nova entrevista após [as] suas conversas".

Depois de transmitir aquilo que o general lhe pedira, Hall Themido informou Lisboa que ficaria "aguardando alguma resposta".

O número 13 é vulgarmente considerado como o número do azar, embora, por exemplo para os católicos, seja esse o dia das aparições de Fátima.

No âmbito desta investigação, o documento n.º 13[294] podia ser considerado como o documento da hipocrisia, na senda daquilo que se verificara no documento inicial.

De facto, Themido informava que fora recebido pelo Presidente "acompanhado apenas por sr. Kissinger" e que Nixon "queria exprimir os seus agradecimentos pela nossa colaboração prestada em momento difícil e quando outros países aliados a recusaram".

Ora, agradecer aquilo que Portugal se vira obrigado a conceder representava uma prova inequívoca de que os agradecimentos nada tinham de sinceros.

Continuando no campo da hipocrisia, Nixon fez questão de frisar que "não estava a criticar estes países mas apenas a valorizar [a] nossa atitude", pois Portugal podia "ter negado [as] facilidades", uma vez que nada o obrigava a concedê-las.

É claro que o embaixador português não reunia condições para questionar o Presidente dos Estados Unidos sobre o que teria acontecido se, como dizia, Portugal tivesse efetivamente direito à opção e resolvesse não satisfazer a pretensão norte-americana.

Voltando às palavras do Presidente Nixon, este reforçou que com essa atitude, Portugal tinha contribuído "para se conseguir uma situação de paz no Médio-Oriente".

Depois de agradecer as palavras, Themido informou o Presidente que "a nossa colaboração nos estava a criar graves problemas" porque para "além do embargo do petróleo e da ameaça de sanções económicas dos países árabes todos os dias via notícias no sentido de que os africanos queriam explorar a situação contra Portugal". Além disso, na ONU sucediam-se as "declarações em que eram criticadas as facilidades concedidas aos E.U. nos Açores". Não admirava, por isso, que Portugal receasse que os seus inimigos "aproveitas-

---

[294] Correspondente ao n.º geral 15724 e ao n.º 585 secreto, recebido em 27 de novembro e acabado de decifrar às 2h 30 m, proveniente da embaixada de Portugal em Washington, com 3 páginas e assinado por Themido em "aditamento [ao] 579".

sem esta situação para um ataque frontal em África com meios superiores aos nossos".

Themido falara "com bastante soma de pormenores sobre [o] problema da Guiné portuguesa e a nossa política ultramarina em geral", referindo o "progresso [dos] nossos territórios incluindo [no] domínio político e [a] necessidade [dos] nossos inimigos desviarem [a] campanha para o plano internacional".

Nesse ponto, não esqueceu o "carácter injusto [da] política [do] embargo [dos] E.U. em relação [a] Portugal que contribuía para se criar [um] perigoso desequilíbrio militar que podia acarretar as mais graves consequências para Portugal" e lembrou o "valor estratégico [das] nossas posições".

O Presidente afirmou que não estava ao corrente das dificuldades portuguesas e dos problemas pendentes, embora tivesse a delicadeza de não referir que no seu mar de preocupações Portugal e as Lajes eram ilhéus minúsculos. Esta situação exigiu a participação de Kissinger na conversa para informar Nixon sobre o pedido português relacionado com os mísseis. Assim, disse-lhe que o almirante já lhe tinha falado "no caso" e que o tinha aconselhado a que "nos propusesse [a] vinda aos E.U. de uma missão de oficiais portugueses para se ocupar do caso".

A estratégia passaria pelo recurso "a um terceiro país para que os mísseis nos fossem fornecidos a fim [de] evitar [a] oposição [do] Congresso e outras críticas".

Nixon concordou com esta posição e fez "várias considerações de ordem geral sobre [os] nossos problemas", referindo que "tinha compreensão pela nossa política ultramarina e nunca nos dirigira uma palavra de crítica", até porque "entendia que se tratava de problemas internos" e como "não conhecia os nossos territórios [...] acreditava no que lhe dizia acerca da situação ali existente".

O maquiavelismo viria a seguir quando o Presidente reconheceu que, no que dizia respeito ao Império Português, "estava consciente do seu valor estratégico" e, embora "em público", fizesse "comentários de ordem diversa sobre a situação mundial", não deixava de "a título confidencial" admitir que concordava com aquilo que Themido dizia.

O problema era que não se podia "esquecer que a minoria dos pretos americanos existia" e era "firmemente hostil" a Portugal. Além disso, "o Congresso procedia neste e em outros assuntos de forma menos responsável", situação que levou Kissinger a voltar a participar na conversa para esclarecer que "estava a procurar alterar [a] situação em nosso favor".

Themido não deixou de trazer à colação as "conversas" que mantivera com "alguns senadores" para dar conta da sua "ignorância sobre [os] problemas portugueses", situação que se passava, por exemplo, com Tunney, como afirmara, a rir, Henry Kissinger.

Aliás, Kissinger deu conta a Themido que, "no seguimento [das] instruções [do] Presidente" já ordenara que o Departamento de Estado "seguisse [uma] linha [de] orientação amistosa e favorável [aos] interesses portugueses e que alguns problemas bilaterais seriam já tratados" no dia seguinte durante a conversa entre Themido e Porter e "na sua ida Lisboa após [a] reunião [da] Nato".

Fora muito assunto para uma reunião que demorara "35 minutos" e na qual o Presidente se mostrara "sempre extremamente cortês", tendo sido tiradas "fotografias" e "servido café", embora o Secretário tivesse interrompido "por duas vezes" para vir "lembrar [a] próxima audiência".

Este facto indicia claramente que a agenda presidencial estava muito sobrecarregada e que a importância concedida pela administração norte-americana à audiência não era grande. Afinal, tratava-se, apenas, de um agradecimento de circunstância.

Mais grave, ainda, a ignorância e hipocrisia admitidas por Nixon, embora as palavras de Kissinger pudessem trazer alguma esperança relativamente aos interesses portugueses.

Os documentos seguintes permitirão aquilatar se essa esperança efetivamente se viria a concretizar.

Retomando a correspondência, a resposta foi quase imediata porque o documento n.º 14[295], proveniente da embaixada de Portugal em Washington e com apenas uma página, voltava a dar notícias sobre a missão de Câmara Pina.

Ora, o general pedia para que a embaixada portuguesa em Washington informasse Lisboa que o "almirante Moorer falou com Kissinger, secretário [da] defesa, [o] embaixador Porter e pessoas interessadas [nos] nossos problemas e obteve autorização para me dizer que os EUA iriam estudar maneira

---

[295] Com o n.º geral 15726 e o n.º 587 secreto, recebido em 27 de novembro e acabado de decifrar às 2h e 10 m.

[de] fornecer [o] material [que] desejamos e pedia [que] viessem [a] Washington 2 ou 3 oficiais para se concretizarem [os] tipos [de auxílio]".

Por isso, em consonância com Moorer, tinha marcado a reunião para "18 [de] Dezembro", embora perguntando com "toda [a] franqueza se isto representava ganhar tempo e [se] no dia 3 [de] Fevereiro não teríamos mísseis"

Face a esta dúvida, Moorer, que não dispunha de autorização para se comprometer a "fornecer [os] mísseis", assumiu o "compromisso [de] não haver manobra dilatória" e que tinha de "estudar [a] maneira [de] efectuar [o] fornecimento", pois Kissinger "estava empenhado [em] não haver choques [nas] negociações [do] acordo".

Num juízo ampliativo – habitual para aquilatar da autenticidade das intenções americanas – Câmara Pina ficara "com [a] impressão [de] ser genuíno [o] desejo [de] ceder [os] mísseis" até porque Moorer afirmara: "você conhece [as] condições [do] meus país", uma clara referência ao ambiente pouco sadio do relacionamento entre a Presidência e o Senado.

Ainda no mesmo dia, Hall Themido enviou o documento n.º 15[296] para dar conta dos resultados da segunda reunião de negociações sobre o Acordo dos Açores, realizada nesse dia.

Nessa reunião, Themido referira o "problema [das] fugas [de] informações", tendo encontrado a "compreensão [do] embaixador Porter" e passara a seguir as instruções recebidas no sentido de mostrar o desejo português de "receber [uma] compensação importante por renovação [do] acordo".

Assim sendo, indicou o "apoio político [que] pretendíamos" e acrescentou que Portugal desejava receber "equipamento militar [de] carácter defensivo a que atribuíamos maior importância além de assistência que enumerei em termos gerais", remetendo para o futuro uma indicação "em pormenor".

Como era previsível, Portugal queria fazer passar a ideia de que estava a ser vítima de ataques à sua integridade territorial e, por isso, necessitava de material de defesa.

O embaixador Porter afirmou que "iriam desde já analisar [o] nosso pedido mas que teriam necessidade [de] conhecer o que pretendíamos em cada sector pois poderia ser mais fácil dar satisfação a uns pedidos do que a outros",

---

[296] Telegrama com o n.º geral 15788 e o n.º 590 secreto, acabado de decifrar às 23h 50m.

havendo necessidade de "promover reuniões de técnicos para estudar [as] nossas pretensões".

Por isso era importante a reunião de "Vexa com [o] dr. Kissinger e [a] nossa apresentação [de] pedidos concretos"

A situação aconselhava a manter o contacto, sendo possível que Themido ainda fosse chamado ao Ministério "nessa semana". Aliás, Porter desejava saber da possibilidade do "encontro [de] Vexa com este Secretário de Estado em Bruxelas no domingo dia 9".

Themido prometeu ir averiguar dessa possibilidade e perguntou o "que havia acerca [da] visita [do] sr. Kissinger a Lisboa", tendo recebido como resposta que "não havia planos definitivos mas que o Secretário de Estado desejava muito efectuar essa visita".

Do lado português, não deixava de causar alguma preocupação a hipótese de a vinda de Kissinger a Lisboa poder vir a ser substituída por um encontro em Bruxelas com o Ministro dos Negócios Estrangeiros português.

Por isso, ainda a 27 de novembro, Hall Themido enviou para Lisboa o documento n.º 16[297] em "aditamento [ao] 590".

O embaixador estava surpreendido pelo pedido do "encontro [de] Vexa com o sr. Kissinger em Bruxelas" que só podia "interpretar no sentido de que sua visita a Lisboa não venha a ter lugar", apesar de, durante a reunião com o Presidente Kissinger, ter afirmado que "pensava ir [a] Lisboa com o que pretendia manifestar [o] seu apreço e dar-nos apoio".

Só que o "sr. Martin", quando o acompanhou ao gabinete do "sr. Porter", disse-lhe que "não sabia o que se passava quanto [à] visita e que [o] telegrama [que] preparara há dias sobre [o] assunto se encontrava retido no gabinete do sr. Kissinger".

No entanto, tinha sido recebido na embaixada um telefonema de um jornalista "que desejava [a] nossa reacção sobre [os] rumores [da] visita ali [do] sr. Kissinger".

É claro que o adido de imprensa respondeu "nada saber", mas o jornalista disse que "constava [que o] sr. Kissinger iria [a] Londres antes [da] reunião

---

[297] Telegrama n.º geral 15787, correspondente ao n.º 591 secreto, com uma página e acabado de decifrar às 23h 50 m.

[da] Nato e depois desta a Madrid, Lisboa e Médio Oriente tencionando estar [em] Genebra no dia 18".

Os dados eram contraditórios e essa situação não colhia a simpatia do embaixador português.

Até à data, o fluxo de correspondência privilegiou o sentido Washington – Lisboa, mas o documento n.º 17[298] seguiu o sentido inverso.

Na sua página única, o MNE informava que "tendo em conta [as] facilidades [de] pagamento previstas [no] regime [da] Lei PL-480, estamos interessados [na] inclusão [do] novo Acordo [de uma] cláusula idêntica [à] actual relativa [à] compra [de] cereais ao abrigo [de] aquela Lei".

Esta questão do foro económico era muito importante "considerando [a] presente conjuntura mundial" e porque Portugal necessitava que lhe fossem "dadas garantias" no sentido de ver assegurado o "abastecimento normal [de] cereais e oleaginosas".

Parece pertinente voltar a frisar que, aquando da anterior renovação do acordo, esse fora um dos poucos pontos dos quais Portugal colhera efetivo benefício.

Ainda no mesmo dia e à mesma hora, seguiu para a embaixada portuguesa em Washington o documento n.º 18[299] destinado a transmitir a Hall Themido a posição de Rui Patrício sobre o local do encontro com Kissinger.

O telegrama informava que o Ministro poderia "encontrar-se [em] Bruxelas com [o] Sr. Kissinger mas isso não exclui [a] necessidade [da] visita deste [a] Lisboa dada [a] extensão e complexidade [dos] assuntos a discutir se não compadece[re]m com [uma] troca [de] impressões forçosamente muito limitada [no] tempo".

Aliás, fora essa a informação transmitida pelo director político ao encarregado de negócios dos Estados Unidos que viera "trocar impressões [de] ordem geral sobre [a] projectada visita [do] Secretário [de] Estado cuja data definitiva" continuava a aguardar marcação.

A parte portuguesa esperava "brevemente poder fornecer a americanos projectos [e a] agenda [dos] pontos a discutir com Sr. Kissinger" e Themido

---

[298] N.º geral 14497 e n.º 312 secreto, enviado a 28 de novembro às 21h 30 m, em "referência [ao] 569" assinado por Vieira Gonçalves.
[299] Telegrama com o n.º geral 14500 e o n.º 313 secreto, em "referência [ao] seu 590" e, de novo, assinado por Vieira Gonçalves.

recebeu a «promessa» de que o Ministério dos Negócios Estrangeiros o continuaria a manter "informado".

A leitura deste telegrama permite constatar que Rui Patrício não queria dispensar a vinda a Lisboa de Kissinger, não só para haver tempo para uma discussão profunda das questões de interesse mútuo, mas também, pelo aproveitamento político que poderia ser feito da mesma.

Afinal, era um sacrifício a pagar por quem usara a Base das Lajes não pela força dos argumentos, mas pelo argumento da força.

Entretanto, em Washington, o embaixador português continuava empenhado em reunir-se com as entidades norte-americanas, como se depreende da leitura do documento n.º 19[300].

Themido precisou apenas de uma página para informar o MNE que o embaixador Porter "após dizer [que a] conversa estava de certo modo ligada às negociações em curso sobre [a] base [das] Lages recordou que no nosso memorandum de 15 [de] Outubro formulámos [um] pedido [de] fornecimento [de] determinado equipamento militar, haviam-nos explicado as razões [que] impediam [os] E.U. [de] dar satisfação a esse pedido, mas isso não evitara [que] continuassem [a] ocupar-se [do] assunto e estava agora [em] posição [de] informar que, sem prejuízo [de] estudarem [a] possibilidade [de] nos fornecer algum do equipamento em que viéssemos a mostrar interesse, Israel estava disposto a estudar connosco [em que] medida nos poderia auxiliar".

Dito de uma forma mais clara, os Estados Unidos propunham a Portugal que Israel, o grande beneficiado com a utilização norte-americana da Base das Lajes, também participasse no processo destinado a satisfazer o pedido português.

Porter sugeriu mesmo que Hall Themido poderia "ter conversas informais com o embaixador [de] Israel aqui arranjadas por seu intermédio ou directamente", embora também admitisse a possibilidade de os contactos de Portugal com Israel poderem "ser realizados noutro local" à escolha de Portugal.

Em resposta a estas sugestões, Themido limitou-se a dizer que informaria o Ministro dos Negócios Estrangeiros sobre o assunto.

---

[300] Telegrama com o n.º geral 15893 e o n.º 598 secreto, em "aditamento [ao] 593" recebido em 29 de novembro e acabado de decifrar às 19h 10 m.

Relativamente à proposta sobre o encontro do MNE português com Kissinger em Bruxelas, afirmou que o Ministro "estava disponível" mas que "entendia indispensável que [o] Secretário de Estado visitasse Lisboa dada [a] importância [dos] problemas pendentes e [a] necessidade [de] troca [de] impressões sobre [as] relações luso-americanas".

A resposta de Porter foi em "termos claros", pois o "encontro [em] Bruxelas era sobretudo no contexto [da] Nato e não excluía [a] visita ali. Apenas não sabiam com segurança [a] data".

Esta confirmação da visita de Kissinger a Lisboa certamente que descansou o embaixador e o Ministro, embora, como se verá em breve, nem tudo viesse a correr como Portugal pretendia.

No final da reunião, Themido informou Porter sobre as "notícias dadas [na] imprensa [de] hoje sobre [as] decisões tomadas [na] reunião [de] Argel contra Portugal".

Face ao teor deste telegrama, o Ministro dos Negócios Estrangeiros reagiu, em 5 de dezembro, através do documento n.º 20[301].

Uma página foi suficiente para Rui Patrício informar a embaixada que Portugal tinha decidido que fosse "encetado imediatamente contacto com Israel".

Themido era autorizado a "contactar [a] Embaixada [d]esse país" e ficava ao seu "critério" o "nível [de] contacto", embora talvez fosse preferível falar com o "próprio Embaixador" e, nesse caso, seria o embaixador português que orientaria a "conversa tendo em conta [as] nossas necessidades e prioridades mais prementes" de que, como é lógico, tinha "conhecimento".

O tempo não se podia desperdiçar porque quanto mais depressa o governo português soubesse "em concreto e em compromisso firme" com aquilo que poderia contar do lado israelita, melhor poderia orientar as "conversações com [os] americanos", uma vez que o primeiro encontro entre o Ministro dos Negócios Estrangeiros português e Kissinger iria ter lugar no "próximo domingo em Bruxelas".

A resposta do MNE não permite quaisquer dúvidas sobre a necessidade que Portugal sentia relativamente ao fornecimento do material bélico indispensável à manutenção do esforço de guerra numa altura em que os movi-

---

[301] Correspondente ao telegrama com o n.º geral 14720 e o n.º 320 secreto, enviado às 15h 30 m para a embaixada de Portugal em Washington.

mentos nacionalistas se mostravam cada vez mais apetrechados devido ao apoio proveniente do Bloco de Leste.

Parecia, assim, encontrada a estratégia capaz de superar o bloqueio, uma estratégia mais inteligente do que aquela que se verificara em 1965, quando "a CIA fez a entrega de 20 bombardeiros B-26 a Portugal – um episódio bizarro que veio a lume, aquando do julgamento, realizado em Buffalo, do caso do sobrevoo da Casa Branca por um daqueles aviões"[302].

Estranha forma de esconder um negócio que se pretendia secreto.

No entanto, a conjuntura interna norte-americana continuava a não ser totalmente favorável aos interesses portugueses, como se depreende do documento n.º 21[303], no qual o embaixador levava ao conhecimento do MNE que notava nos Estados Unidos "duas tendências" que deveriam "preocupar" Portugal.

Assim, as "restrições [ao] consumo [de] energia estariam [a] provocar [um] movimento [na] opinião pública favorável [à] revisão [da] política [dos] Estados Unidos no conflito [do] Médio Oriente".

Como é sabido, a opinião pública não lida bem com restrições ou dificuldades de abastecimento e, por isso, o "apoio a Israel está a ser posto em causa cada vez com maior frequência e está-se a criar [uma] corrente favorável às mais fortes pressões junto [de] Israel para que ceda no diferendo com [os] árabes".

O melhor exemplo para ilustrar esta posição era a circulação nas estradas de "carros com letreiros «queremos petróleo e não judeus»".

Porém, as preocupações portuguesas não se deviam ficar por aqui, pois, "por outro lado [a] imprensa ao comentar [os] problemas [do] embargo [do] petróleo árabe fala quase exclusivamente [no] caso holandês", ou seja, as restrições impostas a Portugal "não merecem atenção especial nem são ligadas [às] facilidades concedidas [nos] Açores aparecendo englobadas no contexto [dos] problemas [da] África Austral".

Assim, na perspetiva dessa imprensa, Portugal não estava a sofrer retaliações do mundo árabe devido ao apoio aos EUA na guerra do Yom Kippur, mas devido à manutenção do Império Colonial. Não admirava, por isso, que

---

[302] Fólios 168 e 169 de SCCIM n.º 665.
[303] Telegrama com o n.º geral 16287 e o n.º 616 secreto, recebido no MNE em 7 de dezembro, acabado de decifrar às 18h 30 m e assinado por Themido.

"salvo uma ou outra excepção esta imprensa escreve como se considerasse o embargo contra os países «colonialistas e racistas» prática normal".

Aliás, apesar de já estar ultrapassada a fase da política de Kennedy e dos seus conselheiros harvardianos relativamente a África, Portugal não deveria "perder de vista também que [o] petróleo [da] Nigéria adquiriu [uma] maior importância para [os] E.U. que actualmente recebem daquela origem mais combustível do que da Venezuela"[304].

Daí a necessidade sentida pelos norte-americanos de acautelarem o seu relacionamento com uma África onde o domínio colonial já constituía a exceção.

Para agravar a situação portuguesa, a visita de Rui Patrício a Bruxelas coincidiu com a chegada a Lisboa de uma informação muito urgente sobre a situação na Guiné.

Era o documento n.º 22[305], assinado por Bramão Ramos, e destinava-se a transmitir ao MNE que a Defesa acabava de comunicar uma informação "ainda não devidamente classificada" segundo a qual estavam "em Conakry [ao] serviço [do] PAIGC 12 aviões [de] guerra 12 helicópteros, [de] origem soviética, chinesa, inglesa, alemã e bombas [para] aviões sendo algumas [de] raio [de] acção [de] 500 metros destinadas [a] serem lançadas [sobre] Bissau em especial [na] Sacor [e no] Palácio [do] Governo".

Mais informava que os bombardeamentos sobre Bissau estavam "previstos [para] 20/1/74 cerca [da] meia noite", para além de acções simultâneas "contra Bissorá, Bigene, Jambacunda, Binta, Farim, Mansabá, Mansoa e Teixeira Pinto".

Aliás, estavam em Conakry, "8 pilotos russos, alemães, chineses, ingleses [a] fim [de] ministrarem instrução [de] pilotagem [a] elementos [do] PAIGC".

Apesar de a informação ainda não estar confirmada, não deixava de ser um elemento muito preocupante e que Rui Patrício deveria utilizar em Bruxelas, nomeadamente aquando das conversações com Kissinger.

---

[304] No fólio 29 de SCCIM n.º 665, uma tradução da revista *Newsweek* de 24 de dezembro de 1973 dizia que "se Washington se tornasse demasiado magnânimo para com Lisboa, a Nigéria poderia ir ao livro do boicote árabe e tirar uma página, para fazer arrefecer o calor das relações amigáveis".

[305] Telegrama com o n.º geral 14819 e o n.º 6142886 secreto, enviado a 7 de dezembro às 23h 45 m para a DELNATO de Portugal em Bruxelas.

Nesta sequência narrativa, há um aspeto que parece justificar uma breve reflexão.

Na verdade, até este momento ainda não surgiu o nome de Marcello Caetano, uma vez que os interlocutores privilegiados têm sido o MNE e a embaixada portuguesa em Washington.

No entanto, esta constatação não significa que Caetano tivesse «alheado» do problema porque, como decorre da prática de qualquer governo, o Presidente do Conselho era colocado a par de todo o processo pelo Ministro dos Negócios Estrangeiros e as diretrizes e ordens que este transmitia ao embaixador resultavam da vontade ou da concordância de Marcello Caetano.

É a luz daquilo que acabou de ser dito que se explica que, mal terminado o encontro de Rui Patrício com Kissinger em Bruxelas, o Ministro se tivesse apressado a comunicar para Lisboa o resultado dessa reunião[306].

Rui Patrício socorreu-se como canal da DELATO de Portugal em Bruxelas e o documento, muito longo, abrangia quatro páginas.

A leitura dessa mensagem permite ficar a saber que o Ministro tivera o encontro previsto com Kissinger e que o Secretário de Estado "começou por aludir [à] sua próxima visita [a] Lisboa e [à] oportunidade [de] aí continuar [a] nossa conversa, acentuando [que] este encontro, forçosamente limitado no tempo, se destinava [a] simbolizar [o] seu agradecimento por nossa atitude amigável por Estados Unidos [na] ocasião recente [do] conflito [no] Médio Oriente".

Como a narração permite constatar, este foi o terceiro agradecimento por parte da administração norte-americana e a deferência foi ao ponto de Rui Patrício ser recebido logo depois do Ministro dos Negócios Estrangeiros holandês e antes da última personalidade que Kissinger ainda iria receber – Luns – o quinto Secretário-Geral da NATO.

Afinal, se for tido em linha de conta o número de vezes que os EUA agradeceram a colaboração portuguesa, ninguém pode acusar a administração norte-americana de mal-agradecida.

Que as palavras não encontrassem tradução prática eram contas de outro rosário!

---

[306] Documento n.º 23, ou seja, o telegrama de número geral 16379 e o n.º 542 muito urgente e secretíssimo, recebido em 10 de dezembro e acabado de decifrar às 13h 05 m.

Retornando ao encontro, Rui Patrício frisou que Portugal estava consciente da "importância decisiva" da ajuda no "transporte [de] material [pelos] aviões americanos para Israel e que não menos conscientes disso estavam [os] Estados Árabes" que, aliás, já o tinham feito sentir "por diversas vias".

Por isso, Portugal tinha de dar conta dos "problemas e preocupações fundamentais que mantinham [a] sua inteira validade" e o Ministro acentuara que os "pedidos [de] material defensivo não eram determinados por simples desejo [de] obter contrapartidas por renovação [do] Acordo [dos] Açores mas correspondiam a necessidade premente [da] nossa parte para defesa [dos] territórios [de] África" sobre os quais impendia uma ameaça que poderia ter "imprevisíveis consequências".

A leitura de Kissinger era menos alarmista, embora parecesse indicar algum desconhecimento da realidade que se estava a viver, sobretudo na Guiné e em Angola, pois considerava que "os movimentos terroristas pareciam estar já [a] dar [o] máximo de que são capazes".

No que concerne à estratégia norte-americana para África, o Secretário de Estado era da opinião que "em nada influenciaria [a] sua acção futura [a] nossa atitude [de] cooperação nos Açores".

É claro que essa resposta não agradou ao Ministro português que alertou para informações que levavam a "recear [uma] escalada militar na Guiné (telegrama desse Ministério 614)".

Afinal, as informações provenientes do Ministério da Defesa tinham chegado mesmo a tempo!

Face a esse novo dado, Kissinger pareceu impressionado e Rui Patrício explicou-lhe a "diferença entre [a] situação actual e a existente em 1971 quando então negociámos [a] renovação [do] Acordo [dos] Açores".

Por isso, Portugal condicionava a continuação dos americanos nas Lajes ao fornecimento de "equipamento militar defensivo".

Face à posição portuguesa, Kissinger "reiterou então [a] importância [que os] Estados Unidos atribuem a bases [dos] Açores e pôs [em] destaque [o] facto [da] actual administração americana ser a que menos «trouble»" tinha dado a Portugal e que, por força das suas "providências", o Departamento de Estado ainda iria causar menos problemas a Lisboa.

Segundo ele, os EUA precisavam "dessa base" e, tal como Portugal, "não tinham alternativa".

CAPÍTULO 2: DO BLUFF PORTUGUÊS AO ULTIMATO DA ÁGUIA

Do lado português não era uma questão de "mercadejar sobre [as] bases [dos] Açores", mas apenas colocar a questão de forma a que Kissinger tomasse consciência que se tratava de "um problema vital de sobrevivência para Portugal" que receava uma "escalada militar" e tinha "necessidade imperiosa [de] defender [com] máxima urgência vários pontos vitais".

Esta posição viria a ser reconhecida por Kissinger ao anunciar que já estava a trabalhar ou a "agir [no] sentido [dos] fornecimentos serem feitos por «devious ways».

Neste ponto, Kissinger foi "peremptório quanto [à] impossibilidade [dos] fornecimentos serem efectuados directamente" pelos Estados Unidos dada a "oposição [do] Congresso", embora tivesse palavras de "desencantamento quanto [à] atitude [do] Congresso relativamente [à] acção [da] administração mesmo quando estavam em causa interesses vitais do próprio país".

Afinal, Watergate estava a colocar o Executivo numa posição quase refém.

Porém, como Portugal não colocava entraves a receber o material através de Israel, Kissinger ficou "satisfeito" até porque já tinha sido informado do encontro dos embaixadores português e israelita no dia 10 em Washington.

Na parte final, o MNE afirmava que tinha sido "muito firme e tão convincente" quanto pudera na exposição dos "pontos [de] vista" portugueses e que o ambiente da conversa fora da "maior cordialidade", terminando com a referência à presença dos "senhores Sonnenfeldt e Stoessel e [do] porta-voz [do] Departamento de Estado Vest" no encontro.

Face ao conteúdo do telegrama, certamente que Caetano se sentiu mais confiante para a manutenção da sua política.

Na realidade, o fornecimento de material bélico através de Israel parecia assegurado e o Departamento de Estado já tinha sido instruído no sentido de deixar de causar problemas a Portugal. Por isso a presença do porta-voz desse organismo no encontro.

Os documentos que se seguem talvez venham a contribuir para mitigar a satisfação portuguesa.

Seja, por isso, dada divulgação ao documento n.º 24[307].

---

[307] Telegrama com o n.º geral 16395 e o n.º 618 secreto, recebido em 10 de dezembro e acabado de decifrar às 17h 30 m, enviado pela embaixada de Portugal em Washington em "aditamento [ao] 615".

Ao longo de apenas uma página, Hall Themido deu conta de ter sido recebido pelo embaixador de Israel "hoje ao fim da tarde" e esclareceu que, "em conversa havida ontem pelo telefone", o seu "colega" se desculpara pelo "atraso e explicou [que] tem estado permanentemente ocupado com [as] visitas aqui [de] Dayan e [do] Ministro [das] Finanças tendo tido além disso [de] efectuar diversas viagens [a] Nova Iorque".

No entanto, o telegrama nada afirmava sobre a reunião, talvez devido ao adiantado da hora a que a mesma terminara.

Por isso, a narração do encontro só chegaria, em "aditamento [ao] 618", através do documento n.º 25[308].

Ao longo das duas páginas, Themido informou que o embaixador de Israel o tinha recebido "com palavras [de] agradecimento por facilidades concedidas nos Açores". Em seguida, deu conta de ouvir em Washington "com frequência" elogios à atitude portuguesa, designadamente ao "nível [do] Governo e [do] Congresso". Por isso mesmo, "estava ansioso em se encontrar" com o representante português.

Mais esclarecia que o procurava "a conselho [do] governo americano a fim [de] averiguar [as] condições [em que] Israel nos poderia ceder material de guerra e designadamente mísseis contra aviões que voem a média e baixa altitudes"

Esta afirmação revelava que os Estados Unidos tinham cumprido a palavra dada, uma vez que "o Subsecretário Porter havia-lhe comunicado que em virtude [das] dificuldades com o Congresso não podiam fornecer a Portugal [o] equipamento militar" de que o governo de Lisboa necessitava, mas havia a hipótese de Israel "ceder mísseis russos capturados durante [o] conflito [no] Médio Oriente ou outros [de] fabrico israelita".

Face a esta proposta norte-americana, o embaixador de Israel envidou esforços no sentido de obter o "acordo [do] seu governo com pareceres favoráveis [do] Primeiro-Ministro e Ministros [dos Negócios] Estrangeiros e [da] Defesa" e, por força desses contactos, já podia confirmar que Israel "estava em posição [de] nos vender material de guerra".

No entanto, os problemas continuavam a colocar-se porque os israelitas "apenas dispunham de alguns mísseis russos que não eram operacionais". Era

---

[308] Telegrama de n.º geral 16454 e de n.º 624 secreto, recebido em 11 de dezembro e acabado de decifrar às 17h 10 m.

CAPÍTULO 2: DO BLUFF PORTUGUÊS AO ULTIMATO DA ÁGUIA

verdade que "fabricavam outros de tipo ligeiro" e que "dispunham ainda de material de diferentes origens mas algum seria indispensável [à] defesa [do] país e outro não poderia ser cedido".

Não eram grandes notícias, apesar de o embaixador de Israel defender que "a melhor solução seria Portugal indicar", por intermédio de Hall Themido, o "número e tipo [de] mísseis [que] desejava", pois, face a esse elemento, as autoridades israelitas "veriam com [a] melhor boa vontade" o que poderiam vender e "numa segunda fase haveria conversas em local apropriado entre técnicos [dos] dois países".

Themido informou que iria "obter esclarecimentos" mas pediu-lhe que "averiguasse com urgência o que tinham disponível na categoria de material" que tinha indicado, recebendo a garantia do embaixador israelita de que iria "telegrafar ao seu governo".

Como o embaixador teria de se deslocar a Telavive para lá estar durante a visita de Kissinger, as negociações passariam a ser conduzidas pelo ministro conselheiro, o único elemento da embaixada que, para além do embaixador, estava por dentro do processo.

No final da conversa, o embaixador, embora não sendo técnico militar, não deixou de referir que, na sua opinião, Israel só dispunha de mísseis «hawk» com as características exigidas por Portugal. Além disso, não sabia se Israel poderia vender a Portugal "material recebido de origem americana".

Como esta conversa se encarrega de provar, afinal o problema, mesmo com a intermediação israelita, estava longe de resolvido.

De facto, ao afirmar que Israel não dispunha de material bélico russo em condições de operacionalidade e ao colocar em dúvida a cedência de material de origem norte-americana por força do embargo, o embaixador estava a reduzir drasticamente a possibilidade de fornecer material bélico a Portugal.

Ora, como os agradecimentos não sustentavam o esforço de guerra, a situação estava longe de ser agradável para as pretensões portuguesas.

Esta problemática constituiu o cerne das indicações dadas através do documento n.º 26[309].

---

[309] Telegrama com o n.º geral 15077, ou seja, o n.º 329 secreto, enviado a 13 de dezembro, às 23h 30 m, para a embaixada de Portugal em Washington, em "referência [ao] 569", assinado no original por Freitas Cruz e, ainda, em referência ao "329 – urgente – secretíssimo".

Segundo este telegrama, a intervenção israelita destinava-se "a constituir [uma] via prática" para "serem fornecidos" a Portugal os "mísseis" de que este necessitava, ou seja:

«a) Ground air missiles – Hawk type for the defence of 3 points – Quantities: 1 training unit; 6 double platoons; ammunitions;

b) Red eye type (individual missile) – Quantities: one thousand; ammunitions;

c) Modern vehicle-mounted anti-tank systems – quantities: one training unit; 200/300 vehicles.

For a) and b) should be ensured the supply of spare parts and ammunitions".

Quanto às conversas "em local apropriado" entre os técnicos poderiam "efectuar-se com maior urgência para concretização [do] fornecimento" desejado por Portugal.

Porém, o Ministério fazia questão que ficasse "bem esclarecido" que Portugal não estava interessado em comprar "material israelita em segunda mão", mas apenas que os americanos fizessem "a Israel entregas necessárias para satisfação" dos pedidos portugueses.

Como era também esta a interpretação que o MNE tinha da posição de Kissinger, o embaixador deveria contactar imediatamente a embaixada de Israel e transmitir ao MNE a "sua reacção".

Como se verifica, Portugal via-se, uma vez mais, na necessidade de clarificar a situação porque era evidente a discrepância entre as promessas norte-americanas e o discurso israelita.

Era, por isso, necessário solicitar esclarecimentos, pois alguém estava a faltar à verdade. Foi o que o embaixador português em Washington fez e a sua resposta consta no documento n.º 27[310].

Uma página foi suficiente para Themido informar o MNE que o encarregado de negócios de Israel tinha confirmado tudo o que o embaixador tinha comunicado no "meu 624", ou seja, os Estados Unidos apenas tinham pedido que Israel fornecesse a Portugal "mísseis russos capturados durante [a] guerra [do] Médio Oriente".

---

[310] Telegrama com o n.º geral 16573 e o n.º 631 urgente-secreto, recebido em 13 de dezembro e acabado de decifrar às 23h 30 m da embaixada de Portugal em Washington.

CAPÍTULO 2: DO BLUFF PORTUGUÊS AO ULTIMATO DA ÁGUIA

Aliás, o encarregado informou o embaixador português que tinha "assistido [às] conversas com [o] Embaixador Porter [e] estava seguro de que pensamento americano não é o de Israel servir como ponto [de] trânsito para [o] equipamento americano destinado a Portugal"

Na sua leitura, devido à legislação em vigor nos Estados Unidos, estes "não poderiam ceder [a] Portugal directa ou indirectamente material de guerra".

Assim, embora Israel dispusesse de todo o material "solicitado em a) e b)", havia que salvaguardar que o mesmo "era de origem americana e não podia ser cedido sem concordância deste governo".

No que concerne ao material "indicado c)", o encarregado de negócios "tinha dificuldade [em] compreender o que significava", mas "admitia [que] alguns componentes fossem fabricados [em] Israel".

Face ao exposto, como Israel não tinha material russo, decidira vender a Portugal "material de origem israelita" que pudesse interessar.

Na parte final, o embaixador português referia que, na sua opinião, a legislação a que Israel se referia era a relativa ao "embargo praticado pela administração desde 1961" porque a única lei de material que conhecia era a "emenda Tunney que ficou redigida [nos] termos [do] meu 539 após [a] intervenção [do] Departamento [de] Estado e [as] minhas diligências".

Afinal, a fazer fé nas palavras do encarregado de negócios de Israel, os Estados Unidos diziam aos representantes de Portugal aquilo que estes queriam ouvir e uma coisa bem diferentes aos diplomatas de Israel.

Essa era, aliás, a perceção do MNE, como comprova o documento n.º 28[311] em resposta às "reacções israelitas descritas [nos] seus 624 e 631", assinado no original por Freitas Cruz e que está arquivado juntamente com um anexo com cinco páginas.

O MNE dava conta dos receios de que certos sectores do Departamento de Estado se estivessem a esquivar ao "fornecimento [dos] mísseis", colocando Portugal em contacto direto com Israel "para obtenção [de] material defensivo", apesar das conversações de Kissinger com o Ministro português apontarem para que o fornecimento fosse feito por "desvious ways" – expressão usada por Kissinger – pois o "Congresso nunca autorizaria fornecimentos directos".

---

[311] Telegrama com o n.º geral 15100 e o n.º 330 urgentíssimo-secretíssimo, enviado a 14 de dezembro às 18h 20 m para a embaixada de Portugal em Washington, com duas páginas.

O Ministro não explorara essa expressão porque considerou que se tratava de "pormenor a combinar" e que tudo não passaria de uma estratégia segundo a qual a partir dos "fornecimentos maciços feitos por E.U. a Israel, se retirassem mísseis" de que Portugal necessitava.

Dito de outra forma, Israel funcionaria "apenas como recipiendário [dos] mísseis alguns dos quais seriam desviados para Portugal".

Ora, face a uma alteração que não servia os interesses portugueses, o embaixador era avisado para contactar Porter no sentido de lhe dar conta da situação e tentar esclarecer o "mal-entendido", até porque Kissinger iria a Tel-Aviv nos dias 16 e 17 de Dezembro e já se encontrava em Israel um dos seus colaboradores directos, Sonnenfeldt, que tinha assistido "à conversa [em] Bruxelas [no] passado dia 9".

Além disso, se a tentativa não resultasse, o embaixador deveria procurar que o Departamento de Estado esclarecesse o assunto com o "próprio Dr. Kissinger antes ainda [da] sua vinda Lisboa [no] próximo dia 20".

Aliás, também era importante que tudo ficasse esclarecido antes da "missão militar" que estaria em Washington no "dia 18 como previsto".

Por isso, no que concerne ao Anexo 1, intitulado "Ponto de base para a conversa de sua Ex.ª o Ministro com o Dr. Kissinger" – secretíssimo", era a agenda com os pontos a focar aquando da visita de Kissinger a Lisboa.

Tratava-se de uma agenda muito preenchido como se verá em seguida.

Assim, no ponto I recapitular-se-iam as relações luso-americanas, nomeadamente, aquilo que Portugal tinha feito pelos EUA no que dizia respeito à "concessão de facilidades nos Açores na última guerra" e no que respeitava ao "voto no caso da entrada da China Popular na ONU conforme instantemente pedido pelos E.U.", para além da "aquiescência ao pedido de facilidades nos Açores para a ponte aérea de auxílio a Israel em 13/10/73".

No ponto II, seriam abordadas as "posições estratégicas portuguesas e seu valor para o Ocidente".

Assim, no que concerne a Moçambique, reforçar-se-ia a importância do porto de Nacala, de acordo com as "perspectivas de evolução do problema do controlo do Oceano Índico" e da sua relação com "o transporte de petróleo".

Em Angola, seria colocada a tónica na sua "posição estratégica para controlo do Atlântico Sul e defesa da América do Sul onde podem surgir situações de subversão de inspiração comunista".

Para além disso, mostrar-se-ia que Cabo Verde era "decisivo para a segurança dos Estados Unidos" e a Guiné ficava "frente a Cabo Verde" e, se fosse dominada, a segurança de Cabo Verde ficaria ameaçada.

No ponto III seriam elencadas as "perspectivas em relação aos norte-americanos duma derrota portuguesa", refutando a tese de que com essa derrota acabariam os problemas.

Neste ponto recordar-se-iam quatro problemas: a "eventualidade de independências brancas do tipo Rodésia"; a "fragmentação e partilha dalguns territórios como no caso de Moçambique e da Guiné"; a "ameaça aos investimentos na África Austral" e a "criação de novos problemas que poderiam chegar à receada «Vietnamização» da África Austral".

No ponto IV, falar-se-ia das "perspectivas" em relação a Portugal e dos "inevitáveis reflexos no plano interno", referindo as "consequências imprevisíveis".

O ponto V seria para esclarecer aquilo que Portugal esperava dos Estados Unidos, uma vez que "a despeito das previsões pessimistas de 1961" Portugal continuava a "controlar" o Ultramar, embora tivesse recrudescido "uma escalada militar a que os nossos aliados americanos se não podem mostrar indiferentes". Por isso, era importante que o governo dos Estados Unidos fosse mais "activo na explicação do caso português", pois essa acção poderia "inflectir posições adversas do Congresso e da opinião pública americana", sendo que o apoio português a Israel "dado pela concessão de facilidades nos Açores em Outubro último" teria de ser levado em conta.

O ponto VI era relativo ao "embargo de fornecimento de armas" e serviria para Portugal fazer valer o argumento de que as armas solicitadas eram "de carácter defensivo" e, como tal, "o seu uso em África não colidiria com o embargo".

Além disso, o outro material solicitado, como os aviões Orion, destinavam-se a completar a capacidade portuguesa para uma "contribuição efectiva para a defesa marítima [no] quadro [da] OTAN", uma vez que a SACLANT já identificara essas deficiências.

Portugal tentaria mostrar o absurdo de proibir a venda de material defensivo quando os terroristas dispunham "do material militar mais sofisticado" e recordaria a "promessa da Administração Kennedy" de que os norte-americanos se oporiam a uma "intervenção armada" nos territórios portugueses. Por isso, a questão poderia ser colocada da seguinte forma: se os "Estados Unidos nos vão defender porque não dar-nos já as armas?"

O ponto VII trataria da "possível acção [dos] E.U. junto dos Estados africanos" refutando a "posição expressa no memorandum do State Department de 2 de Novembro quanto à dificuldade [de] influírem nesses Estados", pois se falassem "com realismo aos africanos" estes poderiam "compreender", até porque os votos africanos na ONU pouco importavam para os Estados Unidos que, além disso, tinham "um valor diminuto dos interesses económicos" na África, "à parte a África Austral". Por isso, era nessa zona que deveriam recear "se [os] africanos tomarem determinadas decisões no que respeita [aos] fornecimentos [de] certas matérias primas". Aliás, também o caso "particular de Mobutu" deveria ser equacionado, face às "últimas informações quanto às perspectivas ameaçadoras dum ataque do Zaire a Angola e Cabinda".

O ponto VIII recordava a "importância do auxílio (2,8 biliões de dólares) votado pelo Congresso a favor de Israel", pois dessa verba poderiam sair "os fundos" para ajudar Portugal.

O ponto IX servia para apontar outras "alternativas da política portuguesa" e apresentaria quatro hipóteses que Portugal poderia explorar:

- Aproximação ao coronel Kadhafi;
- Projetada visita de Vítor Louis ao Ultramar depois de já ter estado em Lisboa;
- "Atitudes relativamente moderadas da URSS na CSCE";
- Possibilidade de alterar a posição dos países árabes se Portugal modificasse o seu apoio a Israel.

Finalmente, seria feita a "Demonstração pela enumeração que precede de que não é inteiramente correcta a ideia de que não há alternativa para a política portuguesa".

O ponto X seria destinado a mostrar a posição da "opinião pública portuguesa" face à "concessão de facilidades aos E.U. na base dos Açores" e três pontos seriam abordados:

- A reação à ideia da base "em termos gerais", pois apenas um "pequeno «lobby» interessado nos benefícios económicos da presença americana nos Açores" era favorável à renovação do Acordo;

CAPÍTULO 2: DO BLUFF PORTUGUÊS AO ULTIMATO DA ÁGUIA

- A reação "ainda mais forte à utilização das Lages para o auxílio a Israel", sobretudo "depois do anúncio intempestivo de que a aviação americana a usava para fornecer equipamento a Israel";
- O perigo de a "opinião pública interpretar certas perturbações do abastecimento [de] combustíveis como consequência directa de tal acção".

A apresentação que foi feita deste anexo não deixa dúvidas sobre o cuidado posto na elaboração do mesmo, tanto ao nível do levantamento de dados, como no que concerne à estrutura e consistência da argumentação.

Entretanto, era tempo para o embaixador português em Washington informar o MNE sobre o resultado das suas iniciativas junto da administração norte-americana, embora se deva reconhecer que o representante português batia – oficial e particularmente – a muitas portas.

Na verdade, em SCCIM/K/4/1/1, fólios 34 e 35, está o ofício, datado de 18 de dezembro de 1973, do GNP para o Governador-Geral de Moçambique a dar conta da reunião, "de cerca de meia hora", em "11 de Novembro findo", do embaixador com o senador Edward Kennedy, para desmentir as acusações dirigidas a Portugal "e de que aquele Senador tem sido porta-voz" e para o convidar a visitar as possessões portuguesas "em África nas condições que preferisse".

No entanto, a parte final do ofício já antecipava a resposta ao convite porque "o senador Kennedy está tão comprometido em conseguir o apoio da comunidade negra dos Estados Unidos que dificilmente poderá exprimir simpatia para com o ponto de vista português"[312].

O documento n.º 29[313] dava conta dos resultados das «démarches» junto da administração.

Assim, o embaixador informava que tinha sido recebido por Porter ao fim da tarde e que tinha começado por falar sobre a reunião entre o general Câmara Pina e o almirante Moorer, acrescentado que "nos termos acordados [a] missão militar vinha [a] Washington para conversas [no] dia 18".

---

[312] Fólio 35.
[313] Telegrama com o n.º geral 16621 e o n.º 635 urgentíssimo-secretíssimo, recebido a 15 de dezembro, acabado de decifrar às 2h 50 m, com duas páginas e em resposta à "referência 330".

Só depois entrara na interpretação que Portugal fazia das palavras de Kissinger e dera conta dos contactos estabelecidos com o embaixador e o encarregado de negócios de Israel em Washington e do "mal-entendido" que convinha clarificar.

Porém, a resposta de Porter começou por ser num sentido que não agradou ao embaixador português. De facto, Porter informou-o que a "vinda [da] missão devia aguardar [as] conversas [em] Lisboa com o dr. Kissinger e que o Departamento de Estado apenas havia sugerido a Israel que em contacto connosco fosse averiguado [as] disponibilidades [do] material [de] guerra e [as] possibilidades [do] mesmo ser fornecido sem terem entrado [em] detalhes".

Como é natural, Themido mostrou a sua "estranheza" relativamente à posição norte-americana no que dizia respeito à vinda da missão militar não lhe "ter sido comunicada".

Face a esta reação, Porter começou a "corrigir [as] suas afirmações", antes de colocar "finalmente [o] problema no terreno" e dizer que essa solução lhe parecia "mais prudente", pois Portugal ainda não tinha indicado o material de que necessitava.

Themido rebateu essa posição afirmando que, na sua perspectiva, a missão vinha fazer o estudo conjunto com técnicos americanos sobre o material que poderia interessar a Portugal.

Barbour também entrou na conversa para dizer que os contactos portugueses com Israel eram "separados [das] negociações [dos] Açores e não excluíam [a] análise [dos] nossos pedidos [de] armamento" e sugeriu que Themido não relatasse a conversa ao MNE antes do Departamento de Estado averiguar o assunto, proposta com a qual Porter concordou.

Esta era a súmula da reunião, mas, ainda no mesmo telegrama, o embaixador português informava o MNE que, posteriormente, Porter tinha telefonado "duas vezes para a Embaixada" para dar conta de que os "contactos com Israel das suas notas acerca [da] conversa com [o] Embaixador daquele país apenas constava [que] lhe assinalara [o] nosso interesse [em] obter mísseis terra-ar" e de que ainda nada podia dizer sobre a vinda da missão, embora julgasse "preferível que não fossem alterados os planos".

No entanto, não deixou de frisar que receava que a "vinda imediata [da] missão não conduzisse [a] resultados positivos".

Porém, no segundo telefonema, a situação alterou-se porque Porter afirmou "de forma clara que entendiam [que a] missão devia vir a Washington como planeado".

Themido referia, ainda, que lhe parecia ter constituído surpresa para Porter a afirmação do embaixador israelita segundo a qual "Israel não possui mísseis russos" para fornecer a Portugal e que não queria assumir que tinha "sugerido [a] entrega [a] Portugal [de] mísseis [com] aquela proveniência".

Neste jogo feito de meias-verdades e falsidades, não era fácil saber quem estava a dizer a verdade.

Talvez por isso a ansiedade aumentasse à medida que se aproximava a visita de Kissinger a Lisboa. Aliás, o documento n.º 30[314] levantava a hipótese dessa visita vir a ser antecipada.

Por isso, o MNE informou Themido que estava "prevenido" pelo embaixador dos Estados Unidos que a visita do Dr. Kissinger poderia "ser antecipada com [a] chegada [do] Secretário [de] Estado [a] Lisboa [ao] fim [da] tarde [do] dia 17".

No entanto, esta antecipação ainda carecia de confirmação e nenhuma razão era dada para a mesma.

A análise comparada dos últimos telegramas não permite dúvidas sobre a falta de certezas!

A vida de um embaixador é feita de uma permanente atenção e as palavras – ditas ou omitidas – são objeto de muita reflexão, pois não convém à carreira diplomática qualquer discrepância ou distanciamento relativamente à tutela, pois esta está bem informada.

Na verdade, no meio diplomático é sobejamente conhecido aquilo que se passou com o embaixador português em Londres, Rui Ennes Ulrich, quando, em 1935, resolveu oferecer um almoço nas instalações da embaixada ao príncipe D. Duarte Nuno sem antes ter solicitado autorização ao Ministério dos Negócios Estrangeiros.

Não era garantido que a autorização, no caso de ter sido solicitada, fosse concedida, apesar da costela monárquica de Salazar. No entanto, ao não soli-

---

[314] Telegrama com o n.º geral 15163, correspondente ao n.º 334 urgente-secretíssimo, enviado a 15 de dezembro, às 15h 45 m, para a embaixada de Portugal em Washington, com uma página e assinado no original por Freitas Cruz.

citar essa autorização, Ulrich deveria saber que esse distanciamento lhe custaria – como efetivamente custou – o cargo.

Ora, "ao reler" o seu telegrama n.º 635, Themido reparou que não tinha mencionado vários pontos e apressou-se a fazer *mea culpa* – documento n.º 31[315].

Assim, esquecera-se de informar o MNE que o embaixador Porter lhe tinha prometido dizer alguma coisa "acerca [do] aparente mal-entendido existente [no] Departamento [de] Estado e que lhe tinha lembrado a "consulta [ao] sr. Sonnenfelt".

Além disso, quando Porter afirmara que os militares portugueses "eram sempre bem vindos", Themido esclareceu-o de que a "visita era de trabalho e não de cortesia"

Themido considerou ainda importante referir que, aquando dos contactos com os israelitas, tinha acentuado "dois aspectos", ou seja, que, no "seu entendimento" a "colaboração pretendida por governo americano não correspondia ao que pensávamos" e que " Israel não tinha para venda [o] material militar pretendido por Portugal".

Entretanto, no dia 17 de dezembro, Kissinger aterrou em Lisboa para cumprir a visita que já foi várias vezes referida neste capítulo.

Chegou, conversou e partiu, sem antes deixar de fazer promessas que, como se verá em breve, demoraram a realizar-se.

No entanto, o documento seguinte, o n.º 32[316], não estava ligado a esta visita. Referia-se a uma outra visita: a da missão portuguesa a Washington.

A leitura do telegrama permite saber que o encontro com o almirante Moorer tinha durado "mais de uma hora" e que a missão entregara um memorandum onde constavam as necessidades portuguesas "em equipamento militar e pontos vitais a defender".

O almirante fora, ainda, informado "sobre [a] finalidade [dos] armamentos constantes [no] memorandum e pedira várias informações de ordem estratégica relativas [ao] nosso ultramar", mostrando-se muito interessado em "conhecer [os] nossos meios de defesa anti-aérea, [o] poder ofensivo [do] ini-

---

[315] Telegrama com o n.º geral 16641 e o n.º 636 urgente-secreto, recebido a 15 de dezembro, acabado de decifrar às 16h 40 m e apenas com uma página.

[316] Correspondente ao n.º geral 16786 e ao n.º 646 urgentíssimo-secretíssimo, recebido a 18 de dezembro, acabado de decifrar às 01h 15 m, proveniente da embaixada de Portugal em Washington, com duas páginas, em resposta à "referência 340", e assinado por Alves Machado.

migo eventual, [as] possíveis bases [de] partida atacantes e [a] orientação [que] estes poderiam tomar".

A Guiné tinha sido o principal palco considerado e Moorer pedira informações no que dizia respeito à relação daquela "província com Cabo Verde", situação que levou o lado português a tentar convencê-lo de que o "PAIGC não renunciaria [às] pretensões sobre Cabo Verde se tomasse [o] poder em Bissau: porque [a] chefia [do] movimento é cabo-verdeana e porque, sem apoio do arquipélago, não poderia esperar manter [o] domínio sobre [a] Guiné".

Também as causas para um "possível ataque [do] Zaire a Cabinda" foram abordadas a pedido do almirante, tendo o lado português esclarecido que os elementos a considerar eram o "petróleo, [o] prestígio [de] Mobutu e [o] interesse [para que os] territórios [por onde] se transporta [o] cobre bem como [a] foz do Zaire estejam subordinados [a] governos dóceis ou neutralizados".

Moorer agradeceu a visita da missão porque lhe tinha dado elementos para "defender [a] nossa causa junto [dos] meios políticos", embora afirmasse que a decisão sobre o pedido português "não poderia ser tomada antes do regresso dr. Kissinger". Depois, os contactos poderiam ser "com os adidos naval e militar" e, por isso, a missão não necessitava de permanecer em Washington.

Finalmente, o almirante norte-americano disse que colocava todo o "empenho" na sua ida a "Lisboa em Abril".

Como se verifica, Moorer seguiu a já conhecida estratégia norte-americana: nada de recusas explícitas, muitas perguntas e o adiamento das respostas. Parecia que os militares estavam a enveredar pelo procedimento habitual dos políticos.

Na pasta 12, o documento seguinte parece que deveria ter sido colocado um tudo nada atrás, apesar do horário referido para o seu envio.

Na verdade, no documento n.º 33[317], o embaixador Hall Themido era informado que em "referência [ao] seu 642 confirmamos [as] instruções [do] nosso 339 [no] sentido [de] V.S.ª acompanhar também [a] missão na visita a Almirante Moorer".

---

[317] Correspondente ao n.º geral 16641e ao n.º 340 urgente-secretíssimo, foi enviado a 18 de dezembro, às 18h 05 m, para a embaixada de Portugal em Washington e nessa página, assinada no original por Freitas Cruz.

Ora, como se pode verificar, o relato dessa visita fora objecto do documento anterior.

Entretanto, uma incursão pelo arquivo SCCIM N.º 665, permite constatar que a *Newsweek* de 24 de dezembro de 1973 dava conta das "possíveis consequências do apoio português aos E.U.A. na recente crise do Médio Oriente"[318].

Assim, depois de referir que "durante a recente guerra do Médio Oriente quase todos os países europeus, com excepção de Portugal, negavam bases de reabastecimento dos aviões americanos que transportavam provisões de guerra para Israel", admitia que Portugal deveria "considerar um preço elevado da sua singular lealdade ao seu aliado da NATO".

Depois, no fólio 28, citava um funcionário do Departamento de Estado para negar a afirmação de as "armas fornecidas pelos americanos estarem a ser utilizadas pelos portugueses em África", até porque o embargo era "a pedra angular" relativamente a Portugal, enquanto "entidades oficiais dos EUA" tinham defendido que "Washington tornou mais firme a sua posição" sobre a recusa do reconhecimento da Guiné-Bissau.

Aliás, no fólio 30 está mesmo o recorte da revista onde se pode ler a posição de Kenneth Rush, muito favorável a Portugal porque, para ele, "We do owe the Portugueses a deep debt of gratitude". Por isso, como tinha dito num comité do Congresso, "I hope we will be able to pay", embora houvesse que contar com a oposição dos "black African leaders".

Voltando ao Arquivo Marcello Caetano, fica-se a saber que os Estados Unidos procederam à troca do seu embaixador em Lisboa. O documento n.º 34[319] dá conta dessa mudança.

Assim, o embaixador foi informado que o "Ministro recebeu dia 14 [o] embaixador Nash Scott em audiência [para] entrega [da] cópia [de] credenciais" e após as "fórmulas habituais", se tinha falado do "estado actual [das] relações luso-americanas", tendo o embaixador manifestado a "esperança [de] contribuir [com a] sua acção para estreitar ainda mais [os] laços de amizade entre [os] dois países".

---

[318] Fólios 27 a 29.
[319] Telegrama n.º geral 776, correspondente ao n.º 14 secreto, enviado a 16 de janeiro de 1974 às 22h 10 m, para a embaixada de Portugal em Washington, com três páginas e assinado no original pelo Ministro.

CAPÍTULO 2: DO BLUFF PORTUGUÊS AO ULTIMATO DA ÁGUIA

O Ministro português não deixou de lamentar que os Estados Unidos apelassem à solidariedade portuguesa em "momentos graves", mas numa estratégia de "sentido único" porque "mal passado o momento de emergência logo a solidariedade era esquecida", situação que não podia "manter-se indefinidamente", pois era "contra os interesses portugueses" e, "a longo prazo", contra os americanos.

O Ministro voltou a lembrar o apoio na guerra entre Israel e o mundo árabe – "apenas nós o fizemos entre todos os aliados" – e deu conta de um exemplo do preço que Portugal estava a pagar por esse apoio aos interesses norte-americanos. De facto, essa ação "iria privar uma fundação portuguesa de rendimentos anuais de centenas de milhares de contos".

Não parece difícil identificar a proveniência desse «corte» nem o nome da fundação portuguesa que, nessa altura, conseguia fazer investimentos tão avultados no estrangeiro, mas, por via das dúvidas, um documento posterior explicitará esses elementos.

Além disso, queixou-se de não continuar a receber nenhuma "resposta aos vários pedidos formulados", apesar de já terem passado "três semanas" sobre a visita de Kissinger a Lisboa.

O novo embaixador norte-americano em Lisboa conhecia os casos da "Guiné e Cabinda", mas não esclareceu as razões da demora e foi informado que Portugal via "com muito pessimismo [as] perspectivas [de] renovação [do] acordo [dos] Açores", tendo respondido que esse acordo "interessava [à] segurança [dos] dois países",

É bem provável que não tenha gostado de ouvir que, para a segurança portuguesa, o que importava era a "satisfação [dos] pedidos [de] material defensivo".

Scott esclareceu que a demora não significava "menor interesse" e voltou a argumentar com o "Senado", posição que não colheu porque, na perspetiva portuguesa, era tempo de os Estados Unidos fazerem "opções" e aceitarem "correr porventura riscos", a exemplo daquilo que tinha feito Portugal.

Aliás, convinha não esquecer que, no que dizia respeito à Base das Lajes, "a opinião pública portuguesa estava cada vez mais contra [a] sua utilização por americanos e [o] Governo tinha de a ter em consideração".

Como se o Estado Novo tivesse o hábito de auscultar a opinião pública...

De registar que não era esta a prática habitual numa receção para entrega de credenciais, pois falara-se demasiado de "aspectos tão negativos", embora a culpa não pudesse ser imputada a Portugal. Aliás, o Ministro formulou votos no sentido de "brevemente" se poder falar "de outra forma".

Talvez por isso, o final da audiência tivesse versado a carreira profissional do novo embaixador, o conhecimento que tinha de Portugal, a perspetiva de uma visita ao ultramar e a "importância [das] comunidades portuguesas nos EUA".

Para a problemática em estudo o documento n.º 35, uma nota do Ministro da Defesa Nacional datada de 17 de janeiro de 1974, revela-se muito importante.

Era uma nota de que tinha sido dado conhecimento ao MNE – como está manuscrito no final do texto – e que se prendia com uma informação enviada pelo Capitão-de-Fragata RA José Emílio Estiveira Cabido de Athaíde, oficial que desempenhava o cargo de "Director Adjunto do Polígono de Acústica Submarina dos Açores".

Segundo essa nota, a marinha norte-americana estava a "instalar nos Açores uma estação de detecção de submarinos atómicos de alta eficiência" e que transmitia "os dados directamente a Norfolk onde funcionam o SACLANT e os órgãos superiores de Comando da Marinha Americana para o Atlântico".

Aliás, o Secretário de Estado da Aeronáutica já tinha recebido "por intermédio do Comandante das F.A. dos E.U. nos Açores, uma mensagem do Comandante da F.A. Americana dizendo que havia sido decidido manter nos Açores a base aérea dos E.U. alterando-se assim a decisão de a conservar apenas com elementos da Marinha Americana".

No que se refere à informação propriamente dita, a mesma constitui o documento n.º 36 – confidencial – com quatro páginas da responsabilidade de José Cabido de Ataíde e destinado à "alta consideração de sua Excelência o Ministro da Defesa Nacional" sobre o assunto "Relações Internacionais. Protocolo do Acordo sobre o Polígono de Acústica Submarina dos Açores"

Ao longo dos sete pontos, Ataíde historiou o processo iniciado "em 1968" quando o então Ministro da Defesa Nacional, Horácio José de Sá Viana Rebelo, tinha assinado "o Protocolo sobre a instalação em Portugal, Ilha de Sta. Maria, de um Polígono de Acústica Submarina dos Açores", processo que viria a conhecer "dificuldades técnicas", só seria terminado "em fins de 1971" e viria a ser inaugurado "em Maio de 1972".

Este Protocolo deveria vigorar por 5 anos, ou seja, até "19 de Maio de 1977" e, depois dessa data, as instalações só poderiam ser utilizadas se fosse "efectuado novo acordo entre o Governo Português e as restantes partes contratantes", designadamente com os Estados Unidos, "o país mais directamente interessado na exploração do Polígono" e que tinha suportado "cerca de 67% dos gastos totais" da instalação e pagava "a maior parte das despesas de funcionamento técnico da unidade".

Aliás, numa altura em que a informática era um privilégio ao alcance de poucos, o computador – de cinco milhões de dólares - que processava os dados oceanográficos e de acústica submarina também tinha sido instalado pelos EUA.

Poder-se-ia questionar a razão de um investimento tão oneroso, mas talvez a indicação de que "depois do primeiro tratamento", os dados eram "enviados directamente, via «rádio-link» com as Lajes, para um computador principal que existe em New-London, USA" seja resposta suficiente.

Ataíde também informava que os americanos tinham instalado, "há cerca de 4 meses", nas "águas do Polígono uma moderna bóia automática, para colheita de informação oceanográfica destinada a apoiar estudos acústicos, um investimento estimado em "2 (dois) milhões de dólares" que não estava "previsto no início do projecto", situação que indiciava que os Estados Unidos tinham interesses que ultrapassavam "em muito, os objectos definidos oficialmente ao nível das experiências em comum" e que apontavam para o facto de os norte-americanos terem "planos para utilização das instalações, para além dos 3 anos que faltam para o fim do actual projecto".

O capitão-de-fragata levantava a hipótese de os EUA visarem "ganhar experiência e explorar para fins operacionais militares as possibilidades de transmissão acústica a longas distâncias, do canal SOFAR (sound fixing and ranging)", embora o funcionamento do mesmo exigisse "condições oceanográficas especiais e estáveis", uma vez que funcionava por "ultrasons a grandes distâncias". Por isso, considerava que seria necessário "uma instalação submarina de retransmissão (relay)" para a ligação "entre as partes ocidental e oriental do «Canal SOFAR»".

Face ao exposto, o desinteresse norte-americano em valorizar "convenientemente as facilidades" concedidas por Portugal na Base das Lajes era "mais aparente que real", pois os Estados Unidos apenas pretendiam tirar "vantagens da sua presença nos Açores, pagando o menos possível" e lembrava que o computador principal existente nos EUA era alimentado a partir de Santa Maria.

Não deixa de ser curioso que a leitura de um capitão-de-fragata fosse suficiente para, recorrendo a dados, desmontar a estratégia norte-americana no que concerne à negociação do Acordo sobre a Base das Lajes.

Entretanto, as promessas feitas por Kissinger continuavam por cumprir e, no documento n.º 37[320], o MNE mostrava "preocupação" pela "demora [da] resposta prometida", pois receava que o governo norte-americano fosse "protelando [a] resposta", embora o encarregado de negócios dos Estados Unidos tivesse dito que a demora se poderia ficar a dever ao facto de o Dr. Kissinger se estar a ocupar da questão "pessoalmente", tendo colocado poucos colaboradores ao corrente da situação.

Devido às negociações israelo-egípcias, Kissinger andava "especialmente atarefado", mas o embaixador Themido deveria "procurar avistar-se pessoalmente" com ele, "logo que este regress[ass]e do Médio Oriente" para lhe expor as "preocupações portuguesas e solicitar uma resposta definitiva".

O embaixador deveria relembrar as promessas feitas "inequivocamente" por Kissinger em Lisboa e "o memorandum que lhe foi entregue" e no qual estava a "fórmula [que] permitiria satisfazer" as pretensões lusas "se houvesse real vontade [em] fazê-lo".

Aliás, o cumprimento da parte americana era fulcral para a "continuação [da] utilização por americanos [das] facilidades [na] base [das] Lages", cujo termo de validade se aproximava, embora houvesse um "período de graça de seis meses previsto".

Portugal sabia que Kissinger se tinha encontrado com o Ministro dos Negócios Estrangeiros espanhol, Cortina, mas queria ver nesse encontro apenas uma forma de conhecimento pessoal e não uma possibilidade de os Estados Unidos estarem a estudar a hipótese de utilização das bases americanas em Espanha como alternativa às Lajes, uma vez que estas não dispunham do valor estratégico que era reconhecido aos Açores.

Como a crise no Médio Oriente estava "longe [de] estar resolvida", os Açores continuavam a ser fundamentais para os norte-americanos e Portugal continuava a ter "importante trunfo" na mão, até porque era possível que a

---

[320] Documento com o n.º geral 1000 e o n.º 21 secretíssimo, enviado a 21 de janeiro de 1974 às 22h 15 m, para a embaixada de Portugal em Washington, com duas páginas assinadas no original por Freitas Cruz.

utilização da base pelos Estados Unidos viesse a conhecer alguma "intensificação".

Era por isso que Hall Themido era «convidado» a intensificar a sua insistência junto da administração norte-americana, mas ao nível do Secretário de Estado.

A resposta do embaixador não tardou[321] para informar o MNE que a "atitude americana" também o levava a "exprimir preocupação", de que, aliás, já dera conta ao "Presidente [do] Conselho".

Segundo ele, a situação era marcada por vários elementos "todos negativos" e a posição de Kissinger deveria ser encarada com a "maior reserva".

De facto, tanto o discurso do Presidente Nixon a 13 de outubro, como o memorando americano de 2 de novembro, o "insucesso [das] diligências junto [do] almirante Moorer" e as "revelações" obtidas nos contactos com os israelitas não eram de molde a satisfazer os interesses portugueses, embora o embaixador também concordasse com a importância que os Açores tinham para os Estados Unidos e com a impossibilidade da sua substituição por outra qualquer base. Aliás, acrescentava um novo argumento àqueles que tinham sido adiantados pelo MNE.

Assim, segundo Themido, "com [a] possível reabertura [do] Canal [do] Suez" assistir-se-ia ao "reforço [do] poderio naval russo no Índico" o que exporia a "maiores riscos [a] região [do] petróleo" e afetaria a "segurança [de] países amigos deste (Irão Paquistão) além [de] enfraquecer [a] influencia junto [dos] países africanos da região", como era o caso da Etiópia que tinha "dado facilidades [aos] barcos americanos durante [o] recente conflito [no] Médio-Oriente".

Themido também alertava para as atenções dadas a Espanha até porque o Ministro dos Negócios Estrangeiros português não fora "convidado para vir [a] Washington nem sequer [tinha sido] aqui recebido por sr. Kisssinger em Outubro" e a ida deste a Madrid "só poderia ser baseada [em] motivos muito importantes ligados com [a] sua viagem [ao] Médio Oriente" porque "no quadro [do] acordo com [os] árabes já seria possível tentar obter [a] concordância

---

[321] Documento n.º 38, telegrama com o n.º geral 752 e o n.º 36 secreto, recebido a 22 de janeiro de 1974, acabado de decifrar às 18horas, com 3 páginas e em resposta à "referência 21".

de Madrid para [o] uso limitado [das] bases americanas que inclusivamente poderiam ser necessárias [à] defesa [do] Egipto".

Apesar da pressa, o embaixador aconselhava uma espera de "quatro ou cinco dias" para que tanta insistência não desse a impressão de "fraqueza". Segundo ele, era necessário "revelar frieza e evitar repetir [que a] continuação [da] utilização [de] facilidades estava dependente [da] receptividade [aos] pedidos" feitos por Portugal, pois "este governo pensará que após termos feito essa afirmação de forma tão clara e em todos os foros possíveis que nos bastará actuar em conformidade".

Assim, a estratégia deveria passar pela não insistência "por uns dias" porque, desta forma, o "governo americano ficará muito mais preocupado".

Themido ainda se permitia discordar do "optimismo [dos] nossos círculos militares" e aconselhava prudência alertando para a hipótese de um "resposta insatisfatória" que conduziria a "duas conclusões".

A primeira era que "na defesa [do] Ultramar" Portugal não poderia "contar com [o] apoio [dos] E.U. para além [de] declarações e votos sem interesse prático".

A segunda era que se Portugal não pudesse "dispensar [a] actual aparência [das] excelentes relações com este país não obstante [o] seu reduzido valor para [a] defesa" dos interesses portugueses, então deveria estar preparado "para negociar [o] Acordo [dos] Açores", aceitando que não conseguiria obter da administração Nixon o "equipamento militar defensivo" que tanta falta lhe fazia.

Era a voz pragmática de quem conhecia bem a diplomacia norte-americana e a sua tendência para uma discrepância acentuada entre a promessa e o cumprimento da mesma.

Porém, o documento seguinte parecia em contradição com as palavras que acabaram de ser escritas.

Na verdade, esse documento, o n.º 39[322], esclarecia que Rui Patrício tinha recebido, nesse mesmo dia, uma mensagem de Kissinger a pedir desculpa pela "demora [na] resposta" e a justificar esse atraso com a "sua preocupação

---

[322] Documento correspondente ao n.º geral 1101 e ao n.º 25 secretíssimo, enviado a 22 de janeiro de 1974 às 23h 30 m para a embaixada de Portugal em Washington e assinado no original por Freitas Cruz.

[nas] tarefas [de] negociações [da] paz [no] Médio Oriente". Por isso, prometia dar ao assunto "a sua imediata atenção pessoal".

Daí que a sugestão já transmitida por Themido para demorar mais alguns dias a solicitar a audiência tenha sido bem acolhida pelo MNE.

Como se constata, uma simples folha podia transformar a dúvida em quase certeza.

Essa folha era o documento n.º 40, ou seja, a cópia da carta enviada por Henry Kissinger em 21 de janeiro de 1974 para o Ministro dos Negócios Estrangeiros, Rui Patrício, e que lhe chegou através de Stuart N. Scott no dia 22.

De registar que enquanto Scott se ficava pelo cumprimento formal de despedida "sincerely yours", Kissinger se despedia com "warm regards".

Porém, o MNE, apesar de ver na missiva de Kissinger uma confirmação da esperança, certamente teria preferido que a calorosa despedida fosse acompanhada do envio dos equipamentos há muito solicitados.

Este é o documento final da pasta 2 da caixa 12 de AMC, pois os documentos que se seguem, desde o 41 ao 55, figuram na pasta 3 da mesma caixa, sendo que documento n.º 41[323] tem uma página destinada à resposta à "referência 25".

Nesse documento, João Hall Themido informou o MNE que Porter lhe tinha telefonado para lhe dar conta da mensagem enviada para o MNE com vários pontos, "explicando [o] atraso" e referindo que os "nossos pedidos suscitam problemas muito complexos e vão ser objecto [de] estudo especial". Aliás, Kissinger estava a dar "atenção pessoal [ao] assunto e entraria em contacto com o MNE, "provavelmente" através de Themido "acerca [de] diversos problemas".

De notar que Rabenhold tinha informado Themido desse telefonema e referira que o prazo do acordo ainda previa ou concedia um período de "6 meses após 3 [de] Fevereiro" aos EUA.

Esta referência ao prazo de que os Estados Unidos ainda dispunham para a negociação da Base das Lajes mereceu uma reacção por parte do MNE[324].

---

[323] Telegrama com o n.º geral 843, correspondente ao n.º 49 secreto, recebido a 23 de janeiro de 1974, acabado de decifrar às 23h 35m e oriundo da embaixada de Portugal em Washington.
[324] Documento n.º 42, com o n.º geral 1215 e o n.º 29 secretíssimo, enviado a 24 de janeiro de 1974 às 22h 15 m, para a embaixada de Portugal em Washington.

Nesse telegrama, Themido era informado que o MNE lhe tinha enviado na "mala diplomática [o] texto [da] mensagem [do] Dr. Kissinger" e que o Ministro Rui Patrício estava consciente da "existência [do] prazo [de] seis meses a partir [de] 2 [de] Fevereiro para se chegar [a] entendimento [sobre a] renovação [do] Acordo".

Ainda sobre a questão do Acordo das Lajes, o MNE enviou, a 25 de janeiro de 1974, às 18horas, o documento n.º 43[325] cujo assunto se prendia com uma notícia proveniente "dessa capital" e saída na imprensa sobre o provável recomeço das negociações de renovação do Acordo das Lajes, tendo por base "um informador da Secretaria de Estado"

Aliás, o mesmo informador afirmara que "as conversações se iniciaram no Outubro passado", tinham sido interrompidas "até ao Ano Novo" e como "a situação não é de urgência nem de crise", as negociações recomeçariam "logo que se fixe a data".

O telegrama dava conta do comentário publicado pela Secretaria de Estado sobre esta informação referindo que "nos termos do acordo celebrado em 9 de Dezembro de 1971, o uso das facilidades da base das Lajes por forças americanas foi autorizado pelo Governo português por um período de 5 anos a contar de 3 de Fevereiro de 1969, o qual termina, portanto, em 2 de Fevereiro próximo".

Mais esclarecia que "qualquer das partes poderia propor, seis meses antes de terminar este período, o começo de conversações relativas à utilização de tais facilidades para além daquele prazo, não devendo concluir-se ter-se chegado a um resultado negativo em tais conversações, pelo menos durante os seis meses a seguir ao termo daquele período" e adiantava que o governo norte-americano tinha proposto "efectivamente a realização das referidas conversações dentro do prazo previsto" e que se o acordo não fosse alcançado até 2 de fevereiro as negociações poderiam "prosseguir ainda por mais seis meses".

Era a Secretaria de Estado a avaliar as palavras ditas por Rabenhold.

Entretanto, em Washington, a atividade do embaixador português não conhecia descanso, como se comprova pelo documento n.º 44[326] que servia

---

[325] Telegrama com o n.º geral 1244 e o n.º 31 secreto, para a embaixada de Portugal em Washington, com duas páginas assinadas no original por Freitas Cruz.

[326] Telegrama com o n.º geral 1269 e o n.º 67 secreto, recebido a 31 de janeiro de 1974, acabado de decifrar às 23h 55m, e que constava de duas páginas assinadas por Themido.

CAPÍTULO 2: DO BLUFF PORTUGUÊS AO ULTIMATO DA ÁGUIA

para dar conta que Themido tinha sido recebido, a seu pedido, pelo novo "assistant secretary" para os assuntos da Europa – Hartman – para lhe apresentar cumprimentos.

Era mais um nome a acrescentar na agenda – e nos passos – de Hall Themido.

Durante o encontro, Hartman informou-o que estivera reunido com Kissinger e que os "problemas ligados [às] negociações [dos] Açores estavam a ser tratados com [a] possível urgência e com espírito positivo", embora, não obstante a "boa-vontade" norte-americana, alguns fossem "difíceis".

Os progressos já eram visíveis nos casos "«sonar» e «orion»", mas, apesar de agradecer a informação, Themido voltou a alertar para a urgência de encontrar uma solução.

O embaixador português quis saber o nome do substituto de Porter – ia ser colocado em Ottawa – mas essa questão ainda não estava decidida, embora, segundo Hartman, a mesma não viesse a ter reflexos nas negociações.

Afinal, tratava-se apenas de uma mudança de nome e não de política.

Themido fez questão de contar ao Ministro que Rabenold lhe dissera que o «sonar» não fazia parte do memorando entregue a Kissinger. Porém, Themido considerava que se poderia encontrar uma solução no "âmbito [da] Nato" porque os aviões «orion» destinavam-se a "patrulhar [o] mar" e o «sonar» seria importante para o "apetrechamento [da] nossa marinha [de] guerra" e fora apresentado "como forma [de] resolver [as] dificuldades com [os] «excedentes»"

Finalmente, Themido informava que a "mudança [de] atitude [do] «eximbank» constitui matéria [do] mesmo acordo e não representa qualquer aspecto novo".

Face ao exposto, era da opinião que Portugal deveria aguardar pela "resposta pois estas concessões podem vir por acréscimo".

No entanto, as iniciativas de Themido não se tinham quedado por este encontro, pois também Rabenold viera "almoçar [à] embaixada".

Os assuntos tratados ao longo da refeição – uma forma de servir o país através do estômago – seriam objeto de narração no documento n.º 45[327].

---

[327] Telegrama com o n.º geral 1532 e o n.º 80 secreto, recebido a 5 de fevereiro de 1974, acabado de decifrar às 23h 50m, enviado pela embaixada de Portugal em Washington, com apenas uma página e assinado por Themido.

A leitura desse telegrama permite saber que o embaixador português fora informado que o Senegal estava a "contactar diversos países designadamente nórdicos" para que exercessem "pressão junto [do] governo português" no sentido da resolução dos problemas ultramarinos.

Além disso, corria o boato em Adis-Abeba de "reuniões secretas" para preparar um ataque à Guiné portuguesa.

Mais soube que Macdonald – um funcionário da «desk» africana – tinha preparado um relatório sobre a visita que efectuara a Angola e Moçambique e fizera-o de forma "favorável a Portugal". Por isso, indicava a possibilidade do terrorismo vir a aumentar em Cabinda, mas admitia que Mobutu não dispunha de "meios para [um] ataque e recearia [as] nossas represálias [de] corte [do] caminho [de] ferro e [do] rio Congo".

Tinha sido, efetivamente, uma refeição proveitosa, embora, no que concerne aos Açores, Themido tivesse ouvido "as palavras usuais", ou seja, o Congresso, receando "novo Vietnam" não estava a facilitar a vida à administração e "aprovaria legislação adequada [para] impedir qualquer auxílio militar se [a] mesma fosse necessária", sendo que o "recurso [a] terceiro país não alteraria fundamentalmente [o] problema" até porque o governo não dispunha de "fundos que teriam [de] ser autorizados pelo Congresso".

A já estafada – por força do uso – desculpa da administração com o bloqueio proveniente do Congresso.

No entanto, Portugal – e não apenas o governo – estava muito seguro sobre a renovação do acordo, como se comprova pelo documento n.º 46, uma nota com o timbre da Assembleia Nacional, datada de 6 de Fevereiro de 1974, sobre os "pontos a tomar em consideração com vista ao eventual acordo sobre a base das lajes"

Trata-se de uma proposta assinada pelos sete deputados dos Açores e destinada a garantir que se concretizasse "em parte a retribuição do Governo norte-americano pelo uso da base das Lajes em termos de efectivo auxílio de toda a Região", sendo que a expressão "em parte" significava que as "outras vantagens, nos planos político e económico" deveriam "ser conseguidas no interesse de toda a colectividade nacional".

Os proponentes exigiam que fossem garantidos os interesses locais no que dizia respeito à utilização das infraestruturas rodoviárias na Ilha Terceira – compensação à Junta Geral do Distrito de Angra do Heroísmo porque 20% do tráfico era de viaturas norte-americanas.

Também queriam que os empregados civis dos serviços norte-americanos fossem "equiparados aos empregados comerciais das empresas privadas portuguesas, designadamente quanto a regalias, disciplina e acesso a uma Justiça de Trabalho integrada no sistema geral português" e exigiam um "fundo de compensação de salários", obtido do diferencial entre aquilo que recebiam os empregados civis portugueses e o que seria pago "a trabalhadores norte-americanos de categoria equiparável". Esse fundo seria da responsabilidade dos Estados Unidos e serviria para pagar "bolsas de estudo que compensassem os custos da insularidade em matéria de educação". Além disso, as verbas do fundo seriam aplicadas pelas três Juntas Gerais em "projectos de interesse regional a definir ouvida a Comissão de Planeamento da Região dos Açores e ao financiamento de estudos a promover pela mesma".

No que dizia respeito à geotermia, os deputados propunham que as entidades norte-americanas fizessem investigações em todo o arquipélago para se ajuizar da viabilidade – em termos quantitativos e qualitativos – de transformar o vapor em eletricidade, sendo que a "fase operacional" deveria ser imediata e levada a cabo em São Miguel e na Terceira.

Os EUA deveriam, ainda, garantir bolsas de estudo em "escolas e centros científicos e técnicos" a estudantes açorianos, nomeadamente no "campo da agro-pecuária" e deveriam colaborar na criação de um "Centro de Estudos Oceanográficos, de Biologia Marítima e de Vulcanologia".

Mais de âmbito nacional eram as exigências para o estatuto jurídico dos residentes norte-americanos, o apressar do financiamento do IV Plano de Fomento no que respeitava aos Açores e a revisão do sistema de importações de produtos estrangeiros e a tributação dos mesmos.

De registar que os proponentes consideravam que o estatuto dos residentes norte-americanos deveria ser revisto para terminar, no campo penal, a extraterritorialidade que existia em quase "metade da ilha Terceira" e para se definir "em termos inequívocos, a restante situação dos mesmos residentes como estrangeiros em Portugal".

A leitura desta nota permite verificar que os signatários não tinham esquecido o círculo por onde tinham sido eleitos e, embora não descurando os interesses nacionais, consideravam que também os regionais deveriam ser acautelados, pois os sacrifícios e os perigos exigidos aos residentes açorianos teriam de merecer alguma compensação.

No entanto, Rui Patrício, certamente pouco convencido com a forma como os norte-americanos estavam a abordar – ou a protelar – o processo negocial, resolveu delinear uma nova estratégia.

O documento n.º 47[328] dava conta dessa estratégia.

Assim, Portugal reconhecia a necessidade de "encarar [uma] nova orientação [nas] negociações [do] acordo [da] base [dos] Açores tendo em conta [as] reacções" do "lado americano sobre [o] fornecimento [de] equipamento militar", embora fosse "conveniente obter primeiro [uma] resposta clara" relativamente ao "pedido [de] fornecimento [de] mísseis" e "insistir e concretizar [o] pedido [de] mísseis mar/ar [que] consta [no] memorandum" que tinha sido entregue ao "Dr. Kissinger".

As "entidades competentes" já se tinham pronunciado sobre os "tipos [de] mísseis mar/ar" que eram necessários e sobre o tipo de "navios onde poderiam ser montados". A decisão ia no sentido de obter "unidades já equipadas com essas armas", ou seja, por exemplo, "as da classe ASHEVILLE dos EUA, na versão dotada com aquelas armas", sendo que para a defesa das instalações consideradas "seria necessário o fornecimento de 6 unidades navais".

Eram essas as informações que Themido deveria transmitir ao governo norte-americano, até porque fora Kissinger quem afirmara ser "mais fácil fazer aceitar [os] fornecimentos [de] meios navais para [a] defesa designadamente [das] instalações petrolíferas [de] Cabinda".

Ora, a nova pretensão portuguesa ia nesse sentido.

Quando recebeu este telegrama, o embaixador português ficou com dúvidas sobre o teor do mesmo e, por isso, não hesitou em contactar o MNE para solicitar esclarecimentos[329].

Na verdade, Themido receava não ter captado bem as indicações recebidas no telegrama 59 e, por isso, pedia ao Ministro que confirmasse se o que se pretendia era que, na sua qualidade de embaixador, fosse "recebido com urgência no Departamento de Estado para tentar "insistir na resposta aos pedidos"

---

[328] Telegrama com o n.º geral 1873 e o n.º 59 secretíssimo, enviado a 6 de fevereiro de 1974 às 23h 30 m, para a embaixada de Portugal em Washington, com apenas uma página e assinado no original pelo Ministro.

[329] Documento n.º 48, telegrama com o n.º geral 1624, correspondente ao n.º 90 urgente - secreto, recebido a 7 de fevereiro de 1974, acabado de decifrar às 17h 20m, da embaixada de Portugal em Washington, com apenas uma página.

que o MNE fizera a Kissinger e para "substituir [os] mísseis mar/ar mencionados [na] alínea d) [do] memorandum de 17 [de] Novembro [do] ano findo por 6 unidades navais [da] classe Asheville equipadas com aqueles mísseis".

A resposta do Ministro não poderia ser mais clara, curta e objetiva.

De facto, no documento n.º 49[330] só consta uma palavra: "confirmamos".

A azáfama telegráfica do lado português era, nesta fase, acompanhada por uma movimentação também intensa da parte norte-americana.

Por isso, Hall Themido informou que o «deputy secretary» Kenneth Rush lhe pedira para que o fosse ver ainda nesse dia ao "começo [da] tarde para se ocupar [do] problema [das] negociações [dos] Açores"[331].

Dos conteúdos abordados e, sobretudo, das propostas apresentadas falou o documento seguinte, o n.º 51[332], nas suas três páginas assinadas por um embaixador desanimado que dava conta ao Ministro do resultado da conversa mantida com Rush, pois a mesma, na sua opinião, não satisfazia minimamente os interesses portugueses.

De facto, as garantias que recebera para o fornecimento dos aviões «orion» e instalações «sonar» não eram suficientes para fazer esquecer a necessidade de consulta ao Congresso para saber se poderiam fornecer «hawks» e os mísseis em que Portugal estava interessado, nem a recusa de cedência de armas tipo «red-eye» ou carros antitanque.

No primeiro caso porque os Estados Unidos estavam a negociar com Moscovo, pois não pretendiam a "proliferação" desse tipo de armamento.

No segundo, porque os carros antitanque "seriam usados [no] plano interno [na] luta contra [as] guerrilhas o que era inaceitável".

Themido sabia bem o que significava a consulta ao Congresso em termos de tempo – apesar da promessa da diligência não ser muito demorada – e em fugas de informação que "fariam desencadear as forças [...] hostis".

---

[330] Telegrama com o n.º geral n.º 1936 e o n.º 65 secreto, assinado no original pelo Ministro, datado de 7 de fevereiro de 1974, às 21h 30m.

[331] Documento n.º 50, telegrama com o n.º geral 1674 e o n.º 92 urgente - secreto, recebido a 8 de fevereiro de 1974, acabado de decifrar às 15h 40m, enviado pela embaixada de Portugal em Washington, somente com uma página e assinado por Themido.

[332] Telegrama com o n.º geral 1719 e o n.º 95 urgente - secreto, recebido a 8 de fevereiro de 1974 acabado de decifrar às 24h 00m, e, logicamente, proveniente da embaixada de Portugal em Washington.

Aliás, até os aviões C-130 eram recusados sob o pretexto de que serviriam para transportar "tropas [no] plano interno" e não apenas passageiros civis e a hipótese de recurso a um terceiro país fora "considerada atentamente mas concluíram [que] não evitaria dificuldades no Congresso".

Como se percebe, entre os anseios portugueses e as propostas norte-americanas a diferença continuava enorme, apesar das promessas de Kissinger.

Na verdade, o sistema norte-americano de «checks and balances» reconhecia a importância do Congresso e, como Portugal bem sabia, muitos congressistas não se reviam na política de Nixon em relação a África.

O conteúdo do documento n.º 51 certamente que preocupou – para não escrever alarmou – Rui Patrício, que se apressou a chamar Hall Themido a Lisboa.

Por isso, o documento n.º 52[333] dizia apenas: "para ponderamos todos [os] aspectos actuais ligados [às] negociações [dos] Açores é conveniente [a] sua vinda Lisboa onde é Vexa chamado em serviço".

Esta situação era habitual sempre que o MNE considerava que o embaixador não estava a cumprir integralmente as indicações recebidas – o que não era manifestamente o caso – ou quando, como nessa situação, um telegrama ou uma carta não se revelavam suficientes devido à complexidade do problema.

No Arquivo Marcello Caetano nada consta sobre as conversações mantidas em Lisboa porque o documento seguinte, o n.º 53[334], já era proveniente da embaixada de Portugal em Washington e a sua única página era assinada por Themido.

No entanto, há dois elementos que merecem ser trazidos para este ponto da narração.

O primeiro tem a ver com o facto de o Secretário de Estado, que tinha acabado de regressar das visitas a Madrid e a Lisboa, ter ouvido, na última destas capitais, o Ministro dos Negócios Estrangeiros dizer que "at the insistence of Prime Minister Caetano the Ministry of Defense was undertaking a study of the US use of the Azores Base at Lajes. This would be followed by a Foreign Ministry study. At sometime in the future, possibly before the end of the

---

[333] Telegrama com o n.º geral n.º 2160, correspondente ao n.º 76, assinado no original pelo Ministro e enviado em 13 de fevereiro de 1974, às 23h 30m.

[334] Telegrama com o n.º geral 3125 e o n.º 147 secreto, recebido a 11 de março de 1974 e acabado de decifrar às 23h 00m.

CAPÍTULO 2: DO BLUFF PORTUGUÊS AO ULTIMATO DA ÁGUIA

year, the GOP would make proposals either in Washington or in Lisbon on the base". De acordo com o governante português, "It was not the intention of the GOP to be difficult or "fussy" about the base nor to cause the US any special problems", embora deixasse claro que "the GOP would deal only on a bilateral basis and was not interested in Lajes as a NATO base", até porque "Portugal had not been entirely satisfied with the agreement"[335].

O segundo tem a ver com a forma como a outra superpotência via todo este processo negocial.

Ora, no fólio 14 de SCCIM n.º 665, está mencionado um texto de um artigo assinado por Vladislav Drobkov no *Pravda* e que foi difundido pela "Tass in russian for abroad 0633 (also in English 0740) gmt", em 17 de fevereiro de 1974.

No excerto podia ler-se que "along with the preparation of an agreement on setting up new military bases [...] negotiations are in progress to extend the lease of the Lages base in the Azores, which during the recent Middle East conflict became a mainstay of the US «airlift» to Israel. In exchange for its consent, Lisbon asked the USA for additional arms deliveries. It is this 'coincidence of interests' of Portugal and its partners in the North Atlantic bloc that explains the unnatural tenacity of the last colonial bastions in Africa".

Dito em português e de forma clara, na perspetiva soviética era a compatibilidade dos projetos norte-americano e português que justificava a manutenção do Império Português.

Afinal, também os soviéticos percebiam que o «orgulhosamente sós» não passava de uma retórica para alimentar o «ego» nacional.

Voltando ao telegrama n.º 53, o embaixador português referia que Richard Allen lhe tinha revelado que o "Embaixador dos Estados Unidos respondeu a [uma] pergunta [do] congressista Crane sobre [as] negociações [dos] Açores [afirmando] que as mesmas prosseguirão normalmente".

No entanto, a vagueza da resposta não agradou ao congressista que insistiu numa "informação mais precisa" e o embaixador disse-lhe que os EUA tinham a "impressão [que] Portugal estava [a] jogar [uma] partida de «poker»" e acrescentou que essa era a "ideia [que] existiria aqui na Casa Branca".

---

[335] Citações feitas a partir do documento n.º 175, o memorandum de uma conversa existente no Volume XII de *Foreign relations of the United States, 1964-1968*, disponível no sítio http://history.state.gov/historicaldocuments/frus1964-68v12/d175, acedido em 8 de janeiro de 2012.

Allen também ouvira "dizer na embaixada americana" que para "pôr termo [ao] Acordo [dos] Açores seria necessário que até 3 de Agosto uma das partes declarasse [que as] negociações tinham fracassado".

Uma das estratégias do jogo de poker é o «bluff». O problema é se, como parece neste assunto, ambos os jogadores recorrem a essa estratégia.

A questão estava para durar, como se percebe pelo documento n.º 54[336]. Segundo essa missiva, o "Director Político encontrara [no] passado dia 13 em Bruxelas [os] senhores Sonnenfeldt e Hartman e tivera oportunidade [de] trocar impressões com o segundo acerca [dos] problemas [dos] Açores", tendo exposto a posição portuguesa nos termos da "carta [do] Ministro [do] passado dia 7", embora sem a referir, e defendido que era preciso "sair do aparente «stalemate» [a que] se chegou [nas] negociações", sem esquecer que a continuação norte-americana nos Açores estava condicionada à receção por Portugal da "compensação adequada".

Também não se esquecera de mencionar as "correntes anti-americanas em Portugal", as quais "poderiam levar [o] governo a, se não obtivesse tal compensação, pôr termo às mesmas facilidades".

Agora era Portugal a recorrer ao «bluff».

Hartman prometera ocupar-se do assunto quando regressasse a Washington e indicou-lhe que o novo interlocutor seria "certamente" Sisco e já não Porter.

Outro assunto abordado foi o do "recente pedido [do] suposto Estado [da] Guiné Bissau [do] estatuto [de] observador [das] Nações Unidas".

Hartman considerava "inevitável [que o] Secretário-Geral, como efectivamente já fez, lhe concedesse tal estatuto", embora a posição dos Estados Unidos não tivesse conhecido alteração e, como tal, "não reconheceria aquela ficção de estado", tendo o Director Político procurado assegurar-se de que os EUA "oporiam [o] veto [no] Conselho [de] Segurança" se a Guiné-Bissau, no Outono, solicitasse a admissão à ONU.

Como a resposta foi num tom "evasivo" seria aconselhável que Portugal ficasse "particularmente vigilante" e que, "por todos os meios", procurasse

---

[336] Documento de duas páginas, com número geral 3586 e n.º 104, urgente – secreto, assinado no original pelos Chefes PEA-POI e enviado em 18 de março de 1974, às 14h 00m, para a embaixada em Washington.

CAPÍTULO 2: DO BLUFF PORTUGUÊS AO ULTIMATO DA ÁGUIA

obter a "garantia [de] tal veto que será [a] única forma [de] impedir [que o] PAIGC consiga [o] seu objectivo [de] entrar nas Nações Unidas".

O Diretor Político sabia bem que Portugal "dificilmente" poderia "aspirar a mais do que [a] mera abstenção da parte [dos] restantes membros permanentes ocidentais".

Entretanto, chegou a altura de Themido dar conta da já referida "diligência determinada" pelo MNE[337].

Ao longo de duas páginas, o embaixador português informava que Rush não tinha escondido a "sua surpresa" e afirmara que o projeto português de uma "declaração conjunta era inaceitável". Depois fez as "habituais considerações sobre [o] uso [da] base [no] quadro [da] NATO e [do] desequilíbrio participação [dos] Estados Unidos [na] aliança atlântica relativamente [aos] outros aliados".

Rush lamentava os "prejuízos" que a ponte aérea causara a Portugal sem se esquecer de mencionar que os EUA também "enfrentaram [o] bloqueio [do] petróleo e [as] nacionalizações tinham beneficiado [os] países [da] Europa com [a] sua política".

Só que Themido fez questão de frisar que os prejuízos para Portugal tinham resultado da "colaboração dada aos Estados Unidos e que este país usou [a] Base fora [do] quadro [da] NATO e no prosseguimento [de uma] política [que] não parecia merecer [o] acordo [da] maioria [dos] aliados".

Confrontado com a dura realidade dos factos, Rush mudou de tática, passou a usar um "tom conciliador" e reforçou a ideia que os EUA pretendiam "manter [a] base e boas relações com portugueses". Segundo ele, as negociações "mal haviam começado", razão pela qual lhe a atitude portuguesa algo "extemporânea", até porque a administração tinha feito um "esforço sério" para corresponder ao pedido de equipamento militar e "esperava [que] houvesse terreno em que fosse possível" prestar "assistência" a Portugal.

Themido voltou a mostrar "vivacidade e firmeza", embora "dizendo falar a título pessoal".

Para ele, o Acordo dos Açores "só poderia ser negociado [a] troco [de uma] compensação importante" e não seria o "número [de] reuniões" nem o "tempo

---

[337] Documento n.º 55, com o n.º geral 3493 e o n.º 171 secreto, em "aditamento [ao] 165", recebido a 18 de março de 1974, acabado de decifrar às 23h 10m.

decorrido" que deveriam servir para apreciar as negociações, até porque os Estados Unidos tinham mostrado de "forma explícita ou implícita [a] sua capacidade [de] darem [uma] compensação importante a Portugal".

Themido frisara, ainda, que Portugal não podia "negociar [os] Açores [nas] condições [de] 1971" e que não estava interessado em que as "negociações se arrastassem", pois a resposta ao memorial poderia ter sido dada "imediatamente".

Face a esta argumentação, Rush voltou a uma "atitude [de] contemporização" e defendeu que deveriam voltar a falar depois de ele "analisar" o projecto e a "declaração e cartas" entregues pelo embaixador, mas assinadas pelo Ministro português, e que não tinham sido "lidas durante [a] audiência". Além disso, pedira mais precisão na indicação daquilo que Portugal pretendia receber "fora [do] campo militar onde haveria dificuldades insuperáveis [no] Congresso" e "ocorria-lhe [uma] central nuclear".

Stabler, que também estivera presente na reunião, reforçou a ideia que os EUA "não sabiam exactamente aquilo que Portugal pedia".

Na parte final do telegrama, Themido fazia a sua avaliação da audiência reforçando a ideia que os EUA tinham sido apanhados "de surpresa" e que tinha ficado claro para os norte-americanos que o governo português não se mostrava disposto a "negociar [nas] condições [de] 1971", para além de desejar ver o "assunto esclarecido com brevidade" e sem o mínimo receio sobre uma hipotética "ruptura [das] negociações".

Além disso, "pela primeira vez" se tinha revelado a "disposição americana [de] ir além [de] compensações meramente simbólicas".

Themido estava a preparar um "relato completo [da] diligência" para remeter ao MNE e a sua proposta, melhor, sugestão para o "desenvolvimento [das] negociações", embora não fosse de excluir uma "reacção emocional [de] Kissinger".

O último período era muito realista ao indicar que finalmente houvera "progresso dentro [da] única via [...] aberta e que exclui [...] a compensação [de] carácter militar" que Portugal solicitara.

O problema residia precisamente aí, pois era, sobretudo, de equipamento militar que Portugal carecia.

Este foi o último documento presente na pasta 3 da caixa 12 de AMC. Resta, agora, descobrir os segredos que a última caixa encerra.

Ora, na pasta 4, o primeiro documento é o n.º 56[338], o relatório a que Themido aludira no ofício anterior.

Este relato de cinco páginas tinha sido "preparado pelo Dr. Alves Machado" para narrar ao pormenor a "diligência" efectuada no dia 18 junto do "Deputy Secretary of State", Kenneth Rush.

Assim, o Ministro era aconselhado a não renovar o pedido de armamento, embora devesse insistir "no fornecimento de aviões C-130 na sua versão civil", com "destino aos TAP ou aos serviços da DTA ou DETA".

Era a forma de garantir os aviões, "sem prejuízo" de estes "virem a ser utilizados com a finalidade em que estivermos interessados através do seu «aluguer» ao Estado".

Dito de uma forma mais direta, o que interessava era que os aviões viessem porque logo haveria uma forma de assegurar a sua utilização de acordo com os interesses de Portugal.

Mais reforçava as principais ideias contidas no telegrama já enviado, sobretudo sobre "o maior interesse" americano em manter a base das Lajes, com a curiosidade de Rush ter sugerido "uma compensação no domínio da energia nuclear, vindo ao encontro das nossas verdadeiras intenções ao realizar esta diligência". Era, afinal, uma "compensação significativa", que apontava para o reconhecimento norte-americano de que já não era possível negociarem nos termos em que o tinham feito aquando do anterior processo negocial.

Segundo o relatório, era preciso "proceder com realismo e procurar não perder tempo, para colher os benefícios possíveis do impacto produzido" pela diligência, até porque iriam surgir "inúmeras dificuldades" e a ameaça de ruptura "dificilmente pode voltar a ser usada em condições idênticas".

De facto, a insistência no bluff pode virar-se contra o jogador!

Face ao exposto, o relatório considerava que o pedido de compensações deveria ser formulado da seguinte forma:

a) Apoio político geral, conforme já indicado;
b) 4 aviões «ORION»;
c) 4 aviões C-130;

---

[338] Um telegrama muito urgente e secreto da embaixada de Washington para o MNE – Proc. 15,21 –, datado de 20 de março de 1974 e em "aditamento [ao] telegrama n.º 171".

d) Equipamento «Sonar», conforme pedido apresentado oportunamente;
e) Fornecimento e instalação de uma central nuclear;
f) Bolsas de estudo no valor de 1 milhão de dólares;
g) Fornecimento de cereais ao abrigo da lei PL – 480 até ao limite de 15 milhões de dólares em cada ano de validade do Acordo;
h) Colaboração técnica e financeira na prospecção e eventual utilização do aproveitamento da energia geotérmica dos Açores.

Era, ainda, importante considerar "o fornecimento do equipamento «Sonar» como feito em substituição dos «excedentes»" a que Portugal tinha direito "ao abrigo do Acordo de 1971".

Além disso, deveria ser melhor definida a colaboração técnica e financeira, que podia ocasionar "despesas vultuosas", havendo a hipótese de se "fixar um limite àquelas despesas embora a sua formulação em termos vagos deixe maior margem para negociar".

O relatório também considerava que se deveria "procurar conseguir alguma coisa de interesse regional para os Açores " e que poderiam ser tidos em linha de conta "alguns dos projectos referidos no despacho EEA – 1188, de 5 do corrente", embora os mesmos devessem ser objeto de uma seleção "criteriosa".

No que concerne à central nuclear, "após consulta" a técnicos portugueses, Portugal deveria apresentar um projeto "de forma precisa" e, no que dizia respeito aos aviões Orion, como eram "de difícil manutenção" e exigiam "tripulações numerosas sendo portanto difíceis de manter em operação", o embaixador aconselhava "atenção".

Como havia limites nos pedidos referentes às alíneas f) e g), o documento sugeria que fosse feito apenas um pedido, "ou seja, o fornecimento e instalação de uma central nuclear em condições que temos de esclarecer com clareza", embora tivesse indicado na sua sugestão "alguns outros pontos".

Na parte final, reconhecia-se "a conveniência de ser dada satisfação à população dos Açores" e, como "os restantes pedidos" eram "relativamente modestos", havia "margem para cedências, sempre necessárias em negociações".

Afinal, se o padre António Vieira dizia que nenhuma palavra custa tanto a pronunciar como a palavra «pedir», o mesmo não se passa quando se fala em «cedências», desde que estas, na impossibilidade de favorecerem os nossos interesses, sejam, pelo menos, equilibradas.

De notar que o documento n.º 56 tem um anexo 1 de nove páginas, um documento secreto com a chancela da embaixada de Portugal em Washington, sobre as negociações para a renovação do Acordo dos Açores, sessão de 18 de março de 1974, na qual tinham estado presentes o embaixador de Portugal, João Hall Themido, o primeiro secretário, Pedro Alves Machado, o "Deputy Secretary of State", embaixador Kenneth Rush, o "Deputy Assistant Secretary of State", Wells Stabler, o Sr. Michael Samuels e o Sr. Jack Smith.

O início do documento marca a posição de Themido que recordou "o ponto de vista português, expresso no início das negociações, de que não era do interesse de Portugal a existência da Base", até pela oposição da opinião pública, muito reforçada pela questão da ponte aérea durante a crise no Médio-Oriente e das próprias Forças Armadas. Por isso, só a "amizade para com os Estados Unidos" levara à disposição de negociar, embora frisando "o interesse de Portugal em obter compensações importantes", pois não podiam ser olvidados os prejuízos advindos da colaboração portuguesa, nomeadamente a nacionalização pelo Governo de Bagdad das acções da fundação Gulbenkian na «Basrah Petroleum Co.» "de que resultou a perda de 3/4 dos seus rendimentos provenientes de petróleo; o corte de relações diplomáticas com o Líbano" – um país com o qual Portugal tinha "sólidos laços em diversos campos e numerosos interesses em comum" – e o "embargo de produtos petrolíferos, além de diversos actos de hostilidade por parte dos árabes de que resultara agravada" a posição internacional de Portugal.

Como o prometido é devido – e não de vidro – aqui está a resposta para a Fundação portuguesa prejudicada – a Gulbenkian – e a causa do prejuízo – a nacionalização pelo governo de Bagdad das acções da Fundação Gulbenkian na «Basrah Petroleum Co.».

Face a esses prejuízos, o governo português ficara em "choque" com a resposta norte-americana ao memorandum português, pois a mesma apenas continha ofertas sem interesse e primava pela ausência de "quaisquer concessões significativas". Aliás, o choque também decorria do facto de os EUA, no seu memorandum de 2 de novembro, terem exprimido "surpresa por pedirmos compensações", situação que não era nova porque, no acordo anterior, Portugal tinha deparado "com resistência em obter compensações mínimas" e, ainda mais grave, viria a encontrar "posteriormente dificuldades na sua execução".

Por isso, se os EUA estavam "impossibilitados de entrar em maiores concessões", impunha-se o realismo de dar as negociações como "falhadas" – embora o termo correto fosse «fracassadas» – e, prevendo que essa situação se viria a verificar, Themido até trazia um "projecto de declaração conjunta pela qual ambas as partes, em termos amigáveis, davam por terminado o uso das facilidades concedidas nos Açores", embora acautelando que, na eventualidade de os EUA necessitarem de usar a Base dos Açores, Portugal estaria disposto a "estudar o assunto com a melhor compreensão".

Themido informou, ainda, ser portador de duas cartas do MNE para o Secretário de Estado e que entregaria a Rush.

Como se constata, nesta mesa de poker, Portugal fazia uma jogada de «bluff» e ficava a aguardar a reação do adversário.

Afinal, fora o gisar dessa estratégia que levara o MNE a chamar o embaixador a Lisboa.

Rush leu o texto da declaração e considerou que o mesmo "não lhe parecia aceitável". Depois, procurou defender a posição norte-americana, mas dando-lhe uma visão mais global.

Assim, referiu que a ação da NATO nem sempre era "devidamente apreciada e valorizada", a exemplo do papel dos EUA na organização, que "excedia o que em termos de justiça lhes deveria caber", não apenas nos "armamentos atómicos", mas também nas "forças convencionais que os Estados Unidos mantinham na Europa e que implicavam um dispêndio anual de 2,5 biliões de dólares". Não lhe parecia que a contribuição portuguesa estivesse a ser "desproporcionada em relação às contribuições dos outros aliados", mas se tal acontecesse, os EUA estariam dispostos a conceder "alguma compensação" que deveria "ser suportada por todos os Estados-membros da NATO", dando o exemplo da Alemanha.

Como se percebe, Rush colocava a resolução da questão não no plano bilateral mas no âmbito da NATO e considerava que seria "justo" se as "contribuições dos outros aliados fossem aumentadas".

No que concerne à crise do Médio-Oriente, considerou que "toda a Europa beneficiara da acção norte-americana" porque se Israel "tivesse sido esmagado, a situação da Europa seria muito grave" e lembrou que não era apenas Portugal que estava a "sofrer a reacção árabe", pois os EUA "também eram atingidos pelo embargo de produtos petrolíferos, interesses americanos nos países árabes tinham sido nacionalizados" e o petróleo ficara mais caro, levando a um "aumento de preços" e a um "agravamento de 9 biliões de dólares" no "passivo da balança comercial norte-americana".

No que se referia aos pedidos portugueses, considerava que a administração dos EUA tinha feito "o possível para os satisfazer, oferecendo-se para sondar o Congresso no que respeita ao fornecimento de mísseis" e esclarecendo que os "navios da classe «Ashville» só podem ser equipados com mísseis mar-mar".

Themido afirmou compreender o ponto de vista dos EUA "quanto às contribuições dos Estados-membros da NATO", mas afirmou que as despesas militares de Portugal "em África resultavam em benefício de toda a Aliança Atlântica" e que a contribuição de Portugal não era "escassa quando comparada com as nossas possibilidades". Só que os problemas "nacionais, nos quais os outros não nos ajudam eram prioritários: os problemas da NATO teriam de ser secundários".

O embaixador fez questão de frisar que "não era justa" a comparação dos prejuízos para Portugal resultantes da reação árabe como os dos outros países porque Portugal estava a ser prejudicado devido à "solidariedade para com os Estados Unidos" e lembrou que as facilidades concedidas nada tinham a ver com a Aliança Atlântica, situação que mereceu a concordância de Rush.

Face a esse apoio, Themido considerava que "o que os Estados Unidos ofereciam em material militar equivalia a uma negativa" e que de nada valia a consulta ao Congresso porque os "elementos activistas", mesmo não representando os EUA, "teriam meios de impedir que o pedido português fosse considerado favoravelmente".

A título pessoal e que não devia ser registado "no relato da conversa", o embaixador português classificou a resposta dos EUA ao pedido português como "brutal" e uma marca de "falta de generosidade na execução do Acordo de 71", pois só depois da intervenção de Kissinger o EXIMBANK "revelara disposição de colaborar" e, mesmo assim, "não se verificara qualquer boa vontade no fornecimento de material excedente de natureza não militar".

Rush não concordou com a leitura portuguesa e pediu a Jack Smith que "referisse, rapidamente, alguns dos resultados obtidos em execução do acordo anterior". Este reafirmou a "melhor boa vontade e inteira boa fé" dos americanos, como se comprovava pelos "fornecimentos de cereais ao abrigo da

PL-480" e pelas "extensas listas de artigos dos excedentes não militares", para além do "auxílio em matéria de educação".

Themido rebateu afirmando que "os técnicos portugueses nada haviam encontrado, nas listas fornecidas, que fosse de interesse para Portugal e certamente que não iríamos pedir material inútil apenas para o armazenar". Aliás, devido ao facto do pedido se basear num Acordo, os EUA poderiam ter "incluído naquela lista material que fosse do seu interesse especial", situação que não se verificara. Daí a posição portuguesa de considerar a resposta americana "negativa, não só quanto a eventuais auxílios em equipamento militar, como também quanto a qualquer substancial contribuição de carácter económico ou técnico".

Rush voltou a não concordar com essa leitura e questionou "se ambos os países ficariam em melhor situação se as negociações terminassem sem se chegar a acordo". Aliás, as negociações "mal se haviam iniciado e parecia prematuro dá-las por findas".

Themido, embora concordando com a brevidade das negociações, retorquiu que "parecia que nada havia para negociar", pois os EUA "consideravam a base dos Açores no quadro da NATO e não ofereciam pela sua utilização qualquer compensação substancial".

Rush era um hábil negociador e, por isso, voltou a insistir no não encerramento das negociações porque havia "na parte económica e técnica" possibilidades "ainda não exploradas" e só no campo "militar os auxílios dos Estados Unidos eram necessariamente limitados".

No entanto, fez questão de recusar "um «pagamento» pela concessão das facilidades", posição que levou Themido a afirmar que Portugal também não estava interessado em "receber compensações sob a forma de uma renda", embora classificando o que acabara de ouvir como declarações "muito importantes", pois o governo do seu país estava convencido "de que era impossível chegar a um acordo", face à "resposta negativa ao memorandum com pedido de armamento defensivo" e porque convinha recordar que "em 1971 quase nada obtivera".

Ora, como na atualidade era preciso uma "compensação adequada maior do que em 1971", devido a "ameaças sérias de ataque do exterior contra territórios portugueses", Washington tinha de perceber as reivindicações portuguesas, até pela "agitação entre as Forças Armadas".

Era necessária uma compensação "substancial" e rápida e os EUA estavam a arrastar o processo, pois tinham demorado "mais de dois meses" a responder ao memorandum português e a resposta poderia ter sido dada "em questão de horas".

Mais uma vez Rush justificou a demora com a necessidade de explorar e estudar "todas as vias possíveis para fornecer o material", relembrou a estratégia de usar Israel como intermediário e reafirmou que os EUA tinham "ido tão longe quanto podiam" e julgavam que as suas ofertas tinham "agradado a Portugal em certos aspectos".

Aliás, não era a concessão de facilidades que justificara o apoio norte-americano porque os EUA "mesmo sem essas facilidades" teriam ajudado Portugal "na medida do possível". Só que havia o Congresso a dificultar no caso das guerras em África, mas prometeu voltar a estudar o assunto "rapidamente".

Entretanto, Stabler, que entrara durante a sessão, voltou a solicitar a lista das "necessidades portuguesas", pois, sem ela, "não seria possível avançar nas negociações".

Themido repetiu que Portugal não aceitaria "a repetição das negociações de 1971", embora frisando que não estava a fazer uma "ameaça" e Rush encerrou a conversa insistindo na exploração dos "outros campos além do militar para cooperação dos Estados Unidos com Portugal", designadamente "no domínio das centrais de energia nuclear", e na importância da base dos Açores para os EUA, mas lembrando que também tinha "grande valor a amizade de Portugal".

Não há nada melhor do que lembrar ou invocar a amizade quando a situação não parece favorecer os nossos interesses!

O documento seguinte serve para quebrar a monotonia no que diz respeito aos interlocutores.

De facto, o destinador era a missão permanente de Portugal na ONU e o documento era o texto "completo" da carta missão dos E.U. "assinada [pelo] embaixador Bennett [e] lida [no] comité 24 por Presidente Salim".

A carta reconhecia que "the United States for some time has utilized military facilities at Lajes in the Azores islands as part of the NATO defence system for North America and Europe" e que "the current negotiations between the United States and Portugal pertain solely to the extension of the United States' use of the Azores facilities".

Mais referia que "the United States has no intention of establishing a military or naval base in Mozambique or any of Portugal's other territories in Africa", embora "the United States naval vessels with the approval of the governments involved will continue to make occasional calls at East African ports, including those in Mozambique, as they traditionally have".

Face ao articulado, Portugal ficava a saber que não era o facto de não haver uma base americana que impedia os Estados Unidos de, sempre que considerassem necessário, usarem os lugares que lhes convinha, pois, a necessidade de requerer aprovação para esse uso não passava de um eufemismo.

O documento n.º 58, o apontamento 28/3/7 secreto, dizia respeito à "conversa com o Conselheiro da Embaixada dos Estados Unidos" e era um documento longo, pois estendia-se por quatro páginas

Ao longo dele, Freitas Cruz dava conta da visita do conselheiro da embaixada dos EUA, Post, e, depois de uma breve abordagem de dois assuntos – um deles a notícia saída no *New York Herald Tribune* dos contactos de Luís Cabral e Aristides Pereira com o Departamento de Estado –, a conversa passou a incidir sobre as "negociações dos Açores e da conversa que eu tivera em Bruxelas com os Srs. Sonnenfeldt e Hartman e da do Embaixador Themido com o Embaixador Rush em Washington".

A conversa versou, igualmente, a posição dos EUA relativamente ao veto no Conselho de Segurança da entrada da Guiné-Bissau para a ONU e o lado português fez questão de mostrar a estranheza por esse facto não lhe ter sido "assegurado" por Hartman.

Post tinha o documento na sua posse e voltou a referir que no mesmo constava que "a posição americana não sofrera alteração", só que "faltava no relato" uma "expressa referência à questão do veto".

Aliás, Post notara "uma diferença de tom" entre as conversas de 14 e 18 de março, pois na última houvera "uma posição muito mais dura da nossa parte" e quisera saber "ingenuamente" se tal se ficara a dever "à circunstância de entre as duas datas ter ocorrido a demissão dos Generais Costa Gomes e Spínola", uma suposição que foi considerada "ridícula", até porque a carta entregue a Rush tinha sido assinada pelo Ministro em "7 de Março".

Cruz explicou a Post as razões do seu encontro com Hartman e informou-o que dissera a este último que "o que se passara no plano interno em Portugal em nada afectara a nossa posição na questão da negociação dos

Açores", pois Portugal não estava assustado com a possibilidade de rutura nas negociações.

Como Post quisera saber "em que «court» se encontrava agora a bola", Cruz respondeu que lhe parecia que era no lado americano porque Rush "nem sequer lera as cartas diante do Embaixador" e, por isso, Portugal, enquanto aguardava a resposta de Kissinger, estava a estudar a questão da "central nuclear" e as "compensações no plano civil", embora mantendo a "esperança de obter algum do equipamento militar solicitado nomeadamente os aviões C-130".

Mais fez questão de recordar que sem acordo Portugal não deixaria "os americanos continuar a usar as Lajes" e que o tempo estava a passar depressa e só havia "praticamente quatro meses para chegarmos a um acordo".

Finalmente, depois de mencionar a atenção com que os EUA estavam a seguir a situação derivada da publicação do livro de Spínola, Post deu conta do cancelamento do jantar previsto na embaixada com os "dois generais" pois não queriam "parecer estar a tomar posição em relação a problemas internos portugueses" e, a título pessoal, alertou para que se Portugal fosse para uma "linha governamental da extrema direita", não poderia contar "com o menor apoio da parte dos Estados Unidos". Aliás, também nas negociações para a renovação do Acordo dos Açores, os EUA "teriam que ser muito cautelosos em não parecer que nos estavam dando «pats on the back»".

A título igualmente pessoal, Freitas Cruz considerou os receios "infundados". Aliás, como Post sabia, se tal se verificasse não se "buscaria apoio dos Estados Unidos mas pelo contrário insistiria na saída dos americanos dos Açores" porque as posições da extrema-direita e das esquerdas "pareciam coincidir em sentido desfavorável aos interesses dos Estados Unidos".

Face ao exposto, se os Estados Unidos fizessem questão de se manterem nos Açores, a melhor solução passaria por continuarem a apoiar o regime de Caetano.

Por falar no Presidente do Conselho, o documento n.º 59 era um cartão de Rui Patrício para Marcello Caetano a acompanhar a carta do Secretário de Estado norte-americano.

Na missiva Patrício dava conta que tinha "a impressão que estamos agora no bom caminho neste assunto" e anexava, ainda, "um apontamento da conversa com o cônsul de Israel", lembrando que Moreira Batista já lhe tinha falado "em tempos, a iniciativa da constituição de uma Câmara de Comércio Luso-israelita" e, face aos "últimos acontecimentos" talvez Portugal devesse "rever" a sua posição. Por isso, pedia a concordância de Marcello Caetano para falar "no assunto ao Senhor Ministro do Interior".

Quanto à carta, que consta em anexo, enviada por Stuart N. Scott em 12 de abril de 1974 e escrita por Kissinger no dia anterior, lamentava que Portugal considerasse "a wholly negative response" aquilo que lhe fora oferecido pois tinha havido "a forthcoming attitude toward your stated needs" e não se podia esquecer "the approval of Congress" no que dizia respeito a "any substancial provision of military equipment", situação que estava longe de garantida e exigiria que "only prior consultations with selected Congressional leaders would enable us to ascertain whether this route could be pursued with any hope of practical results".

No entanto, Kissinger fazia questão de reforçar que não comungava do pessimismo de Themido relativamente ao sucesso da renegociação do Acordo dos Açores porque os EUA já tinham demonstrado o seu "willingness to explore in good faith ways of satisfying the desires set forth by your Government", nomeadamente a consulta ao Congresso, a "attitude toward the proclaimed state of «Guinea-Bissau» and our posture in the United Nations and other international organizations with respect to unfair attacks on Portugal".

Depois, Kissinger reforçava a ideia da disponibilidade para "device news ways of cooperating in such areas as economic developmnent, industry, education and technology".

Afinal, bastaria "imagination and good planning" para desenvolver "programs which could be of benefict to all segments of Portuguese society and which should be able to evoke the support of Congress and the American people".

Por isso, aguardava "with interest" as sugestões específicas de Portugal e prometia dar-lhes "prompt and sympathetic study". Aliás, estava convencido "that we will be able to come to early agreement on the renewall of the U.S. Peacetime rights at Lajes".

Talvez devido a este otimismo norte-americano relativamente à renovação do Acordo, o documento seguinte que consta na pasta 4 da caixa 12 do Arquivo Marcello Caetano – o n.º 60, um aviso bilingue de doze páginas assinado por Lincoln Mac Veagh e Paulo Cunha, com doze artigos – era, nem mais nem menos, que uma cópia do Acordo assinado em 6 de setembro de 1951 – o Acordo de Defesa entre Portugal e os Estados Unidos da América – que entrou em vigor "na data da sua assinatura, deixando na mesma data de vigorar o Acordo de 2 de Fevereiro de 1948".

Será que esse Acordo constituía o *corpus* referencial para a renegociação?

2.5. Um Acordo Serôdio

Como esta narrativa é fechada, o documento final – o n.º 61 – era a "copyy n.º 2 of 5 – Top Secret – Memorandum The Azores Agreement", ou seja, o Memorandum do Acordo dos Açores, um documento com três páginas escritas em inglês.

Na parte I considerava-se que o Acordo seria "a concise document: its text only mentions general political and economic points, and possibly points of local interest".

Depois, a parte II estipulava que "there will also be with the same force, an agreement for the supply of defensive equipment by the USA to Portugal", sendo que o mesmo compreendia "only a few items – but all of them of paramount importance and of the same first priority".

No termo deste ponto já era possível "to assesse our requirements" divididos em 4 items:

"Ground-air missiles" de dois tipos "Hawk type for the defense of 3 points" e "red eye type (individual missile).

Os primeiros para a defesa da Guiné, onde aos "planes and bombs already in hands of terrorists" deveriam ser adicionados dois novos elementos: " sovietic presence increasing; fighters and long range reconnaisance planes".

Defesa, também, de Cabinda, Angola, nomeadamente das "oil installations [because] USA sources passed already information regarding possibility of attacks".

Aliás, não se podia olvidar que uma "recent information from sources of the utmost reliability refers to Colonel Kadhafi's offers of support to President Mobutu for an attack against Angola including the supply of planes and pilots".

Finalmente, ainda se deveria acautelar a defesa de Cabora Bassa, Moçambique, pois era "a very important power plant being built on the Zambeze".

A quantidade requerida era constituída por "1 training unit; 6 double platoons; ammunitions".

Quanto ao "Red eye type", considerados "very accurate weapons", escrevia-se que os "terrorists armed with Red eye are being court-martialed for failure of shooting down planes. In their hands: 400 missiles".

A quantidade requerida era de "1000 ammunition".

Na parte B) constavam "modern vehicle-mounted anti-tank systems", com uma quantidade requerida de "one training unit; 200/300 vehicles", sendo referido que "for a) and b) above the supply of share parts and ammunition should be ensured" e que "the present void of adequate defensive equipmnent is inviting the attacks".

Na parte C) eram referidos "C 130 and Orion planes" e indicava-se que "there is an acute need for transport planes: C 130", com uma quantidade requerida de 4. Como consta no documento, "for the patrol and rescue squadrons (also employed in ASW), to be based in the Açores, the Orion is the most suitable plane" e, por isso, a quantidade requerida era de 4 que "will be used in NATO missions".

Finalmente, em D) "sea-air missiles", o document começava por afirmar que "the oil plataforms at Cabinda are on the sea" e, por isso, "the presence of some naval units equipped with missiles will constitute a strong deterrent, and a strong defence as well, either at Cabinda or at some other vital points".

Por isso, a quantidade exigida era de 10 "to be installed in Frigates or missiles boats".

A parte III, que era a última, acautelava que "it will be established, in accordance with USA indications, a suitable channel of communication in order to ensure the indispensable information about training, repairs, spare parts and re-supply, if need arises".

Afinal, a estratégia dupla de «bluff» parecia ter acabado por garantir a cada parte o máximo dos mínimos.

Aliás, esta parte da narração tinha sido prevista com relativa exatidão por várias personalidades e até por meios de comunicação social.

De facto, nos fólios 19-20 de SCCIM n.º 665, o documento n.º 26/74 de 11 de fevereiro de 1974, relativo à resenha n.º 01/74 do GNPMU, dava conta de um artigo publicado na revista tunisina *Jeune Afrique* a 1 de dezembro e intitulado «A Conta a Pagar»

Nesse artigo podia ler-se todo o desenrolar do processo desde "meados de Novembro", altura em que, de acordo com a revista, o embaixador português em Washington tinha entrado em contacto com alguns senadores para pedir duas coisas.

A primeira era "a revogação do Foreign Assistance Act, uma lei aprovada em 1961, que impede as tropas de Lisboa de utilizar armas americanas na África «portuguesa»; lei que nunca foi aplicada mas que poderia tornar-se importuna se os liberais dos Estados Unidos se lembrassem de exigir a sua aplicação".

A segunda tinha a ver com "a retirada de uma emenda recentemente aprovada pelo Congresso que pede ao presidente para suspender toda a assistência a Portugal nas suas guerras africanas".

Além disso, referia que no plano económico, o governo de Caetano entendia que os Estados Unidos deviam pagar "mais cara a utilização da base das Lajes. Para isso iniciaram-se negociações que devem terminar, com certeza, antes do fim de Fevereiro de 1974".

Afinal, o jornal, apesar dos dados relativos ao acordo de 1971 deixarem perceber que a Matemática não era o seu forte – falava, por exemplo, que "Washington abriu um crédito de 5 milhões de dólares a favor de Lisboa" – só errou um pouco na antecipação da data.

No entanto, a garantia de acordo iria ser atacada pela doença da temporalidade, pois, em Portugal, o 25 de abril de 1974, depois de se ter feito anunciar através do «Golpe das Caldas», acabaria por sair à rua e, face ao reduzido – para não dizer quase nulo – apoio a Caetano, acabaria por derrubar o regime.

Aliás, também a administração norte-americana estava irremediavelmente fragilizada devido ao escândalo Watergate e, em 9 de agosto de 1974, Nixon antecipou-se à perda de mandato que o Senado se aprestava para decretar e apresentou a demissão.

Por isso, este capítulo que parecia caminhar para um final anunciado – feliz, segundo uns, possível, segundo outros – acabou por sofrer um volte-face que os negociadores não tiveram a sageza de prever.

Não serão poucos aqueles que concordam com o adágio popular segundo o qual há males que vêm por bem!

Capítulo 3: Novos Voos da Águia e dos Açores

3.1. Os Estados Unidos e a Conjuntura Revolucionária em Portugal
Historiado o processo relativo aos dois períodos do Estado Novo, é tempo de perceber aquilo que aconteceu no período subsequente ao 25 de abril de 1974, quando se iniciou a fase que, por motivos ideológicos, uns designam como II e outros como III República.

Ora, um primeiro elemento a ter em conta prende-se com o peso que o Partido Comunista Português (PCP) teve na conjuntura interna portuguesa que se seguiu ao fim do regime da Constituição de 33, pois alinhava ideologicamente com a outra superpotência.

De facto, logo nas comemorações do 1.º de maio de 1974, ou seja, menos de uma semana decorrida sobre o golpe de estado, ficou nítido que o modelo que o líder histórico do PCP, Álvaro Cunhal, defendia para Portugal era diferente daquele que muitos dos exilados políticos entretanto regressados – designadamente Mário Soares – tinham em mente[339].

---

[339] Em momento posterior – 6 de novembro de 1975 – Soares e Cunhal protagonizariam o mais célebre debate da televisão portuguesa. Numa conjuntura marcada pelo aproximar da data da independência, que já se sabia não iria ser consensual, de Angola – 11 de novembro – e por uma instabilidade política e social que levaria ao 25 de novembro, durante cerca de quatro horas, Soares e Cunhal mantiveram um debate aceso sobre a conjuntura, tendo ficado para a História a frase com que Cunhal rebateu a acusação de pretender instaurar em Portugal uma ditadura de esquerda: «Olhe que não! Olhe que não!».
Para descanso da maioria do povo português o 25 de novembro encarregar-se-ia de dispensar a confirmação da autenticidade das palavras de Álvaro Cunhal.

Num Mundo ainda bipolar, as solidariedades do PCP estavam com a URSS e, por isso, os Estados Unidos eram vistos como os representantes do imperialismo e do capitalismo.

Acresce, ainda, que essa era também a posição de movimentos esquerdistas muito ativos nos principais centros urbanos à volta de Lisboa que, por um lado, acusavam o PCP de revisionista, mas, por outro, viam nos EUA o legítimo representante do modelo de sociedade que se propunham derrubar.

Nessa fase de revolução social durante a qual foi difícil identificar a sede, a forma e a ideologia do Poder, a embaixada norte-americana em Portugal não conheceu vida fácil.

Por isso, se explica a vinda de Frank Carlucci para o cargo, conhecida que era a sua experiência no «Foreign Service» e as relações com o Departamento de Estado. Carllucci, nomeado ainda em dezembro de 1974, apresentou credenciais em 24 de janeiro de 1975 e, durante o «Verão quente» desse ano, usou a CIA como forma de executar as ações que pudessem servir os interesses norte-americanos.

Aliás, talvez se possa dizer que Carlucci veio para Lisboa apostado em contrariar a estratégia concebida por Kissinger, situação que merece reflexão.

Na verdade, apesar de tudo aquilo que já foi dito nesta investigação sobre a visão de Henry Kissinger relativamente a Portugal, importa frisar que, no Verão quente de 1975, o Secretário de Estado era do parecer que não se justificava o apoio norte-americano a Lisboa e que a sua administração podia colher dividendos desse desinvestimento.

Era a «teoria da vacina», uma forma de deixar cair Portugal para a órbita do Bloco de Leste para que tal servisse de aviso aos outros países do Sul da Europa – sobretudo à vizinha Espanha – cuja transição de regime estava em curso, mesmo recorrendo à dispensa de uma geração.

Assim, depois de verem o que tinha acontecido em Portugal, era possível que os vizinhos ficassem vacinados contra o comunismo, embora Kissinger talvez não tivesse levado na devida conta o facto de a rutura em Portugal ter sido causada por um golpe de estado, enquanto em Espanha Franco tinha «entronizado» Juan Carlos, ao designá-lo como herdeiro em 1969.

Convirá, no entanto, dizer que não era apenas Kissinger que não parecia captar por inteiro a situação interna portuguesa, pois os resultados das eleições para a Assembleia Constituinte foram inesperados para muitos, até para algumas figuras do MFA, que reservavam ao Partido Socialista de Mário Soares um «honroso» terceiro lugar. Afinal, segundo essas figuras, nada tinha de desprestigiante ficar atrás do MDP/CDE e do PCP, os «vencedores garantidos», antes de o povo ser chamado a exercer o seu novo direito.

Ora, a realidade traduzida pelos votos reforçou a ideia de Carlucci no sentido de que havia uma alternativa à tese de Kissinger. Daí a pertinência de apoiar os partidos mais moderados como forma de evitar que as forças extremistas e revolucionárias, apesar dos reduzidos resultados eleitorais, tomassem conta do Poder.

As paredes e vários jornais dessa altura encarregavam-se de denegrir a política externa norte-americana e a figura do seu representante em Portugal, ao mesmo tempo que as personalidades políticas moderadas se apercebiam da importância de contar com o apoio dos EUA para a implementação do novo modelo português, ainda que o regime se baseasse numa Constituição que estipulava, no seu Preâmbulo, "a decisão do povo português de defender a independência nacional, de garantir os direitos fundamentais dos cidadãos, de estabelecer os princípios basilares da democracia, de assegurar o primado do Estado de Direito democrático e de abrir caminho para uma sociedade socialista, no respeito da vontade do povo português, tendo em vista a construção de um país mais livre, mais justo e mais fraterno".

O problema residia no caminho para o socialismo!

Nessa conjuntura revolucionária, o facto de o Partido Socialista ter ganho as eleições para a Assembleia Constituinte e do Partido Popular Democrático (PPD) ter sido a segunda força mais votada de pouco contava porque essa legitimidade decorrente do voto era, quase quotidianamente, colocada em causa pelas forças vencidas no ato eleitoral e o MFA dividia-se na forma como acompanhava o evolucionar da situação.

O país continuava em transe. O processo dito descolonizador encarregar-se-ia de repatriar bem mais de meio milhão de nacionais e outros que foram recebidos como retornados, como se fosse possível regressar a um lugar onde nunca se tinha estado, uma sensação de «déjà vu» por antecipação.

Entretanto, era tempo de o 25 de novembro de 1975 clarificar qual o sentido dominante – ainda que não único – no MFA.

A Constituição, um produto da ação humana, denotava claramente que os homens que a tinham edificado e aprovado não tinham conseguido desligar-se da circunstância que o país vivia. Por isso, foi a Constituição possível, demasiado conservadora para as forças à esquerda do PS e demasiado revolucionária para os partidos à sua direita. O Partido Socialista, numa posição de charneira entre essas duas forças opositoras, também apresentava a nível interno as marcas dessa clivagem ideológica que não tardaria a provocar ruturas e cisões.

Como era evidente, na conjuntura de então, toda a ligação aos Estados Unidos apresentava conotações negativas e, por isso, não era publicamente apresentada ou defendida.

Era necessário tempo para a poeira revolucionária assentar e para Portugal começar a estruturar-se internamente. Além disso, havia a primeira eleição presidencial pós-25 de abril de 1974 para disputar[340] e, na ótica das forças moderadas, era importante não apenas evitar a dispersão de votos, mas também, que a esquerda revolucionária não se unisse em torno de um candidato único.

Mesmo não dispondo de elementos para estabelecer uma relação de causalidade, parece oportuno referir que Carlucci permaneceu em Portugal até 5 de fevereiro de 1978.

Ora, nessa altura, já os Açores tinham adquirido o estatuto de Região Autónoma e, como tal, já se sentiam no direito de usar a voz própria para defenderem os seus interesses.

Os pontos seguintes tentarão mostrar se esse desiderato foi alcançado.

3.2. O Papel dos Açores nas Negociações pós-25 de Abril de 1974

Recuando um pouco no tempo, como Mota Amaral defendeu no depoimento, "quando chegou o 25 de Abril, o problema da presença norte-americana colocou-se imediatamente na área do PSD – então ainda só PPD".

Nessa altura, o problema dessa presença deixava de ser vista apenas do ponto de vista nacional, uma vez que os Açores tinham passado a usufruir do estatuto de Região Autónoma.

Por isso, Mota Amaral relembra que "quando apresentámos as nossas propostas sobre a futura autonomia imediatamente avançámos com a necessidade

---

[340] Nessa eleição, Ramalho Eanes, muito por força da participação no 25 de novembro de 1975, venceu com 61,59% dos votos, bem à frente de Otelo Saraiva de Carvalho – 16,46% ; de Pinheiro de Azevedo – 14,37% e do candidato oficial do PCP, Otávio Pato – 7,59%.

de uma participação regional nas negociações internacionais que dissessem respeito aos Açores, reconhecendo a sua particular importância geoestratégica da qual derivava o Acordo Luso-Americano e o Acordo Luso-Francês porque havia também uma base nas Flores nessa altura, para além de instalações da NATO espalhadas por várias ilhas, designadamente em Santa Maria e em São Miguel".

Ainda segundo o agora deputado, o Governo Regional obteve "como consta na Constituição, entre as prerrogativas regionais, a participação na negociação dos tratados internacionais e nos benefícios deles decorrentes".

Esta posição é partilhada, ainda que parcialmente, pelo atual Presidente do Governo Regional porque Carlos César afirmou que foi só "com a Constituição de 1976 e com a fundação da autonomia política e Regiões Autónomas, que os Açores alcançaram poderes formais inscritos no artigo 227.º, n.º 1, alínea t)", ou seja, o direito de "participar nas negociações de tratados e acordos internacionais que directamente lhes digam respeito, bem como nos benefícios deles decorrentes", embora considere que foi apenas "com a negociação de fundo que se inicia em 1991 [...] que a Região é plenamente envolvida no processo negocial".

Outra é a interpretação de Mota Amaral sobre a parte final da frase de Carlos César, pois considera que essa "prerrogativa raríssima", muito para além daquela que é reconhecida a "outras regiões autónomas que têm outro potencial económico e outra dimensão demográfica, como a Catalunha ou a Lombardia, que são as locomotivas do movimento regionalista", possibilitou que a Região Autónoma dos Açores fosse parte ativa no processo negocial.

Por isso, os Açores conseguiram entrar "em áreas da soberania estritamente reservadas ao Estado" e os açorianos fizeram valer os interesses regionais, pois, em 1979, "quando fomos para a mesa de negociações porque o acordo estava caduco e era preciso pô-lo em termos modernos", o Governo Regional fez-se representar na Delegação Portuguesa".

Aliás, na sua opinião, as exigências regionais tinham ido mais longe ao reclamarem "que houvesse uma Comissão de Acompanhamento para a execução do Acordo" e ao defenderem, muito veemente e convictamente, os aspetos que se prendiam com as "questões laborais" relativas aos "interesses dos trabalhadores portugueses, quase todos açorianos, que trabalhavam na Base das Lajes".

Foi essa participação empenhada que permitiu garantir os objetivos definidos e "uma ajuda americana fixada em 20 milhões de dólares por ano e destinada ao desenvolvimento dos Açores", numa altura em que os orçamentos regionais eram "curtos".

Mota Amaral considera que esta não foi uma exceção, mas a regra, porque quando o acordo caducou em 1983 e foi preciso ser renovado, a participação açoriana voltou a ser "muito ativa" e valeu a duplicação da "ajuda americana para os Açores, que passou a ser de 40 milhões de dólares [...] 6 milhões de contos que os Estados Unidos garantiam anualmente para o nosso plano de investimento", verba usada "por exemplo a nível das estradas, portos e aeroportos".

Carlos César, então na oposição, faz uma leitura muito diferente, responsabilizando o Governo Regional e o Governo da República por não terem ido tão longe quanto era possível.

De acordo com o seu depoimento, a participação dos Açores no processo fazia-se a "dois níveis, por um lado, no processo interno português de tentativa de definição do modelo de relação a estabelecer com os EUA e áreas de cooperação a desenvolver, por outro lado, na negociação propriamente dita através da designação de um Representante do Governo Regional para participar da delegação portuguesa que debate directamente com os EUA".

Neste ponto, nada daquilo que César afirma contradiz as palavras de Amaral. As diferenças surgem quando César faz o balanço do processo, pois, aos ganhos apresentados por Amaral, contrapõe que "em ambos os capítulos, a história comprova-o e inúmeros analistas também, a forma como os EUA conduzem as negociações e a incapacidade do Estado Português para fazer valer opiniões diferentes, resultam, no caso específico dos Açores, numa alteração significativa do paradigma de cooperação que também o Governo Regional dos Açores à altura, através do seu representante, mas não só, não conseguiu contrariar".

Na sua interpretação, "no caso dos Açores essa modificação representou, de forma muito concreta, a perda de 40 milhões de USD transferidos anualmente pelos EUA, como contrapartida pelo acesso e utilização da Base das Lajes".

É claro que se fosse estabelecido um diálogo entre as duas personalidades, certamente que Mota Amaral recordaria a César que esses 40 milhões de dólares tinham sido obtidos em consequência de uma negociação anterior na qual Amaral participara enquanto Presidente do Governo Regional.

Aliás, Mota Amaral não nega que essa verba tivesse deixado de ser disponibilizada. Porém, argumenta que tal se ficou a dever ao facto de, em 1992, a conjuntura mundial já ser outra, pois "tinha caído o Muro de Berlim, a Rússia tinha recolhido a penates, a União Soviética já se tinha dissolvido e o quadro geoestratégico mundial era diferente".

Além disso, Mota Amaral faz questão de lembrar que Portugal tinha passado a ser membro da Comunidade Europeia, ou seja, "passou a estar no grupo dos países ricos e os próprios Estados Unidos tinham as suas dificuldades, foram diminuindo a sua ajuda ao exterior e, obviamente, passaram a dedicá-la aos países e regiões mais pobres do Planeta. Manifestamente, não era esse o caso de Portugal ou dos Açores".

Aqui chegados, parece pertinente questionar o balanço que os dois políticos açorianos fazem da presença norte-americana nos Açores e de que forma interpretam as alterações decorrentes da mesma.

O próximo ponto encarregar-se-á de esclarecer essa situação.

3.3. A Visão Açoriana da Presença Norte-americana no Arquipélago

A leitura dos depoimentos dos dois líderes açorianos permite constatar que os mesmos apontam, de forma inequívoca, para uma opinião claramente favorável à presença norte-americana no arquipélago.

Assim, Mota Amaral serve-se da História para lembrar que a mesma é "uma presença muito antiga – já vai em mais de 60 anos – e tem sido muito bem acolhida pela população".

Como razões para essa recetividade aponta o facto de os açorianos serem "muito próximos afetivamente dos Estados Unidos porque todos têm parentes na América e, durante muitos anos, o que as pessoas queriam era um passaporte para irem para esse país".

Como exemplo de que esse bom relacionamento tem sentido recíproco, refere que um comandante da base lhe disse que "na Base das Lajes havia menos problemas com a população do que em qualquer base americana dentro dos Estados Unidos".

É claro que para tal não contribui apenas a recetividade açoriana, pois há que levar em linha de conta que "a maior parte dos militares americanos destacados para a base da Ilha Terceira é casada, tem família, há escolas e tudo isso ajuda a estabilizar aquela pequena comunidade americana estabelecida nas Lajes".

Quanto a Carlos César, depois de denunciar que tinha sido o não-acompanhamento por parte da República das "dificuldades económicas e sociais" dos açorianos que os levara a emigrar, reconheceu que um povo de emigrantes aceita como "decorrência natural" a presença norte-americana na Base das Lajes, até porque "o imaginário identitário dos Açorianos guarda, no caso de uma parte significativa das famílias, memória de uma presença familiar nos EUA".

Por isso, não poderiam advir problemas ao nível do relacionamento, pois a comunidade norte-americana está "plenamente integrada na cultura e identidade da Região e do seu povo" e os açorianos concebem a Base como "um local de memórias partilhadas sobretudo pelo facto de se ter constituído ao longo de várias décadas como entidade geradora de emprego e bem-estar para um contingente significativo de terceirenses e como local pioneiro na venda de bens inexistentes no mercado local e regional".

Estas palavras do atual Presidente do Governo Regional permitem levar a discussão para um outro aspeto, aquele que se prende com os benefícios – presentes e futuros – da manutenção da Base das Lajes.

Esta questão terá de ser vista de acordo com várias perspetivas.

Assim, o açoriano, sobretudo o terceirense, não pode esquecer que a Base das Lajes é responsável pela garantia de 800 postos de trabalho e "gera um investimento global que ronda os 90 milhões de dólares anuais, repartidos entre salários, contratação de bens ou serviços no mercado local e execução de obras".

Afinal, o Governo presidido por Mota Amaral teve razão quando, durante as negociações, fez finca-pé nas questões que se prendiam com as "questões laborais para defender os interesses dos trabalhadores portugueses, quase todos açorianos, que trabalhavam na Base das Lajes".

Convém, no entanto, referir dados que não constam nos depoimentos. Assim, por exemplo, entre 1990 e 1996, foram despedidos cerca de 600 trabalhadores. Além disso, surgiram denúncias da existência de interrogatórios feitos pelo «Office of Special Investigations» no sentido de desaconselhar os trabalhadores a falarem sobre questões laborais ou, mais recentemente, sobre a escala técnica de aviões da CIA com prisioneiros de Guantánamo.

Importa, ainda, dizer que a questão do Acordo Laboral da Base das Lajes, assinado em 1995, viria, posteriormente, a levantar vozes que denunciavam que a parte norte-americana não estava a cumprir o estabelecido, pois as tabelas salariais dos trabalhadores portugueses que prestavam serviço na Base das Lajes não eram atualizadas anualmente com base num inquérito salarial realizado na Ilha Terceira, mas de acordo com o «Appropriation Act», que estabelecia como critério de atualização salarial aquele que era praticado no caso dos funcionários civis do Departamento de Defesa dos Estados Unidos.

Aliás, o próprio Governo Regional, pela voz do Secretário Regional da Presidência, André Bradford – curioso o facto de o nome refletir componentes dos dois interesses em causa – viria a público denunciar que, relativamente ao ano fiscal de 2009/10, o aumento proposto pelos responsáveis militares norte-americanos era de 2,9%, enquanto o valor apurado através do sistema de inquérito salarial – ainda em vigor, uma vez que o novo modelo aguardava ratificação parlamentar – apontava para 3,13%.

Numa fase posterior à assinatura do novo acordo, ato celebrado em 11 de julho de 2009, Carlos César, em declarações proferidas em setembro do mesmo ano, quando recebeu em audiência para apresentação de cumprimentos o novo cônsul dos Estados Unidos em Ponta Delgada, Gavin Sundwall, embora reconhecendo que aquilo que estava estabelecido nem sempre fora corretamente aplicado – por isso obtivera a garantia do pagamento dos 240 mil dólares em falta, verba relativa às queixas apresentadas pelos trabalhadores em 2006 e 2007 – considerou-o positivo.

Nessa altura, César deixou cair a questão do inquérito salarial, uma vez que, na sua ótica, o novo acordo substituía um sistema de apuramento que nunca tinha funcionado pelo maior aumento da Função Pública em Portugal ou dos trabalhadores civis do Departamento de Defesa dos EUA.

Diferente foi a posição dos sindicatos que representam esses trabalhadores – na Base das Lajes deixou de funcionar a Comissão Representativa dos Trabalhadores –, pois queriam que fosse Portugal a assumir o pagamento das verbas a que os trabalhadores se julgavam com direito – 17 milhões de euros nas suas contas – uma vez que não eram responsáveis pelos erros nos cálculos relativos aos aumentos. Além disso, consideravam que os representantes da Região Autónoma dos Açores na Comissão Bilateral revelavam desconhecimento, falta de preparação e de capacidade no que dizia respeito aos problemas laborais.

Ainda sobre o novo acordo salarial, o já referido Secretário Regional da Presidência, André Bradford, afirmou que com este elemento terminava a vigência da camisa de força estatístico-jurídica que prejudicara os trabalhadores durante anos e que, a partir de então, os trabalhadores portugueses da Base das Lajes eram os únicos trabalhadores que podiam escolher entre o melhor de dois mundos, posição que não era subscrita por mais de metade – 480 – desses trabalhadores, uma vez que assinaram uma petição contra o novo acordo laboral.

Essa petição – n.º 426/2009 – foi apresentada em 24 de novembro de 2009 à Assembleia Legislativa da Região Autónoma dos Açores, figurando como primeiro subscritor Hélio Francisco Pires Sales[341] e baixou à Comissão de Política Geral para apreciação, relato e emissão de parecer, inicialmente previsto até ao dia 24 de janeiro de 2010, mas cujo prazo viria a ser prorrogado por Despacho do Presidente da Assembleia Legislativa, a solicitação da Comissão de Política Geral.

Uma vez que estavam cumpridos os requisitos legais, foi admitida[342].

A questão dividiu os deputados, mas a maioria afeta ao Governo Regional fez valer essa condição e, em 18 de fevereiro de 2010, concluiu que não eram de atender as pretensões expressas na petição, que, no entanto, estava em condições de ser agendada para debate no Plenário, nos termos e para os efeitos do disposto da alínea a), do n.º 1 do artigo 192.º do Regimento.

O projecto apresentado foi rejeitado, depois de uma longa discussão, com 30 votos contra do PS, apesar dos votos favoráveis de todas as outras forças políticas: 15 votos do PSD, 5 do CDS/PP, 2 do BE, 1 do PCP e 1 do PPM[343].

Esta questão voltaria à ribalta quando a Assembleia da República iniciou a discussão relativa à ratificação do novo acordo laboral da Base das Lajes, aprovado pelo Governo Central.

Interessa, por isso, descobrir a forma como Lisboa – neste caso a Assembleia da República mas também o governo – lidou com o caso, até para verificar

---

[341] De acordo com o *Diário da Assembleia Legislativa da Região Autónoma dos Açores*, a petição enquadrava-se "no exercício do direito de cidadania constitucionalmente consagrado".
[342] O *Diário da Assembleia Legislativa da Região Autónoma dos Açores* indica que "No debate da Petição, apresentada pelo Sr. Deputado António Pedro Costa (PSD), usaram da palavra os Srs. Deputados Aníbal Pires (PCP), Clélio Meneses (PSD), Zuraida Soares (BE), Artur Lima (CDS/PP), Paulo Estêvão (PPM) e José SanBento (PS)". Para aquilatar a forma acalorada como decorreu o debate basta verificar que a narração do assunto começa na página 31 do *Diário da Assembleia Legislativa* e só termina na página 163, depois de várias declarações de voto.
[343] *Diário n.º 55*, de 19 de março de 2010 da II Sessão Legislativa da IX Legislatura.

se os votos formulados regionalmente pela deputada do Bloco de Esquerda, Zuraida Soares, tiveram tradução na realidade.

Para que conste, a deputada fez "votos para que este consenso alargado dos partidos das diferentes oposições possa ser projectado para a Assembleia da República e que, lá, o sentido de voto aqui demonstrado se mantenha porque, se esse for o caso, este acordo, esta alteração do acordo, não passa"[344].

3.4. A Posição do Poder Central

Foi na 11.ª legislatura, na 1.ª sessão legislativa e na sessão de 5 de maio de 2010, que a questão foi debatida e o relato dessa discussão consta no *Diário da Assembleia da República* de 6 de maio.

É um episódio que merece ser trazido a público como forma de percecionar as posições das várias forças representadas no Parlamento Nacional, numa conjuntura de governo socialista.

Assim, foram apresentadas duas propostas de resolução:

- A n.º 2/XI (1.ª), que aprovava o Acordo que modificava o Acordo Laboral Integrado no Acordo sobre Cooperação e Defesa entre a República Portuguesa e os Estados Unidos da América assinado a 1 de junho de 1995, e que fora assinado em Lisboa, a 11 de julho de 2009;
- A n.º 5/XI (1.ª), que aprovava o Acordo que modificava o Regulamento do Trabalho assinado a 12 de fevereiro de 1997, assinado em Lisboa, a 11 de julho de 2009, que decorria do Acordo sobre Cooperação e Defesa entre a República Portuguesa e os Estados Unidos da América e da petição n.º 8/XI (1.ª), da iniciativa de Hélio Francisco Pires de Sales e outros, visando impedir qualquer alteração ao Acordo Laboral (Base das Lajes) vigente que prejudicasse os trabalhadores portugueses, designadamente ao nível da atualização salarial.

As duas propostas foram apresentadas pelo então Secretário de Estado dos Assuntos Europeus, Pedro Lourtie, e a discussão foi longa porque nem todos os deputados consideraram que se estivesse perante um elemento que garantisse aos trabalhadores portugueses da Base das Lajes "um mecanismo

[344] *Diário n.º 55*, p. 162.

simples, claro e transparente para calcular os aumentos salariais, eliminando assim as dificuldades e as tensões criadas pelo anterior sistema"[345], mesmo que a prerrogativa da dupla opção, que não existia "na generalidade das bases norte americanas no resto do mundo", ainda incluísse "uma cláusula de salvaguarda" que estipulava que "qualquer alteração imposta pelo Congresso dos EUA à metodologia acordada" implicaria "a revisão automática do Regulamento do Trabalho".

O Governo da República fazia questão de garantir que a administração norte-americana se comprometia "a pagar, na totalidade, as diferenças resultantes da não aplicação integral do sistema de inquérito salarial nos anos de 2006 e 2007", uma verba que ascendia a "240 000 dólares" que os trabalhadores receberiam logo que os acordos entrassem em vigor.

O Secretário de Estado apontava, ainda, uma outra vantagem do acordo, que se prendia com a possibilidade de evitar "dirimir uma situação de contencioso com os EUA, parceiro aliado fundamental de Portugal, grande democracia central na comunidade mundial das nações". Um país com o qual Portugal mantinha "uma relação de grande proximidade, apoiada num consenso alargado entre as principais forças políticas nacionais".

Dito de outra forma, não convinha que o açor desafiasse a águia.

Porém, o deputado Almeida Henriques, do PSD, fez questão de destrinçar a importância do acordo da temática que estava em revisão, ou seja, a alteração do critério para a fixação do montante salarial.

Ora, sobre essa questão, considerava que o governo tinha andado mal em duas vertentes, pois não acautelara "devidamente os interesses dos trabalhadores da Base das Lajes [...] o espírito daquilo que era o acordo inicial celebrado entre Portugal e os EUA" e porque tinha tratado "sozinho de um assunto que deveria merecer o envolvimento da parte do Governo e dos diferentes partidos".

Por isso, a abstenção do PSD só se justificava porque tinha uma "posição atlântica" e defendia "uma relação privilegiada com os EUA".

---

[345] Todas as citações sobre o debate foram retiradas do *Diário da Assembleia da República*, de 6 de Maio de 2010.

No entanto, o PSD iria apresentar, na semana seguinte, um projecto de resolução que visava "exactamente, no espírito do acordo inicial, tentar salvaguardar alguns desses direitos dos trabalhadores".

Pedro Mota Soares, em representação do CDS-PP, também usou da palavra para salientar que a relação com os Estados Unidos da América representava "um pilar essencial" da política externa portuguesa e, por isso, o CDS-PP, como partido "atlantista" tinha "presente a importância da relação de Portugal e da Europa com os Estados Unidos da América" e reconhecia que "a presença americana na Base das Lajes e o correspondente Acordo" eram "a maior prova do nível estratégico de cooperação militar" entre os dois países. Além disso, a existência de uma base americana nas Lajes tinha sido e continuava a ser "um factor de desenvolvimento dos Açores e, muito particularmente, da Ilha Terceira", pois era graças a ela que "muitos açorianos tiveram a oportunidade de trabalho que não teriam de outra forma, dentro da sua ilha".

Só que tudo isso não implicava que o CDS-PP deixasse de criticar "a falta de responsabilidade e a falta de sentido de Estado que o Governo e o Partido Socialista tiveram na revisão deste Acordo", uma vez que esqueceram o "arco atlântico, composto por três partidos" – aliás, existente há 36 anos em Portugal –, escolheram "renegociar este acordo sozinho" e não incluíram "os contributos que a Assembleia Legislativa da Região Autónoma dos Açores, através de uma comissão eventual que se debruçou sobre esta matéria e que teve a votação unânime, até do Partido Socialista" tinha dado sobre o assunto.

Por isso, era em nome da "responsabilidade" que o CDS-PP iria viabilizar o acordo, embora prometesse "um projecto de resolução que recomenda ao Governo a revisão, nomeadamente, deste ponto do acesso à justiça"

O deputado Miguel Coelho, do PS, depois de saudar a petição e mostrar compreensão pela frustração sentida pelos trabalhadores portugueses da Base das Lajes "em relação às expectativas que estavam criadas", fez questão de salientar que "governo dos Estados Unidos da América decidiu, unilateralmente, deixar de aplicar um acordo, porque estaria em desacordo com a sua própria lei interna", situação que colocou Portugal numa "situação de impasse", frase que mereceu um aparte do deputado do PCP, António Filipe, que afirmou "E nós, «dobra a espinha!»".

Uma afirmação em tudo semelhante à que tinha sido tomada pelo deputado também do PCP na Assembleia Legislativa Regional dos Açores, Aníbal

Pires, quando, referindo-se à posição de Portugal nas negociações, afirmou "Esteve de cócoras!"[346].

Para Miguel Coelho, das duas alternativas que se colocavam a Portugal – radicalizar posições ou procurar negociar um novo acordo – a opção tinha ido no sentido de "salvaguarda o essencial".

Quanto ao Bloco de Esquerda, o deputado José Manuel Pureza, salientou que a Base das Lajes tinha "um acumulado histórico", que não era "despiciendo, de atropelos à legalidade", nomeadamente "a Cimeira de 2003, que deu início à guerra contra o Iraque". Além disso, havia "um acumulado de ilegalidades porque, ao longo destes anos, aquilo que estava consagrado em tratado internacional, ou seja, um determinado método de cálculo dos salários dos trabalhadores portugueses na Base das Lajes, foi sistematicamente violado pela parte norte-americana, não cumprindo a obrigação de aceitar o inquérito salarial".

Por isso, o Bloco considerava que a administração dos EUA tinha visto "ratificada e premiada a sua estratégia de boicote à legalidade internacional que ela própria tinha subscrito, através do Acordo com Portugal", posição que o BE não aceitaria.

Posição idêntica foi tomada pelo PCP, pois António Filipe considerou que se estava perante "uma vergonha nacional" porque "desde 1999" que os EUA não cumpriam "o Acordo assinado com o Estado português" e aplicavam "unilateralmente" o que muito bem entendiam, invocando "a existência de uma lei interna, a Appropriation Act, para não cumprir as obrigações resultantes do Acordo".

Por isso, não aceitava que o governo português propusesse a revisão do acordo "de forma a servir os interesses da parte incumpridora", até porque qualquer aumento salarial ficaria "dependente do financiamento disponível por parte dos EUA", o que significava que os aumentos salariais seriam "sempre decididos unilateralmente pelas autoridades norte-americanas".

Assim, na ótica do PCP, os motivos apresentados pelo governo "para justificar esta completa cedência aos interesses norte-americanos" só podia ser "um absoluto cinismo", até porque "no universo das bases norte-americanas espalhadas pelo mundo" a regra era "o sistema do inquérito salarial".

---

[346] *Diário n.º* 55, de 19 de março de 2010 da II Sessão Legislativa da IX Legislatura.

Face ao exposto, o PCP votaria contra as propostas de alteração ao Acordo das Lajes.

A discussão continuou com as intervenções de Almeida Henriques, António Filipe e Miguel Coelho, antes de o Secretário de Estado dos Assuntos Europeus usar da palavra pela última vez para voltar a frisar que "a solução que foi encontrada" era "clara" e representava "uma boa solução, bem negociada pelo Governo português", a quem competia "negociar esses acordos", pois defendia "os interesses dos trabalhadores portugueses da Base das Lajes".

É bem provável que o Governo Regional e os açorianos não se revissem na parte relativa às competências.

Voltando ao debate, as várias transcrições feitas provam, inequivocamente, que enquanto o PSD e o CDS/PP criticavam, sobretudo, a forma como o processo decorrera, o BE e o PCP colocavam em causa se o acordo servia os interesses nacionais e regionais. Como se constata, a união da oposição que se verificara nos Açores não se repetiu no continente.

O parágrafo anterior aconselha a passagem para a visão prospetiva da presença norte-americana nos Açores, um cenário que não será apenas traçado por quem conhece a questão por dentro e na primeira pessoa, isto é, pelo Governo Regional.

3.5. A Visão Prospetiva: Potencialidades e Perigos

No que concerne à posição dos líderes açorianos, Mota Amaral julga que "a Aliança Luso-Americana se deve manter até por uma questão de Geografia, pois basta olhar para o mapa dos Estados Unidos da América para verificar que à mesma distância que estão os Açores de Boston e de Nova Iorque fica o Havai de São Francisco e de Los Angeles".

Esta constatação faz com que os Açores acabem por representar "uma espécie de guarda avançada e um ponto de projeção do poder militar norte-americano".

Embora acreditando que a atualidade não aponta para "perspetivas de guerra" e que a "nova conjuntura de paz fez com que a presença norte-americana tenha vindo a ser reduzida e essa diminuição do efetivo militar norte-americano tem levado a reduções nos postos de trabalho para a população local da Ilha Terceira", Mota Amaral não esquece que "quando houve a I Guerra do Golfo a operação foi intensíssima".

Na verdade, nessa altura houve uma enorme "operação aérea e havia na Base das Lajes dezenas de aviões-tanque que estavam constantemente a ir para o ar reabastecer em pleno voo os aviões que vinham dos Estados Unidos e se dirigiam para a zona do conflito".

Ora, se é um facto que, por força do desenvolvimento tecnológico, "os aviões são cada vez mais sofisticados e com mais capacidade" e, por isso, "muitos deles nem aterravam nos Açores, ao contrário do que aconteceu durante a guerra do Yom Kippur e, ainda antes, durante a ponte aérea para Berlim, pois, nesses casos, a escala nas Lajes era obrigatória e fundamental", não é menos verdade que ainda não está definido o paradigma da Nova Ordem Mundial.

Por isso, Mota Amaral acredita que "a realidade geográfica e geoestratégica impor-se-á para manter, mesmo num patamar mais reduzido", a presença norte-americana na Base das Lajes.

Quanto a Carlos César, acredita que "a centralidade da Base das Lajes enquanto infra-estrutura militar de apoio dos EUA no exterior no quadro da NATO ou mesmo no quadro de operações civis internacionais (ex. assistência humanitária no Terramoto no Haiti) permanece bem fundada nas características daquela infra-estrutura militar e que tem a ver com: a segurança do território onde está localizada, a sua independência geográfica, o seu posicionamento entre vários teatros estratégicos e a capacidade das suas estruturas de apoio, nomeadamente ao nível do reabastecimento de aeronavaes".

Segundo ele, "este núcleo central de características", mais a mais acrescido "da estabilidade do relacionamento político entre Portugal e os EUA, com os Açores enquanto pivot da relação, assegurarão que a Base das Lajes permanecerá um elemento duradouro dessa mesma relação".

Como se constata, as posições do primeiro e do atual Presidente do Governo Regional sobre o futuro da Base das Lajes não são muito diferentes, até porque ambos estão conscientes da influência resultante da "modernização tecnológica das aeronaves"[347].

---

[347] A juntar a este elemento, há que contar com os efeitos da atual crise mundial que obriga os Estados Unidos a um desinvestimento a nível militar. Em fevereiro de 2012, o Secretário de Estado da Defesa, Leon Panetta, confirmou que esse desinvestimento não passava pela saída da Base das Lajes, mas por uma diminuição da presença militar, situação que não representava um exclusivo dos Açores. No entanto, a campanha para as eleições presidenciais já se encarre-

No entanto, Carlos César trouxe a terreiro o futuro possível da base em "novas utilizações produtivas, nomeadamente no quadro da NATO", pois considera que, mesmo na ausência de conflitos bélicos, aquela infraestrutura poderá ser utilizada "pelos mesmos ou por outros em prol de objectivos comuns como sejam o treino militar e aéreo conjunto ou outros".

Talvez valha a pena recordar que, aquando da concessão de facilidades aos ingleses, já estava previsto que outros países tivessem acesso ao reabastecimento, desde que envolvidos nas operações desencadeadas pelos aliados.

Esta referência a uma possível utilização da Base das Lajes no âmbito da NATO inscreve-se numa lógica algo diferente e destinada, em primeiro lugar, a preservar a importância económica resultante da presença estranha em solo açoriano.

De facto, a estrutura económica dos Açores teria muita dificuldade em absorver os funcionários portugueses da base. Por isso, tal como Mota Amaral frisou no depoimento, também muitos açorianos têm esperança nessa presença.

Afinal, convém recordar que "as construções eram de madeira e davam a impressão que seriam para durar pouco tempo, mas a partir de certa altura foram substituídas por construções de pedra e cal", os materiais que os açorianos desejam ver na base do acordo, mesmo contando com possíveis dissabores daí decorrentes.

Desses dissabores há dois que parecem justificar narração e reflexão.

O primeiro prende-se com a reunião, ocorrida nos Açores em 2003, do Presidente dos Estados Unidos, George Bush e dos Primeiros-Ministros de Inglaterra, Tony Blair, da Espanha, Jose Maria Aznar, com o Primeiro-Ministro português, Durão Barroso a servir de anfitrião.

O problema residiu no facto de essa cimeira ter representado uma espécie de conselho de guerra. A guerra que derrubaria Saddam Hussein, escudada na resolução 1441 do Conselho de Segurança, aprovada em 8 de novembro de 2002, no decurso da 4644.ª sessão, sendo que a mesma foi objeto de mais do que uma interpretação.

---

gou de trazer a questão do Acordo das Lajes para o plano da discussão pública, uma vez que o candidato republicano, Mitt Romney, não concorda com a posição da Administração Obama.

A resolução era muito complexa e continha vários «lembrando» e «lamentando», situação que apontava para uma violação ou um incumprimento por parte do Iraque das decisões da ONU, designadamente do fornecimento de informações "d'état définitif, exhaustif et complet, comme il est exigé dans la résolution 687 (1991), de tous les aspects de ses programmes de mise au point d'armes de destruction massive et de missiles balistiques d'une portée supérieure à 150 kilomètres et de tous les stocks d'armes de ce type, des composantes, emplacements et installations de production, ainsi que de tous autres programmes nucléaires, y compris ceux dont il affirme qu'ils visent des fins non associées à des matériaux pouvant servir à la fabrication d'armes nucléaires».

Por isso, os 14 pontos finais reforçavam esse elemento e exigiam que "l'Iraq confirme, dans les sept jours qui suivront cette notification, son intention de respecter pleinement les termes de la présente résolution, et exige en outre que l'Iraq coopère immédiatement, inconditionnellement et activement avec la Commission et l'AIEA» - parágrafo 9.

Além disso, a resolução salientava que o Conselho de Segurança já tinha "averti à plusieurs reprises l'Iraq des graves conséquences auxquelles celui-ci aurait à faire face s'il continuait à manquer à ses obligations » – parágrafo 13 – antes de concluir que o Conselho de Segurança «Décide de demeurer saisi de la question» – parágrafo 14.

Como se constata, a Resolução não clarificava as medidas que iriam ser tomadas no caso de o Iraque não cumprir as medidas que lhe eram impostas, embora estabelecesse que "la Commission et l'AIEA auront le droit d'enlever, de détruire ou de neutraliser, selon qu'ils le jugeront bon et de manière vérifiable, la totalité des armes, sous-systèmes, composants, relevés, matières et autres articles prohibés s'y rapportant, et de saisir ou de fermer toute installation ou tout équipement servant à leur fabrication» – parágrafo 7.

Porém, como na parte inicial se referia que a «résolution 678 (1990) a autorisé les États Membres à user de tous les moyens nécessaires pour faire respecter et appliquer la résolution 660 (1990) du 2 août 1990 et toutes les résolutions pertinentes adoptées ultérieurement et pour rétablir la paix et la sécurité internationales dans la région», os Estados Unidos interpretaram esse articulado no sentido que melhor servia os seus interesses e, por isso, a Cimeira dos Açores pode ser vista como um «conselho de guerra» para o qual a administração norte-americana convocou aqueles que se tinham posicionado como seus aliados.

Na verdade, mesmo não considerando os defensores do isolacionismo norte-americano, não se pode olvidar que os internacionalistas oscilam entre o unilateralismo e o multilateralismo, mas, mesmo estes, são mais propensos a falar do que a ouvir.

Era uma espécie de «regresso» ao Pacto da Sociedade das Nações, pois, de acordo com o seu art. 15.º, "No caso em que o Conselho não consiga fazer aceitar seu parecer por todos os membros que não os Representantes de qualquer Parte do litígio, os Membros da Sociedade reservam-se o direito de agir como julgarem necessário para a manutenção do direito e da justiça".

Para o desassossego português convém frisar que Durão Barroso foi muito além do papel de anfitrião e participou no desenrolar dos trabalhos, e que, afinal, as armas cuja existência era garantida pelos Estados Unidos não foram encontradas, «pormenor» que não pareceu incomodar a administração norte-americana.

Durão Barroso acabaria por deixar a chefia do executivo português na sequência da nomeação, em 22 de novembro de 2004, para o cargo de Presidente da Comissão Europeia, embora não seja correto nem cientificamente honesto proceder ao estabelecimento de uma relação de causalidade linear entre essa nomeação e a Cimeira dos Açores.

Sortes diferentes conheceriam os outros intervenientes na reunião, apesar de Tony Blair ainda se ter mantido em funções na sequência das eleições de 2005, antes de renunciar ao cargo de líder do Partido Trabalhista, em 10 de maio de 2007, e deixar o número 10 de Downing Street em 27 de junho de 2007, uma saída que pode estar relacionada com a derrota do Partido Republicano de George Bush, em 2006.

Já antes, em 17 de abril de 2004, Aznar deixara o cargo derrotado por Zapatero, embora tivesse nomeado Mariano Rajoy[348] como candidato do seu Partido Popular (PP) a essas eleições.

---

[348] Rajoy veio a beneficiar de uma segunda oportunidade – as eleições legislativas de novembro de 2011 - que não desperdiçou, uma vez que o Partido Popular garantiu a maioria absoluta.

Afinal, apenas Barroso «sobreviveu» à onda que se julgava destinada a derrubar Saddam, ou seja, a Cimeira dos Açores provocou um «efeito boomerang», apesar de incompleto.

O segundo dissabor teve a ver com a prisão norte-americana de Guantánamo, em Cuba, e a passagem pelo espaço aéreo português e a escala nos Açores de aviões da CIA com detidos de e para essa prisão.

Foi um assunto que motivou a abertura de um inquérito-crime por parte do Ministério Público de Portugal, em fevereiro de 2007, tendo como base uma participação da eurodeputada Ana Gomes à Procuradoria-Geral da República e outra do jornalista Rui Costa Pinto.

Trata-se de um processo complexo e que não diz respeito apenas a Portugal. Ouvida sobre o caso[349], Ana Gomes prestou um depoimento que consta em apêndice e do qual relevam as seguintes ideias-chave:

- O papel decisivo na denúncia que levou o Parlamento Europeu a constituir uma comissão, que trabalhou entre janeiro de 2006 e fevereiro de 2007, para investigar a questão de Guantánamo coube à imprensa norte-americana, nomeadamente, a um artigo da autoria da jornalista Dana Priest, publicado no *Washington Post*, em 4 de dezembro de 2005;
- O programa «extraordinary renditions» da administração Bush para prender suspeitos de atos de terrorismo em diversas partes do mundo não contemplava a ida dos detidos para os Estados Unidos para não lhes conferir os direitos de defesa que a lei norte-americana imporia se lá estivessem;
- Esses detidos circulavam entre diversas prisões secretas subcontratadas pela administração norte-americana aos regimes de Assad, de Kadhafi e de Mubarak, que se encarregavam de obter informações recorrendo à tortura;
- Os prisioneiros começaram por ir para Guantánamo em voos militares, que passaram por território nacional português, pelo espaço aéreo, com conhecimento das autoridades portuguesas, antes de passarem a ser utilizados aviões civis das companhias «testas de ferro» da CIA

---

[349] Depoimento recolhido em Lisboa no dia 23 de junho de 2012, na sequência de vários contatos mantidos através de correio eletrónico e de contacto telefónico.

para as transferências daqueles prisioneiros, sendo que esses voos civis também escalavam aeroportos no território português;
- A Comissão Temporária do Parlamento Europeu concluiu que vários países europeus, entre os quais Portugal, estavam altamente envolvidos na cooperação com esse programa da administração Bush porque tinham assinado um acordo de cooperação extremamente ambíguo que permitia a transferência desse tipo de prisioneiros;
- Houve uma cooperação ativa por parte de governos europeus, mesmo ditos de esquerda. Assim, o governo sueco entregou suspeitos aos americanos e o governo alemão de Schroeder deixou a base militar de Ramstein ser uma das placas giratórias da passagem de presos e de equipas da CIA e chegou a colaborar em raptos. Além disso, agentes dos serviços secretos britânicos e de outros países europeus foram a Guantánamo participar no interrogatório de suspeitos;
- A Comissão fez uma série de recomendações aos Estados-membros e alertou para as vulnerabilidades detetadas e que colocavam em risco a segurança europeia;
- O Parlamento português não exerceu a sua responsabilidade nesta matéria e não abriu um inquérito próprio por força de um mancomunamento entre os partidos que exerceram o Poder: PSD e o CDS-PP, no período de 2002 a 2004, e, a partir daí, o PS.
- O processo-crime aberto pela Procuradoria-Geral da República ficou a dever-se a duas denúncias apresentadas por Ana Gomes e Rui Costa Pinto;
- Os Procuradores iniciais fizeram um trabalho notável e carrearam para o processo documentos com uma série de dados altamente preocupantes relativamente à falta de controlo das autoridades portuguesas sobre o espaço aéreo e à utilização do espaço nacional por forças militares estrangeiras;
- O processo foi encerrado e Ana Gomes considera a decisão do Procurador-Geral da República como politicamente motivada porque os elementos das 13 caixas do processo mostravam que havia uma teia de cumplicidade de envolvimento das autoridades portuguesas com essa operação dos «voos da tortura».

- Novos desenvolvimentos, designadamente, a confirmação de que vários Estados-Membros tinham mentido, levaram o Parlamento Europeu a reabrir o processo e a constatar que a maior parte dos países da União, independentemente das declarações produzidas, não tinham procedido a investigações no sentido de apurar os responsáveis políticos e a hierarquia de funcionários envolvidos;
- Na Base das Lajes há uma zona portuguesa, onde as autoridades portuguesas exercem controlo, e outra zona, que é território português, mas onde a autoridade portuguesa só existe formalmente e tudo é controlado pelos americanos, numa demissão de soberania, um enfeudamento, uma subserviência ignóbil e antipatriótica;
- Na base, os Procuradores recolheram vários testemunhos de pessoas que corroboraram que tinham visto, muitas vezes, prisioneiros com fatos cor-de-laranja a saírem de aviões e a serem transferidos de uns aviões para os outros;
- As forças armadas portuguesas e norte-americanas foram cúmplices, mas também tem sido desses setores, designadamente dos Estados Unidos, que têm vindo vozes importantíssimas para denunciar e dar informações visando o esclarecimento da verdade.
- No caso da Base das Lajes não se trata de rapina de soberania porque a ação norte-americana tem contado com a cumplicidade de portugueses ao mais alto nível, numa assimetria absolutamente antipatriótica.

Apresentadas as ideias-chave defendidas por Ana Gomes, interessa frisar algo que decorre das palavras da entrevistada.

De facto, Ana Gomes, mais do que questionar a presença norte-americana nas Lajes, mostra preocupação pela forma como a mesma se tem processado porque tem dúvidas sobre se as contrapartidas que Portugal obtém cobrem, realmente, os riscos que aceita correr.

Ora, como não tem dúvidas sobre a manutenção da importância da Base das Lajes para os interesses norte-americanos, reivindica uma alteração imediata da assimetria existente e que penaliza – por culpa própria – a parte portuguesa.

Apresentada a súmula da posição de Ana Gomes sobre a temática – um assunto a que convirá voltar até para assegurar o direito ao contraditório –, é tempo de dar a conhecer outros dados recolhidos, de forma a que a verdade, tal como o azeite quando misturado com a água, venha à tona. Mesmo que a circunstância de a água ser salgada exija o recurso a um processo mais demorado para separar os vários componentes da verdade histórica.

Assim, no que ao relacionamento luso-americano diz respeito, importa, também, reconhecer que os Estados Unidos se manifestaram solidários com o Governo Regional dos Açores aquando da queixa motivada pela decisão do Conselho de Ministros da Agricultura da UE, em novembro de 2003, que reduziu a ZEE dos Açores de 200 para 100 milhas náuticas.

O Governo Regional queixou-se em 2004, mas, em 2008, o tribunal de primeira instância rejeitou essa queixa. Face a essa decisão, o executivo açoriano recorreu para o Tribunal de Justiça Europeu, mas recebeu uma notificação da não admissibilidade do recurso, uma vez uma vez que o mesmo não tinha sido apresentado pelo Governo de um Estado-membro, mas por uma autoridade regional.

Ora, em 2007, numa carta dirigida ao Governo da República, a administração norte-americana tinha incitado Portugal a apoiar a petição açoriana.

Para fechar a temática relativa à presença norte-americana nos Açores parece pertinente assinalar que o Programa do X Governo Regional, de 26 de novembro de 2008, dedica o ponto 4.3. ao Acordo de Cooperação e Defesa entre Portugal e os EUA, reconhecendo que o mesmo "constitui um pilar essencial da relação entre a Região e aquele país, peça essencial de uma relação que se desenvolve, neste âmbito, desde há mais de cinquenta anos, concretizada diariamente na cooperação desenvolvida por açorianos e americanos na Base das Lajes, em prol de objectivos comuns".

Depois, o Governo Regional faz questão de salientar que esse acordo resultou do "reconhecimento do papel estratégico que os Açores desempenham no quadro do relacionamento transatlântico, do lugar privilegiado da Região enquanto instrumento de projecção de objectivos e forças militares americanas no mundo", ou seja, o Governo Regional assume que a importância do arquipélago decorre da posição que os EUA pretendem desempenhar no Mundo. Aliás, vai ainda mais longe ao explicitar o "contributo da força laboral portuguesa para a obtenção dos propósitos dos EUA à escala global", embora também chame a atenção para os aspetos que se prendem com a "cooperação específica como agente de inovação e promoção de intercâmbios entre ambos os territórios".

Face ao exposto, o Governo Regional considera que o Acordo representa "passados treze anos da sua aprovação, um instrumento de cooperação que importa valorizar, sem desprezar necessários melhoramentos que podem, e devem, ser feitos no respeito pela sua letra e espírito".

Em causa estava, designadamente, o assunto laboral que já foi objeto de narração, pois o Programa de Governo acrescenta que "a Região terá como desafio futuro de médio prazo, neste contexto, a necessidade de ponderar e analisar com profundidade os eventuais custos e os presumíveis benefícios de um novo quadro legal de relacionamento bilateral, particularmente no que diz respeito à sua componente laboral".

Que a forma de atuação do governo não era vista por todos da mesma forma é a constatação a tirar das palavras do próprio governo quando escreve: "Este é o caminho que o Governo dos Açores tem seguido, defendendo o real valor estratégico da Base – quando outros a desvalorizam[350] –, pugnando pelo cumprimento integral do Acordo em todas as suas componentes, mobilizando parceiros e esforços para construir uma cooperação mais frutífera e inovadora em torno do mesmo e com efeitos positivos na Região".

Nesse programa de governo foram identificados três objetivos, os quais exigiam a explicitação das medidas necessárias à sua consecução.

Assim, o primeiro objetivo – Contribuir para a valorização estratégica da Base das Lajes e para a diversificação das suas funcionalidades – exigia a tomada de duas medidas:

1. Participar activa e decididamente nos processos de revisão estratégica sobre as capacidades e funções da Base das Lajes;
2. Garantir entendimentos favoráveis sobre os impactes e benefícios eventuais para a Região da consagração de novas valências de utilização da Base, estipulando as devidas contrapartidas.

---

[350] O debate da Petição 426/2009 exemplica bem as diferentes posturas das forças representadas no Parlamento açoriano relativamente a questões decorrentes da presença militar dos Estados Unidos no arquipélago.

No que concerne ao segundo objetivo – Defender a estabilidade do efectivo laboral português, enquanto pilar fundamental da cooperação estabelecida entre a Região e os EUA – as medidas previstas eram três:

1. Defender as regras e procedimentos estabelecidos no Acordo relativamente à componente laboral junto de todos os intervenientes, denunciando as irregularidades e exigido a sua correcção e adaptando, quando necessário, regras e procedimentos desadequados;
2. Analisar, em profundidade e, sempre que necessário, com auxílio técnico especializado, os custos e os benefícios de um novo quadro legal de relacionamento bilateral, particularmente no que diz respeito à sua componente laboral;
3. Apoiar a constituição de uma Comissão representativa dos Trabalhadores, nos termos do Acordo, como intermediário privilegiado na representação dos interesses e aspirações dos trabalhadores da Base das Lajes junto das diversas entidades competentes.

Finalmente, o terceiro objetivo – Mobilizar novas verbas para a cooperação específica com os Açores no quadro do Acordo, diversificando os projectos e o seu alinhamento com as prioridades de desenvolvimento actual dos Açores – apontava para a necessidade de duas medidas:

1. Exigir o incremento das verbas do Acordo destinadas a projectos de cooperação com os Açores;
2. Diversificar e inovar a tipologia de projectos de cooperação desenvolvidos, em harmonia com as principais apostas governativas de sustentação e desenvolvimento económico da Região.

A leitura interpretativa deste ponto do programa do X Governo Regional não permite dúvidas sobre o real conhecimento que a região tem do seu valor estratégico e do desejo de usar a posição geográfica como fator do desenvolvimento do arquipélago.

Um desenvolvimento que poderá ser visto como decorrente da importância bélica ou da manutenção da paz. É tudo uma questão de perspetiva.

Um último ponto que a investigação não poderia deixar de focar prende-se com a conjuntura resultante de uma – por enquanto apenas hipotética – aceitação da pretensão apresentada por Portugal relativamente ao mar, mais concretamente a expansão da plataforma continental.

Trata-se de um projeto iniciado em 2009 e ainda em fase de apreciação, uma vez que, depois de submetido à Comissão de Limites da Plataforma Continental das Nações Unidas, necessitará de ser sujeita ao exame de uma comissão da ONU e do plenário da Comissão de Limites da Plataforma Continental.

De qualquer forma, há dois aspetos que merecem, desde já, ser valorizados.

O primeiro prende-se com a qualidade científica do trabalho realizado pela Missão para a Extensão de Plataforma Continental[351], coordenada pelo investigador Manuel Pinto de Abreu, que, com a ajuda de um submarino robotizado – o Luso – que consegue operar até 6000 metros de profundidade, cartografou o fundo do Atlântico procurando argumentos geológicos que sustentem a pretensão portuguesa, uma vez que a mesma terá de ser baseada na comprovação da existência de um prolongamento natural do território terrestre submarino, como obriga a Convenção das Nações Unidas sobre o Direito do Mar.

A segunda tem a ver com as potencialidades advindas no caso da Zona Económica Exclusiva passar das atuais 200 para 300 milhas, pois isso significará que Portugal passará a ser detentor da segunda mais extensa plataforma porque apenas os Estados Unidos – o vizinho da outra margem do Atlântico Norte, se bem que a prevista extensão da Plataforma Continental não seja feita na sua direção, mas na do Canadá – dispõem de uma maior extensão.

De facto, os hidrocarbonetos, os minerais, os recursos genéticos – pequenas moléculas e microorganismos – poderão vir a representar as novas especiarias e o novo ouro desta expansão onde o mar voltará a constituir-se como a via privilegiada que poderá acautelar aos portugueses inquietos um futuro digno e economicamente bem mais desafogado.

---

[351] Esta missão contou com uma equipa de 26 colaboradores, o apoio da Marinha Portuguesa, designadamente das guarnições dos navios hidrográficos «D. Carlos I» e «Almirante Gago Coutinho» e de instituições como a Universidade de Évora – Centro de Geofísica e Departamento de Geociências, Faculdade de Ciências da Universidade de Lisboa – Instituto Geofísico Infante D. Luíz – e o Laboratório Nacional de Energia e Geologia.

CAPÍTULO 3: NOVOS VOOS DA ÁGUIA E DOS AÇORES

Na realidade, o estudo feito, em 2008, por Ernâni Lopes e Poças Esteves apontou para que a rentabilidade das atividades ligadas ao mar venha a ser responsável por um terço do PIB português.

No caso de a pretensão ser diferida, haverá aspetos que terão de ser equacionados para que Portugal não volte a repetir os erros da expansão durante a qual a ousadia e o sacrifício da descoberta foram toldados por uma gestão danosa que penalizou o reino e enriqueceu cofres estranhos.

Aliás, mesmo tratando-se de outra questão, não parece constituir um bom augúrio que, de acordo com a alínea d) do art.3.º do Tratado de Lisboa, Portugal tenha concordado tão pacificamente com a transferência para Bruxelas do exclusivo da conservação dos recursos biológicos do mar, no âmbito da política comum das pescas.

De facto, o mesmo tratado indica que a política das pescas é partilhada, exceto no que disser respeito à conservação dos recursos biológicos, e remete para o art.3º, cláusula que antes do Tratado de Lisboa não existia, embora haja quem defenda que se trata de uma evolução em termos de técnica jurídica.

Evolução que, diga-se, talvez não tenha sido devidamente acautelada no que concerne aos interesses portugueses[352].

Como o Vice-Almirante Rebelo Duarte (2011, p, 15, p, 152) afirmou, está ao alcance de Portugal proceder à ocupação da área marítima e o país dispõe do poder do conhecimento para este "investimento pesado, sem dúvida, mas que valerá a pena e dará muitos frutos".

Afinal, na conjuntura atual e ao contrário daquilo que se verificou na expansão, Portugal já não necessita de requisitar o conhecimento alheio.

Basta mobilizar a vontade própria.

---

[352] Sobre esta questão consulte-se, ainda, a comunicação «A soberania dos Estados e o mar: a realidade portuguesa», feita pelo Vice-Almirante João Manuel Lopes Pires Neves à Academia da Marinha, em 23 de fevereiro de 2010.

À GUISA DE CONCLUSÃO

Encerrada a investigação, ouvidas personalidades que, a nível nacional e regional, dispõem de uma informação privilegiada sobre o o passado recente, o presente e talvez o futuro dos Açores, é chegado o tempo de uma breve nótula conclusiva sobre o relacionamento entre os Açores – e, por conseguinte, Portugal – e os Estados Unidos da América.

Ora, a primeira conclusão a tirar prende-se com a atualidade – ou será intemporalidade? – do conceito de justiça de Trasímaco porque quem tem poder usa-o – única ou prioritariamente – em proveito próprio, sendo que, como Moreira (1960, p. 371) sistematizou, "a luta pelo poder é uma vezes acompanhada de um conflito ideológico, outras apenas orientada por conflitos de interesses que não afectam a concepção comum dos beligerantes".

Ao longo da investigação foi possível constatar que os interesses acabaram por falar sempre mais alto e, inclusivamente, exigiram a concessão de apoio a posições ideologicamente incompatíveis com aquelas que se afirmava defender, prova inequívoca de que as super e as grande potências só mantêm a palavra dada aos seus aliados se isso corresponder a interesses próprios, pois o maquiavelismo não dispõe de plasticidade para se humanizar.

A afirmação anterior explica a regra da política externa dos Estados Unidos da América, a desnecessidade daquilo que Salazar identificava como «título» para reivindicar.

Ao longo da obra, esta lógica – a fazer lembrar o antigo «quero, posso e mando», embora nem sempre traduzível no lema de César «cheguei, vi e venci» – foi detetada em multiplas ocasiões, mesmo quando a conjuntura interna não era a mais propícia.

Assim, Nixon, embora ferido internamente pelo escândalo Watergate espoletado em 18 de junho de 1972, considerava dispor do poder de exigir, no âmbito da política externa e através de ameaças bem explicitas, a cumplicidade servil de Portugal. Na verdade, os documentos encontrados durante a investigação com afirmações proferidas por personalidades norte-americanas, segundo as quais os aviões norte-americanos teriam de regressar à base no caso de recusa portuguesa, estão longe de traduzir a realidade.

Outra das conclusões do livro – e que se prende ou entrecruza com a inicial – aponta para o peso decorrente da personalidade dos governantes dos países semi-periféricos.

De facto, Marcello Caetano não era António de Oliveira Salazar e a sua reconhecida competência enquanto docente universitário não se revelaria suficiente para enfrentar os interesses apenas adormecidos durante o salazarismo e que se manifestaram logo que se colocou a sucessão de Salazar, uma conjuntura propícia à colocação em prática das várias – cinco para Meynaud – estratégias de que os grupos de interesse dispõem para atuar junto do Poder.

No entanto, responsabilizar Caetano por erros que não foram da sua responsabilidade é tão incorreto quanto pretender ver na sua ação uma «Primavera» que o 25 de abril teria interrompido.

Os erros eram antigos, vinham, sobretudo, da conjuntura que se seguiu à Guerra de 1939-1945, o momento inicial deste estudo e que marcou o fim do Euromundo e a instauração do Mundo bipolar.

Erros que, no que concerne à política ultramarina, o curto ministério de Adriano Moreira procurou – com resultados – corrigir, mas que em breve foram repostos num regresso – tão apressado quanto impossível – ao passado.

Afinal, o maior erro foi esquecer que ninguém regressa ao que já não existe.

Aliás, importa que se diga que esses erros não terminariam com a queda do regime da Constituição de 33 e ganhariam mais visibilidade por força da abertura que o país conheceu quando os militares consideraram que o regime que tinham ajudado a edificar e a manter estava a desaproveitar a oportunidade de fazer coincidir o tempo cronológico com a dimensão cairológica.

Voltando às personalidades dos governantes portugueses, há quem acuse Salazar de não ter privilegiado um relacionamento bilateral ou direto com

À GUISA DE CONCLUSÃO

os Estados Unidos ao assumir-se como acérrimo defensor de uma política atlântica baseada na Aliança Luso-Britânica, embora com uma janela virada para o Brasil.

Os documentos estudados ao longo da investigação não permitem – de uma forma clara – apoiar ou rebater essa crítica, embora se tenha provado que a desconfiança de Salazar em relação aos reais interesses e ao modo de negociar norte-americano era fundamentada.

Talvez por isso, a aproximação portuguesa a Inglaterra possa ser encarada como uma estratégia para Portugal não ficar demasiado exposto em solitário, situação que aumentaria a sua vulnerabilidade.

Neste jogo de alianças, Portugal, um Estado exógeno desde o berço, privilegiou aquela que historicamente lhe tinha garantido um lugar no concerto dos países independentes, embora com custos ao nível da soberania, como o Ultimatum se tinha encarregado de mostrar.

Aliás, sobre esta temática, a investigação parece aconselhar que a frase «mudam-se os tempos, mudam-se as vontades» seja acrecida da expressão «mantêm-se os ultimatos», mesmo que ímplicitos, e dos quais a «lavagem cerebral em liberdade» denunciada por Chomsky representa a forma revisitada por uma conjuntura que, mais do que globalizada, se quer assumir como redutora ao nível do pensamento.

No que concerne aos Açores e à sua importância no âmbito da política externa portuguesa, não restam dúvidas que, durante grande parte do Estado Novo, o arquipélago serviu para a manutenção do Império. A teimosia estratégica de Salazar em não separar a Base das Lajes da política colonial portuguesa foi o escudo protetor que levou os Estados Unidos a esquecerem os direitos autonomistas dos povos africanos quando sentiram os seus próprios interesses em perigo.

Afinal, até a solidariedade resultante de um passado colonial comum é balizada por limites...

Quanto ao papel dos Açores na afirmação de Portugal na conjuntura mundial, a investigação levantou potencialidades e dúvidas, não necessariamente por esta ordem.

Potencialidades, porque do ponto de vista militar, apesar do progresso dos transportes aéreos em termos de autonomia de voo, os Açores continuarão a revelar-se fundamentais e não apenas para os interesses norte-americanos.

As conjunturas evolucionam e tomam – como Camões sonetizou – continuamente novas qualidades. Só que a mudança não afasta – bem pelo contrário – os perigos.

Dúvidas, porque não pode deixar de causar perplexidade a forma como Portugal parece abdicar de reivindicar os seus direitos e de fazer valer os seus interesses.

É consensual que a conjuntura atual é dominada pela soberania de serviço decorrente da pertença a organizações internacionais. No entanto, essa realidade não implica – e muito menos exige – que um país finja desconhecer aquilo que Bodin teorizou há vários séculos.

Triste provincianismo que convive bem com a pequenês de uma subalternidade voluntária, se contenta com aquilo que lhe é estendido e não tem a frontalidade – ou o realismo – de assumir que os receios do presente e as incertezas sobre o futuro decorrem da incapacidade de valorizar o ativo de que, efetivamente, se dispõe.

Revisitando o título, é bem provável que a rapina de soberania resulte da falta de coragem de fazer uso do poder. Do lado português, bem entendido...

Anti-americanismo, no caso do Acordo das Lajes? Recusa da pertença à União Europeia devido à gestão do mar decorrente do Tratado de Lisboa? Nacionalismo exacerbado que, qual Mofina Mendes, se deleita numa dança criadora de ativos inexistentes?

Não, não e não!

À boa maneira moreiriana, apenas o respeito – que decorre do amor – pelo País onde me aconteceu nascer e pela Pátria a que escolhi pertencer.

BIBLIOGRAFIA

Amaral, J.B.M. (2005). *Ao serviço do Parlamento: intervenções oficiais como Presidente da Assembleia da República*.Lisboa: Divisão de edições da Assembleia da República.

Antunes, J. F. (1992). *Os americanos e Portugal 1961. Kennedy e Salazar : o leão e a raposa*. Lisboa: Círculo de Leitores.

Antunes, J. F. (1993). *Os americanos e Portugal 1969-1974. Nixon e Caetano : promessas e abandono*. Lisboa: Círculo de Leitores.

Aron, R. (1985). *Paz y guerra entre las naciones:* Madrid: Alianza.

Bertrand, M. (2004). *O essencial sobre a ONU*. Lisboa: Bizâncio.

Bilhim, J. A. F. (2007). Governação e inovação nas autarquias locais. Comunicação apresentada ao XII Congreso Internacional del CLAD sobre la Reforma del Estado y de la Administración Pública, Santo Domingo, República Dominicana. Versão eletrónica disponível no sítio: http//www.rcc.gov.pt/Mediateca/IG/Paginas/default.asp?master=RCC.

Bodin, J. (1998). *Les six livres de la République*. Paris : Fayard.

Branco, M. C. (2012). *Economia política dos direitos humanos*. Lisboa : Edições Sílabo.

Clausewitz, C. (2006). *On war*. Oxford: University Press.

Diagne, M. (2005). *Critique de la raison orale. Les pratiques discursives en Afrique noire*. Paris : Karthala.

Duarte, A. C. R. (2011). A Geoestratégia, o Mar e a Economia. *Boletim da Academia Internacional da Cultura Portuguesa*, 38, 129-153.

Gil, J. (2007). *Portugal hoje – o medo de existir*. Lisboa: Relógio d'Água.

Magalhães, J.C. (1986). Portugal e o euro-atlantismo. *Estratégia, 1*. Versão eletrónica disponível no sítio: http://www.ieei.pt/files/JCalvet_de_Magalhaes_Portugal_e_o_euro-atlantismo.pdf

Magalhães, J. C. (1987). Portugal e os Estados Unidos – relações no domínio da defesa. *Estratégia, 3*. Versão eletrónica disponível no sítio: www.ieei.pt/documentacao/.../JCM_EuroAtlantismo_revisitado.pdf

Moreira, A. (1956). *Política ultramarina*. Lisboa: Junta de Investigação do Ultramar.

Moreira, A. (1960). Evolução das relações Leste-Oeste. *Brotéria, 4*, 369-381.

Moreira, A. (1985). *Saneamento nacional*. Lisboa: Dom Quixote.

Moreira, A. (2001). *Ciência política*. Coimbra: Almedina.

Moreira, A. (2008). *Teoria das relações internacionais*. Coimbra: Almedina.

Moreira, A. (2011). *Da utopia à fronteira da pobreza*. Lisboa: INCM.
Morrow, J. (2007). *História do pensamento político ocidental*. Lisboa: Publicações Europa-América.
Nemésio,V. (1998). *Obras completas, Vol. XVI, corsário das ilhas*. Lisboa: Imprensa Nacional Casa da Moeda.
Neves, J.M.L.P. (2010). A soberania dos Estados e o mar: a realidade portuguesa. Comunicação à Academia da Marinha. Versão eletrónica disponível no sítio http://www.marinha.pt/PT/amarinha/actividade/areacultural/academiademarinha/Documents/08.pdf
Nye, J. S. (2005). *O paradoxo do poder americano*. Lisboa: Gradiva
Nicolson, H. (1939). *Diplomacy: a basic guide to the conduct of contemporary foreign affairs*. NewYork: Harcourt Brace.
Pascoaes, T. (1998). *A arte de ser português*. Lisboa: Assírio & Alvim.
Pinto, J.F. (2007). *Adriano Moreira, uma intervenção humanista*. Coimbra: Almedina.
Rodrigues, L.N. (2000). As negociações que nunca acabaram. A renovação do acordo das Lajes em 1962. *Penélope*, 22, 3-70.
Rodrigues, L.N. (2004). George Kennan e as negociações ludo-americanas sobre os Açores. *Relações internacionais*, 4, 1-11.
Telo, A. (1991). *Portugal na segunda guerra (1941-1945)*. Lisboa: Vega.
Telo, A. J. (1993). *Os Açores e o controlo do Atlântico*. Lisboa: Asa.
Themido, J. H. (1995). *Dez anos em Washington 1971-1981*. Lisboa: Dom Quixote.
Themido, J. H. (2008). *Uma autobiografia disfarçada*. Lisboa: Instituto Diplomático.

Fontes diretas portuguesas
- Arquivo Marcello Caetano:
- PT/TT/PS/AMC/PC/02, datas de produção de 18-10-1973 a 15-04-1974,
- Arquivo Salazar:
- AOS/CLB/FA
Volumes I, II, III, IV, V, VI, VII, VIII, IX e X
Anexos I, II e III.
- AOS/NE – 30, cx. 409, pt. 13
- AOS/PC/ 8 E1, cx. 562, pt. 122
- Arquivo Luís Teixeira de Sampaio
- Serviços de Centralização e Coordenação de Informações [SCCIM] n.º 665 – Política em Relação a África – Estados Unidos (EUA), Cx 107, 14/05/1969 – 28/03/1974
- Serviço Nacional de Informações [SNI], Caixa 3031
- *Diário da Assembleia da República*, de 6 de Maio de 2010.
- *Diário da Assembleia Legislativa da Região Autónoma dos Açores n.º 55*, de 19 de março de 2010.
- *Expresso*, de 2 de junho de 2007.

Webgrafia
Fontes diretas norte-americanas

J. F.K- Library: http://www.jfklibrary.org/.
LBJ Library: http://lbjlibrary.org/
National Archives and Records Administration: http://www.archives.gov/
The American Presidency Project: http://www.presidency.ucsb.edu/
Miller Center: Presidential recordings http://millercenter.org/scripps/archive/presidentialrecordings/johnson
Miller Center: LBJ Oral History transcripts http://millercenter.org/scripps/archive/oralhistories/lbj
State Department: http://history.state.gov/historicaldocuments/johnson
Foreign Relations of the United States (FRUS):

1955-1957, Volume XXVII Europe and Canada
1961-1963, Volume XXI Africa
1964-1968, Volume XII Western Europe
1969-1976, Volume XXV Arab-Israeli Crisis and War 1973
National SecurityArchive: http://www2.gwu.edu/~nsarchiv/
Presidential Timeline: http://www.presidentialtimeline.org/

Presidential Libraries
http://www.archives.gov/presidential-libraries/research/podcasts.html

Sítios oficiais
http://www.alra.pt/
http://www.azores.gov.pt/
http://www.parlamento.pt/
http://www.un.org/

APÊNDICES

Depoimento prestado a 10 de novembro de 2011 pelo Doutor João Bosco Soares Mota Amaral, Presidente do Governo Regional dos Açores no período de 8 de setembro de 1976 a 20 de outubro de 1995, no âmbito de uma investigação sobre a importância dos Açores na política externa portuguesa

O depoimento centra-se em cinco tópicos: o Acordo Luso-Americano no período do Estado Novo; o papel do Governo Regional nas negociações relativas à Base das Lajes; a influência da presença norte-americana nos Açores na vida do arquipélago; a visão prospetiva dessa presença no arquipélago e o papel dos Açores na definição do Conceito Estratégico Nacional

1.º Tópico: o Acordo Luso-Americano no Período do Estado Novo

A minha resposta vai ser breve e vou socorrer-me, sobretudo, da memória porque há muita documentação sobre a matéria mas, de momento, não tenho acesso à mesma.

O primeiro acordo sobre a cedência de facilidades nos Açores data da II Guerra Mundial na sequência da invocação da Aliança Luso-Inglesa por parte dos britânicos e depois, por via da aliança, os americanos vieram para Santa Maria e só passaram para a Terceira quando os ingleses foram embora, situação que sempre me intrigou porque Santa Maria, sobre certos aspetos, tem melhores condições de operacionalidade, embora a Terceira seja mais central.

Ora, quando se fez o primeiro acordo escrito com os Estados Unidos referiu-se expressamente que a concessão dessas facilidades era feita «without any rental provision».

Na altura da II Guerra Mundial todos os países coloniais tinham em vista manter as suas colónias. Aliás, Churchill terá feito o seguinte comentário: Eu não entrei na guerra para perder o Império. O que aconteceu foi que Gandhi não tinha a mesma opinião.

Há que ter em conta, também, a famosa Declaração do Atlântico na qual os norte-americanos apresentaram a sua proposta de libertação dos povos colonizados.

Porém, no período final do Estado Novo foi claríssimo que o governo americano se absteve de uma pressão mais determinada relativamente ao problema da emancipação das antigas colónias portuguesas, porque o Acordo das Lajes tinha terminado e não foi renovado.

Devido a essa não renovação, a permanência norte-americana nas Lajes era uma presença puramente precária, sem título e isto funcionou como um instrumento de pressão usado pelo governo português para moderar os ímpetos anticolonialistas da administração norte-americana nos primeiros anos da década de 60.

Quanto à aspiração que dessa presença viessem benefícios para as ilhas, a mesma justifica-se a si própria, embora durante anos e anos não tivesse qualquer deferimento.

2.º Tópico: o Papel do Governo Regional nas Negociações Relativas à Base das Lajes

Quando chegou o 25 de Abril, o problema da presença norte-americana colocou-se imediatamente e na área do PSD – então ainda só PPD – e quando apresentámos as nossas propostas sobre a futura autonomia imediatamente avançámos com a necessidade de uma participação regional nas negociações internacionais que dissessem respeito aos Açores, reconhecendo a sua particular importância geoestratégica da qual derivava o Acordo Luso-Americano e o Acordo Luso-Francês porque havia também uma base nas Flores nessa altura, para além de instalações da NATO espalhadas por várias ilhas, designadamente em Santa Maria e em São Miguel.

Portanto, havia uma reclamação muito clara, motivada pelo interesse estratégico e esse facto servia o valor dos Açores no conjunto nacional. Por isso obtivemos, como consta na Constituição, entre as prerrogativas regionais, a participação na negociação dos tratados internacionais e nos benefícios deles decorrentes.

É uma prerrogativa raríssima – com esse enquadramento constitucional não sei se haverá outra no Mundo – que dá à autonomia política dos Açores uma dimensão muito peculiar. A nossa região não é tão forte como outras regiões autónomas que têm outro potencial económico e outra dimensão demográfica, como a Catalunha ou a Lombardia, que são as locomotivas do movimento regionalista, mas que não dispõem de uma prerrogativa constitucional tão especial, que faz entrar a Região Autónoma dos Açores em áreas da soberania estritamente reservadas ao Estado.

Assim, em 1979, quando fomos para a mesa de negociações porque o acordo estava caduco e era preciso pô-lo em termos modernos, indicámos a representação do Governo Regional na Delegação Portuguesa, reclamámos que houvesse uma Comissão de Acompanhamento para a execução do Acordo e fizemos muito finca-pé nas questões laborais para defender os interesses dos trabalhadores portugueses, quase todos açorianos, que trabalhavam na Base das Lajes.

Tudo isso foi garantido e passámos a ter uma ajuda americana fixada em 20 milhões de dólares por ano e destinada ao desenvolvimento dos Açores, o que era uma verba muito significativa. Naquela altura os nossos orçamentos eram curtos e essa verba passou a ser uma componente muito importante para os nossos recursos financeiros.

O acordo foi feito por quatro anos, caducou em 1983 e foi preciso ser renovado. Houve uma renegociação, outra vez com a nossa participação muito ativa e o Acordo foi assinado em Lisboa, na altura da visita do Secretário de Estado norte-americano.

Esse acordo duplicou a ajuda americana para os Açores, que passou a ser de 40 milhões de dólares. Como naquela altura o dólar estava cotado a 150$00, eram 6 milhões de contos que os Estados Unidos garantiam anualmente para o nosso plano de investimento e fizemos imensas coisas com essa ajuda, por exemplo a nível das estradas, portos e aeroportos.

Aliás, também houve outras ajudas americanas e, no conjunto, recebemos perto de 500 milhões de dólares.

Depois essa situação acabou porque o acordo foi assinado por 9 anos e, em 1992, a conjuntura mundial já era outra. Tinha caído o Muro de Berlim, a Rússia tinha recolhido a penates, a União Soviética já se tinha dissolvido e o quadro geoestratégico mundial era diferente.

Além disso, Portugal passou a ser membro da Comunidade Europeia, passou a estar no grupo dos países ricos e os próprios Estados Unidos tinham as suas dificuldades, foram diminuindo a sua ajuda ao exterior e, obviamente, passaram a dedicá-la aos países e regiões mais pobres do Planeta. Manifestamente, não era esse o caso de Portugal ou dos Açores.

Assim, essas ajudas desapareceram nessa altura e mantém-se uma colaboração técnica em projetos diversos mas com verbas muito limitadas. Houve, em certa altura, a ideia que a Fundação Luso-Americana para o Desenvolvimento fosse fundamentalmente destinada a financiar esses projetos de cooperação, mas a FLAD sempre resistiu a isso porque tinha outros projetos e outras práticas e a ideia não foi concretizada.

3.º Tópico: A Influência da Presença Norte-americana nos Açores na Vida do Arquipélago

No que diz respeito à questão da presença norte-americana nos Açores e à forma como a mesma é vista pelos açorianos, trata-se de uma presença muito antiga – já vai em mais de 60 anos – e tem sido muito bem acolhida pela população.

Os açorianos são muito próximos afetivamente dos Estados Unidos porque todos têm parentes na América e, durante muitos anos, o que muitas pessoas queriam era um passaporte para irem para esse país.

Aliás, um comandante da base disse-me em tempos que na Base das Lajes havia menos problemas com a população do que em qualquer base americana dentro dos Estados Unidos.

De facto, a maior parte dos militares americanos destacados para a base da Ilha Terceira é casada, tem família, há escolas e tudo isso ajuda a estabilizar aquela pequena comunidade americana estabelecida nas Lajes.

Esta situação começou por ter uns certos visos de provisória. As construções eram de madeira e davam a impressão que seriam para durar pouco tempo, mas a partir de certa altura foram substituídas por construções de pedra e cal. Portanto, parece-me que a presença norte-americana nos Açores corresponde a um dado estratégico permanente da parte dos Estados Unidos da América.

Do ponto de vista português penso que esta relação especial é também vantajosa na medida em que nos dá um motivo de proximidade e de diálogo com a grande potência marítima dos nossos dias.

4.º Tópico: a Visão Prospetiva dessa Presença

Quanto ao futuro, considero que a Aliança Luso-Americana se deve manter até por uma questão de Geografia, pois basta olhar para o mapa dos Estados Unidos da América para verificar que à mesma distância que estão os Açores de Boston e de Nova Iorque fica o Havai de São Francisco e de Los Angeles. Portanto, os Açores representam uma espécie de guarda avançada, e um ponto de projeção do poder militar norte-americano.

Felizmente não há perspetivas de guerra, mas é sabido que na II Guerra Mundial o Reich pretendia invadir e ocupar os Açores e os Aliados foram para lá sem terem ainda autorização portuguesa e chegaram à vista da Ilha Terceira sem ter chegado ainda aos Açores a notícia que o Governo Português autorizava o desembarque. Lembro-me de ter ouvido contar por um Governador-Civil de Angra do Heroísmo, que nessa altura não desempenhava ainda essa função, que se lembrava de ver os navios aliados junto à ilha e não saber o que iria acontecer, se iriam invadir e se era preciso resistir nas posições. Acabou por não ser preciso.

A nova conjuntura de paz fez com que a presença norte-americana tenha vindo a ser reduzida e essa diminuição do efetivo militar norte-americano tem levado a reduções nos postos de trabalho para a população local da Ilha Terceira.

No entanto, tenho a impressão que a realidade geográfica e geoestratégica impor-se-á para manter, mesmo num patamar mais reduzido, a base americana nos Açores – melhor dizendo, a base é portuguesa mas tem facilidades concedidas aos americanos – a não ser que a situação mundial se altere.

Na verdade, apesar de se dizer que a importância da Base das Lajes tem vindo a ser reduzida, quando houve a I Guerra do Golfo a operação foi intensíssima. Era sobretudo uma operação aérea e havia na Base das Lajes dezenas de aviões-tanque que estavam constantemente a ir para o ar reabastecer em pleno voo os aviões que vinham dos Estados Unidos e se dirigiam para a zona do conflito. Como os aviões são cada vez mais sofisticados e com mais capacidade, muitos deles nem aterravam nos Açores, ao contrário do que aconteceu durante a guerra do Yom Kippur e, ainda antes, durante a ponte aérea para Berlim, pois, nesses casos, a escala nas Lajes era obrigatória e fundamental.

Por isso, na guerra do Yom Kippur, Marcello Caetano foi acordado altas horas da noite pelo Embaixador norte-americano com o pedido de autorização para aterrarem nas Lages os aviões que já vinham no ar. Era só para dizer que sim porque não havia como resistir.

5.º Tópico: o Papel dos Açores na Definição do Conceito Estratégico Nacional

O papel é óbvio. Os Açores prolongam a capacidade de afirmação do poder nacional por uma área vastíssima do Oceano Atlântico, pois nem sequer têm os problemas que existem noutras regiões – como na Madeira – de repartição das águas territoriais e dos fundos marinhos com quaisquer vizinhos porque estão completamente isolados no meio do mar à distância de milhares de quilómetros da costa.

Os Açores são já hoje em dia um ponto de expansão do interesse português e mesmo até europeu em termos muito apreciáveis.

Aliás, há um polo de investigação extremamente importante que é o Departamento de Oceanografia e Pescas da Universidade dos Açores. A investigação é fundamental no que diz respeito ao acesso aos recursos marinhos e muita coisa pode ser feita nesse domínio porque há uma perceção cada vez mais clara de que a expansão de Portugal para o mar é um imperativo até de sobrevivência nacional.

Espero que tal aconteça porque essa decisão valorizará o papel dos Açores no conjunto do país e isso será reconhecível e reconhecido.

Resta agradecer ao Doutor João Bosco Soares Mota Amaral a pronta disponibilidade que manifestou para prestar este depoimento que, depois de passado a escrito, lhe será presente para que proceda às alterações que julgar necessárias para que este documento direto possa integrar a obra resultante da investigação.

Depoimento prestado a 19 de novembro de 2011 pelo Doutor Carlos César, Presidente do Governo Regional dos Açores, no âmbito de uma investigação sobre a importância dos Açores na política externa portuguesa

1. Tópico: O papel do Governo Regional nas negociações relativas à Base das Lajes

O primeiro Acordo entre Portugal e os EUA relativamente à criação e utilização de infraestruturas aeroportuárias nos Açores para efeitos militares com sede na Base das Lajes data de Setembro de 1951, sendo que antes (entre 1943 e 1948) o estado português tinha já permitido, inicialmente apenas aos ingleses e depois aos Norte-Americanos, a utilização do aeródromo de Santa Maria como base para a condução do esforço de Guerra na parte final do II conflito Mundial tendo regulado essa presença por intermédio de acordos bilaterais. Nessa altura a Região é apenas o destinatário do interesse das potências externas – no caso Inglaterra e sobretudo EUA – sem qualquer participação direta ou indireta nas negociações e redação dos textos desse Acordos, conduzidos pelo regime ditatorial do Estado Novo.

É só com a Constituição de 1976 e com a fundação da autonomia política e administrativa das Regiões Autónomas, que os Açores alcançam poderes formais, inscritos no artigo 227.º, n.º 1, alínea t), para *"participar nas negociações de tratados e acordos internacionais que diretamente lhes digam respeito, bem como nos benefícios deles decorrentes"* numa alusão, não exclusiva, mas quase direta aos Acordos da Base das Lajes.

Ainda assim, e apesar de sucessivas alterações e prorrogações dos Acordos que regulam a presença militar americana dos EUA nos Açores ao longo da década de 80, é apenas com a negociação de fundo que se inicia em 1991 a propósito da renovação da relação bilateral entre os dois Estados que a Região é plenamente envolvida no processo negocial.

Essa participação faz-se a dois níveis, por um lado, no processo interno português de tentativa de definição do modelo de relação a estabelecer com os EUA e áreas de cooperação a desenvolver, por outro lado, na negociação propriamente dita através da designação de um Representante do Governo Regional para participar da delegação portuguesa que debate diretamente com os EUA.

Em ambos os capítulos, a história comprova-o e inúmeros analistas também, a forma como os EUA conduzem as negociações e a incapacidade do Estado Português para fazer valer opiniões diferentes, resultam, no caso específico dos Açores, do numa alteração significativa paradigma de cooperação que também o Governo Regional dos Açores à altura, através do seu representante, mas não só, não conseguiu contrariar.

No caso dos Açores essa modificação representou, de forma muito concreta, a perda de uma verba de cerca de 40 milhões de USD transferidos anualmente pelos EUA, como contrapartida pelo acesso e utilização da Base das Lajes, e que eram utilizados para efeitos de desenvolvimento económico e social da Região.

Tal transferência foi substituída por um modelo de cooperação assente no estabelecimento e prossecução de programas de cooperação (art. VI do ACD) que podem abranger as "áreas técnica, científica, educacional, cultural e comercial". E mesmo nesse capítulo, as Atas da Negociação e outra documentação de suporte comprovam que, apesar das tentativas feitas, nem o Governo Regional nem o Estado Português lograram impor uma definição mais clara de montantes financeiros a disponibilizar para esse fim, ficando essa matéria omissa por completo dos textos e atas do Acordo.

A Região assume sim, desde essa altura, a posição de membro da Comissão Bilateral Permanente do Acordo de Cooperação e Defesa, instituída após a ratificação do Acordo, em 1995, para dar prossecução à cooperação que é desenvolvida entre as partes e nessa qualidade acompanha e propões projetos de cooperação com os EUA e participa ativamente das negociações relativas a todas as matérias, como foi o recente caso de revisão de alguns aspectos do Acordo Laboral, em 2008.

2.º Tópico: A influência da presença norte-americana nos Açores na vida do arquipélago

A história dos Açores está desde sempre associada à intersecção geográfica que o seu território representa entre a Europa e a América do Norte. A abertura dos Açorianos a essas realidades geográficas, históricas e políticas é também fruto dessa sua existência geográfica que, em tantos casos, não acompanhada pela Republica nas dificuldades económicas e socias que o arquipélago viveu, obrigou os seus cidadãos a emigrar.

Nesse capítulo a presença militar e humana representada pelo contingente dos EUA sedeado na Base das Lajes e suas respetivas famílias, há mais de 50 anos é, para qualquer Açoriano, uma decorrência natural, plenamente integrada na cultura e identidade da Região e do seu povo.

Da mesma forma que o imaginário identitário dos Açorianos guarda, no caso de uma parte significativa das famílias, memória de uma presença familiar nos EUA – e que em muitos casos permanece ainda – também a Base das Lajes se constitui para muitos açorianos como local de memórias partilhadas sobretudo pelo facto de se ter constituído ao longa de várias décadas como entidade geradora de emprego e bem-estar para um contingente significativo de terceirenses e como local pioneiro na venda de bens inexistentes no mercado local e regional.

A preponderância dessa influência económica e social na Região decresceu em simultâneo com a integração de Portugal e dos Açores no espaço comunitário europeu. Mas a presença militar americana permanece como um fator qualificativo importante do posicionamento estratégico dos Açores no mundo e ao nível estritamente económico a presença militar norte americana continua a representar também um importante contributo para a economia da Ilha Terceira e de forma mais lata do arquipélago. A Base emprega hoje cerca de 800 açorianos e gera um investimento global que ronda os 90 milhões de dólares anuais, repartidos entre salários, contratação de bens ou serviços no mercado local e execução de obras.

3.º Tópico: A visão prospetiva dessa presença

A centralidade da Base das Lajes enquanto infraestrutura militar de apoio dos EUA no exterior no quadro da NATO ou mesmo no quadro de operações civis internacionais (ex. assistência humanitária Terramoto no Haiti) permanece bem fundada nas características daquela infraestrutura militar e que tem a ver com: a segurança do território onde está localizada, a sua independência geográfica, o seu posicionamento entre vários teatros estratégicos e a capacidade das suas estruturas de apoio, nomeadamente ao nível do reabastecimento de aeronaves.

Esse núcleo central de características – que no fundo originou a constituição da Base das Lajes – a par da estabilidade do relacionamento político entre

Portugal e os EUA, com os Açores enquanto *pivot* da relação, assegurarão que a Base das Lajes permanecerá um elemento duradouro dessa mesma relação

Contudo, é nossa opinião que a modernização tecnológica das aeronaves e também dos conflitos obrigarão contudo, cada vez mais, os dois Estados a procurar formas de dar novas utilizações produtivas, nomeadamente no quadro da NATO, para aquela infraestrutura potenciando a sua utilização pelos mesmos ou por outros em prol de objetivos comuns como sejam o treino militar e aéreo conjunto ou outros.

Depoimento prestado a 23 de junho de 2012 pela Dr.ª Ana Gomes, eurodeputada eleita na lista do Partido Socialista, no âmbito de uma investigação sobre a importância dos Açores na política externa portuguesa.

– Esta entrevista semiestruturada consta de um tópico – a questão que se prende com o alegado transporte ilegal de prisioneiros pelos serviços secretos norte-americanos utilizando a Base das Lajes. No entanto, este processo implica uma abordagem mais abrangente. Assim sendo, qual foi o grau zero do mesmo? Terá sido a denúncia da organização de direitos humanos britânica Reprieve?

– Tanto quanto sei, a Reprieve teve, e tem, um papel muito importante no apoio judiciário a vários detidos de Guantánamo e das "prisões secretas" – muitos já libertados e outros que ainda lá estão. Mas quem, de facto, foi decisivo na denúncia pública do escândalo foi a imprensa norte-americana: houve um artigo determinante, da autoria da jornalista Dana Priest, publicado no *Washington Post*, em 4 de dezembro de 2005.

Já tinha havido notícias esparsas na imprensa internacional sobre casos de pessoas capturadas na Tailândia, na Malásia, no Paquistão, etc, e levadas para interrogatório noutros países, mas foi esse artigo de Dana Priest – obviamente com boas fontes na Administração americana e na própria CIA – que alertou para que estava em curso um programa – designado de "extraordinary renditions" para capturar suspeitos de atos de terrorismo em diversas partes do mundo, sendo que a Administração Bush não transferia essas pessoas sob sua custódia para território dos Estados Unidos porque não lhes queria conferir os direitos de defesa que a lei norte-americana imporia, se lá estivessem presas e tivessem de ir a julgamento. Por isso os fazia circular entre "prisões secretas", com entrega ("rendition"), detenção, interrogatório e tortura subcontratadas a forças de segurança de governos que se prestavam a colaborar – na maioria pouco recomendáveis, desde o regime sírio de Assad, ao de Kadhafi, passando pelo de Mubarak. Em todos esses países, mas também nalguns europeus, como a Roménia, a Polónia e a Lituânia, sabemos hoje que houve "prisões secretas" ao serviço da CIA. E, por detrás, havia a utilização da base norte-americana de Guantánamo, em Cuba – a que eu chamo a "pri-

APÊNDICES

são ostensiva", por contraposição – para acolher os prisioneiros inicialmente transferidos do Afeganistão e do Paquistão e outros, incluindo muitos entretanto já sujeitos a tortura e interrogatório nas tais "prisões secretas".

O primeiro grupo de prisioneiros foi transferido para Guantánamo no dia 11 de janeiro de 2002, composto sobretudo por detidos no Paquistão e no Afeganistão, com as autoridades paquistanesas a desempenharem um papel-chave no «arrebanhar» dessas pessoas, que não eram necessariamente terroristas: nessa altura os americanos ofereciam chorudas recompensas por cada suspeito de terrorismo; houve então quem aproveitasse para denunciar inimigos pessoais, vizinhos, ou quem estivesse à mão sendo estrangeiro, tratando de os entregar às forças dos Estados Unidos. Foi assim que milhares de homens foram parar a Guantánamo em voos militares americanos. Muitos dos quais, sucessivamente, passaram por território português, efetuando por vezes escalas em aeroportos nacionais, designadamente na Base das Lajes. Falta provar se a autorização para sobrevoo/escala por território nacional, concedida por parte das nossas autoridades, implicou conhecimento da carga humana desses aviões, ou não. Há documentos e declarações de responsáveis portugueses indicando que sim – incluindo de um ex-Comandante da Base das Lajes ouvido no inquérito do MP desencadeado pela minha queixa e pela do jornalista Rui Costa Pinto. Os próprios EUA reafirmaram sempre que jamais tinham violado a soberania dos aliados colaborantes no programa das "entregas extraordinárias" ("extrordinary renditions"). Mas o Governo português (PM José Sócrates) nunca facultou à AR, nem ao Parlamento Europeu, nem me facultou a mim apesar dos meus reiterados pedidos, acesso à documentação de processamento dessas autorizações. Que, se não foi entretanto convenientemente destruída, deve estar nos arquivos do MNE e do MDN. Mas PGR/MP também não foram lá à sua procura...

O que é certo é que, numa primeira fase, o grosso dos prisioneiros que foi parar a Guantánamo ia em aviões militares. Só para casos especiais é que passaram a ser utilizados aviões civis fretados por companhias «testas-de-ferro» da CIA, e também navios de guerra americanos, a fim de transferir aqueles prisioneiros sujeitos, ou a sujeitar, a tratamento "extraordinário" nas tais "prisões secretas" existentes em diversos países e entre elas e Guantánamo. Um dos países em que a CIA operava prisões secretas foi Marrocos e os voos em que foram transportados os presos, de e para prisões em Marrocos, vindos de Guantánamo, da Base de Diego Garcia e de outros locais, obviamente que foram autorizados a utilizar rotas sobre território português. Na maior parte tratava-se de voos civis irregulares, uns intitulando-se "de Estado", autorizados ou pelo INAC ou pelos MNE/MDN, e sem qualquer controlo efetivo de carga, passageiros ou tripulação, muitos tendo feito escalas no Porto, em Ponta Delgada, em Santa Maria, mas também nas Lajes, em Lisboa e em Faro.

– Quais foram as principais conclusões a que chegou a comissão do Parlamento Europeu que investigou a alegada utilização de países europeus para detenção e transporte ilegais desses prisioneiros?

– Foi constituída essa Comissão exatamente por causa do artigo da Dana Priest que referi. Essa Comissão Temporária de Inquérito do PE trabalhou entre janeiro de 2006 e fevereiro de 2007 e descobriu muitos aspectos da teia, mas não pôde, nem sequer teve tempo, para chegar muito fundo e pôr tudo a nu. Antes do mais, porque a maioria dos governos europeus não colaborou e exerceu tremendas pressões sobre os eurodeputados para fecharem a investigação. Essas pressões exerceram-se também através dos Grupos Políticos a que pertenciam os diferentes governos colaborantes com a Administração Bush.

Essencial foi o acesso que a Comissão Temporária do PE teve logo no início aos registos dos voos do Eurocontrol, porque nos permitiram identificar a complexidade da teia das ligações dos voos civis de companhias aéreas privadas que estavam identificadas como trabalhando para a CIA: na altura ninguém supunha que fosse tão intensa, tão complexa, e articulada com voos militares, a rede de ligações aéreas envolvida no tal programa das «extraordinary renditions», mais conhecido como "voos da CIA". Mas eu prefiro chamar-lhe programa de «voos da tortura», pois os detidos eram entregues aos esbirros dos regimes sírio, líbio, marroquino ou egípcio, para os americanos não terem de praticar directamente a tortura, mas a subcontratarem para sacar "confissões" a suspeitos de terrorismo.

A Comissão Temporária do PE concluiu que vários países europeus estavam cumplicemente envolvidos na cooperação com esse programa da Administração Bush, com conhecimento e colaboração ativa de altas autoridades e dos serviços secretos - porque se uns e outros não tivessem conhecimento então teriam de admitir total incompetência. Portanto, a Comissão estabeleceu não haver dúvida de que o conhecimento por parte dos governos europeus existia. Aliás, estou convencida de que os norte-americanos não mentiram quando, por diversas vezes, a própria Secretária de Estado Condoleezza Rice disse que os EUA nunca tinham enganado os seus aliados, porque tinham assinado com vários países europeus, incluindo Portugal, acordos de cooperação no combate ao terrorismo e nas extradições, com linguagem extremamente ambígua que facilitava interpretações fechando os olhos à transferência de prisioneiros. Os governos aliados europeus, no fundo, associaram-se de livre vontade e conscientemente ao programa das "rendições extraordinárias" através desses acordos, sabendo que violavam leis nacionais, Direito Europeu e Direito Internacional.

Isso foi o que a Comissão Temporária do PE concluiu: depois de muito insistir, conseguimos ter acesso ao texto de um Acordo de cooperação judiciária e de cooperação na luta contra o terrorismo, negociado pelo Conselho da UE com os EUA e subscrito por vários países europeus. E provámos que alguns desses países foram altamente coniventes com o programa das "renditions", não apenas na autorização de escalas e sobrevoos, mas com cooperação ativa no interrogatório de detidos e até na entrega de suspeitos aos americanos e aos esbirros das forças torturadora - como aconteceu com o líbio Belhaj que foi entregue a Khadafi. Mesmo governos ditos de esquerda colaboraram com a Administração W.Bush: por exemplo, o governo social-democrata sueco entregou suspeitos argelinos aos americanos; agentes dos serviços secretos britânicos e de outros países europeus chegaram a ir a Guantánamo e a "prisões secretas" participar no interrogatório de suspeitos; o governo alemão de Schroeder (SPD) foi mais que cúmplice em toda a operação, deixando a base militar de Ramstein ser uma das placas giratórias da passagem de presos e de equipas da CIA, chegando a colaborar em raptos, como o do Imã da mesquita de Milão, sequestrado numa operação organizada pela CIA e pelos serviços secretos italianos.

Em face de tudo quanto apurámos no PE, e de tudo o que percebemos que ficava por esclarecer, fizemos uma série de recomendações à UE, aos governos e aos parlamentos nacionais dos Estados-membros. Antes de mais, que cada Estado apurasse o seu próprio nível de envolvimento, porque havendo indícios e casos comprovados de inocentes vítimas de tortura, sequestro e detenção arbitrária (por exemplo, o cidadão canadiano Maher Arar, que veio ao PE testemunhar o que havia sofrido nas prisões sírias a que fora entregue pela CIA, depois de detido no aeroporto JFK em Nova Iorque), estavam em causa os fundamentos do Direito Internacional e dos próprios Tratados europeus. Por exemplo, em relação à tortura, todos os Estados-membros da UE são Partes das Convenções contra a Tortura, a da ONU e a do Conselho da Europa, logo têm não só a obrigação de impedir a tortura, como a de investigar qualquer alegação de tortura e de punir os seus responsáveis. E era evidente que neste programa das "extraordinary renditions" a tortura estava bem presente, mesmo antes de Bush admitir que dera luz verde para o "afogamento simulado" dos suspeitos.

A Comissão Temporária do PE fez também uma série de recomendações em relação àquilo que colateralmente descobrira, designadamente a extrema vulnerabilidade da segurança do espaço aéreo europeu. Constatámos que os esquemas de cooperação com os Estados Unidos implicavam, por exemplo, que as companhias aéreas dessem às autoridades norte-americanas os dados pessoais sobre os passageiros dos voos comerciais regulares – hoje isso consta dos chamados "acordos de PNR ("passenger name record"). Mas já os europeus não exigiam reciprocidade. E então em relação a voos civis privados era – e é, porque continua a ser – a «balda» completa, em matéria de controle pelas autoridades europeias de aviação civil ou militar, alfandegárias ou outras, da carga ou da identificação de passageiros e tripulações em voos civis privados. Uma situação muito perigosa, porque oferece oportunidades a todo o tipo de criminalidade organizada: falo do tráfico de droga, transferências financeiras em "cash", tráfico de armas, de seres humanos, incluindo crianças para exploração sexual ou outra. Enfim, basta qualquer cartel criminoso alugar aviões civis privados norte-americanos e ninguém controla nada nos voos que chegam ou saem da Europa ou nos que circulam dentro do espaço aéreo europeu entre aeroportos na UE!...

E essa tremenda vulnerabilidade mantem-se hoje, faço notar. No Parlamento Europeu estamos, neste momento, a elaborar mais um relatório sobre este tema – de que eu sou até «relatora sombra» pelo meu Grupo Político – para apurar como é que os Estados-membros levaram à prática as recomendações que fizemos em fevereiro de 2007, reiteramos em fevereiro de 2009 e em diversas outras resoluções. (*Relatório Flautre, ref. 2012/2033 (INI), aprovado entretanto pelo PE em 11 de setembro de 2012, com a expressiva votação de 568 votos a favor, 34 contra e 77 abstenções).

Este relatório justificou-se por haver desenvolvimentos vindos a conhecimento público mercê das informações entretanto libertadas pela Administração Obama e nos processos de julgamento de presos nas Comissões Militares, que lamentavelmente Obama manteve, ou ainda em processos em tribunais europeus, americanos e canadianos, interpostos por diversas vítimas das "renditions". Embora já em 2006/2007 tivéssemos indícios fortíssimos de existirem mesmo "prisões secretas" da CIA nalguns Estados-membros da União Europeia, concretamente na Polónia e na Roménia, isso fora sempre negado pelos governos respetivos, apesar de declarações na imprensa norte-americana de ex- responsáveis da própria CIA a confirmá-lo. Ora, recentemente, não só foram obtidos mais dados sobre isso, como na Polónia foi preso um chefe dos serviços secretos por envolvimento nesse programa da CIA, confirmando o que tinha sido veementemente negado pelas autoridades polacas. Também na Lituânia, uma investigação foi desencadeada no ano passado pela própria Presidente da República por se ter identificado um edifício, perto de Vilnius, um edifício montado pelos americanos para servir de local de detenção. Por isso o Parlamento Europeu reabriu o processo de seguimento do inquérito e mandou no mês de abril passado uma missão à Lituânia, que integrei como "relatora sombra": visitámos esse tal edifício e falámos com diversas autoridades. E assim constatámos também que se mantem a falta de controlo da carga e dos passageiros dos aviões civis privados norte-americanos que entram e saem do espaço Schengen!

Este mais recente relatório do PE vai certamente constatar que a maior parte das suas recomendações, anteriormente dirigidas aos governos europeus, não foram seguidas. Independentemente das declarações que produziram, os governos não quiseram, de facto, investigar mais nada. Quiseram tapar. Não quiseram apurar quem eram os responsáveis políticos e a hierarquia dos serviços do Estado envolvidos na colaboração com um programa que envolvia sequestro, tortura e detenção arbitrária, nalguns casos morte, de suspeitos de terrorismo. É uma história sinistra.

Mas nestas questões de direitos humanos sabemos que é preciso porfiar durante anos. Não é de um dia para o outro que se faz luz e que se faz justiça. Vamos porfiar.

A investigação prossegue, assim, no Parlamento Europeu. E a conclusão a que posso dizer que estamos mais uma vez a chegar é que na maior parte dos Estados-membros não houve a diligência elementar para apurar o que se tinha passado, averiguar responsabilidades e punir os responsáveis.

Os casos em que tem havido algum avanço são resultado das ações contra os Estados que as vítimas, entretanto libertadas de Guantánamo e das "prisões secretas", têm interposto. Aí tem sido muito importante a ação de grupos de advogados que têm apoiado essas vítimas. Como a "Reprieve" e também muitos grupos de advogados americanos. Essas ações têm sido, porventura, o mecanismo mais eficaz para obrigar os EUA e os Estados-membros da UE a terem de prestar contas sobre esta matéria.

– No plano interno, como viu a abertura de um inquérito-crime por parte do Ministério Público, em fevereiro de 2007, tendo como base uma participação feita por si e outra pelo jornalista Rui Costa Pinto à Procuradoria-Geral da República?

– Fiz tudo para que a Assembleia da República exercesse a sua responsabilidade nesta matéria e abrisse o seu próprio inquérito, porque havia elementos avassaladores de que o nosso país tinha sido utilizado nesta criminosa empresa.

Basta olhar para o mapa e ver onde está Portugal, a meio caminho entre o Paquistão, o Afeganistão, a Líbia, Marrocos e Guantánamo.

Elaborei um questionário detalhado que submeti ao Ministro dos Negócios Estrangeiros, Prof. Freitas do Amaral, e ao Ministro da Defesa, Dr. Luís Amado, logo no início de março de 2006. Quando chegaram ao PE os dados do Eurocontrol, identifiquei uma série de voos que tinham passado por aeroportos e espaço aéreo nacionais e não era possível que tivessem passado sem as nossas autoridades autorizarem. Por isso em maio de 2006 mandei aos Ministros os dados sobre Portugal, logo que os recolhi dos documentos do Eurocontrol.

As respostas demoraram a chegar. A do MDN vinha superficial, evasiva e mentirosa. Luís Amado dissera-me, logo em março, em privado, que era "muito complicado", punha em causa as relações com os aliados... retorqui-lhe que alguém teria de dar resposta ao PE em nome do Governo português. Fiquei à espera. O Professor Freitas do Amado deu-me resposta substantiva, com dados dos arquivos do INAC, da NAV e do SEF, que teve de pedir através dos ministérios das tutelas, MAI e Ministério das Comunicações e Transportes. Mas a resposta só me chegou em setembro, depois de ele abandonar o governo.

Todos os dados que estavam no Eurocontrol se confirmavam e muitas mais questões se punham a partir dos elementos fornecidos pelo MNE – a análise obrigou-me, e aos meus assistentes, a um intenso trabalho detetivesco, até porque boa parte da informação vinha em siglas cifradas, incluindo as que designam os aeroportos.

Verificámos que havia uma série de voos de aviões, identificados com a CIA, que passavam amiúde e estacionavam, dois a três dias, no aeroporto do Porto, não se percebia para quê. E a documentação de autorização prévia ou controlo do SEF ou alfandegário também nada esclarecia. Pus-me em campo: fui ao Porto falar com as pessoas das Alfândegas e do SEF do aeroporto Sá Carneiro. E o que obtive delas deixou-me arrepiada. Comuniquei ao Governo, só com alguma reacção positiva do MAI, que pôs o SEF a recolher mais dados. Mas percebi que havia divergências entre MAI e MNE – o MAI estava disponível para esclarecer o que pudesse, o MNE de Luís Amado, nem pensar!... Mais tarde, em Dezembro de 2006, a própria Comissão de Inquérito do Parlamento Europeu mandou cá uma missão – que integrei, juntamente com o chefe da Comissão do PE, o Eurodeputado Carlos Coelho – para falar com os ministros responsáveis, com os chefes dos serviços secretos e outros serviços e com a AR. Mas a receção foi má, muitos contactos não nos foram sequer facultados - por exemplo, com ex-ministros do MAI e MDN ou dirigentes do SIS/SIED; o encontro com Luís Amado foi de cortar à faca e na AR foi-nos negada uma reunião formal, reunimos só com alguns Grupos partidários . Reiterei nessa altura, repetidamente, o pedido que vinha fazendo desde março, sem resposta: a lista completa dos voos civis e militares, destinados ou vindos de Guantánamo, que pudessem ter passado por território nacional. A lista existia, tinha sido compilada pela NAV, porventura ainda por acção do MNE Freitas do Amaral. Mas fora sonegada dos dados fornecidos aos Parlamentos Europeu e à AR pelo MNE Luís Amado. Houve alguém que ma fez chegar, logo a seguir, e eu naturalmente que confrontei o MNE com ela, pois Luís Amado sempre negara que ela existisse. E carreei-a, já mesmo no fim do trabalhos da Comissão de Inquérito do Parlamento Europeu, para o relatório final de 2007 – vem lá referenciada. É muito relevante porque identifica 94 voos, entre 2002 e meados de 2006, iniciados justamente no próprio dia em que Guantánamo começou a operar.

São voos maioritariamente militares que as autoridades – Ministério da Defesa e o Ministério dos Negócios Estrangeiros – autorizaram e que mostram que o nosso país fazia parte da teia da operação do programa das "extraordinary renditions".

Escandaliza-me que a Assembleia da República, não obstante todos os dados que eu lhe fiz chegar, tenha votado não abrir um inquérito, deixando-se instrumentalizar pelos três partidos que são co-responsáveis neste processo: o PSD e o CDS-PP, no Governo de Durão Barroso, de 2002 a 2004, e a partir daí o meu partido, o PS, no governo de Sócrates e sob o comando encobridor de Luís Amado. Houve um claro entendimento do "centrão" para a AR não exercer a sua obrigação, quer de investigar, quer de impedir que comportamentos de agentes do Estado violadores da lei voltassem a ocorrer.

Tive então de me resignar – embora continuando indignada – à ideia de que o nosso Parlamento rejeitava investigar e decidi que não podia ficar com aqueles inquietantes dados na minha mão.

Decidi, então, recorrer à justiça, ainda tendo a ilusão que a PGR podia ser independente e fazer o trabalho de investigar. Por isso apresentei queixa e devo dizer que fiquei bem impressionada com os Procuradores designados e a quem dei todos os dados que tinha e para quem fui carreando todos os outros elementos que entretanto me foram chegando.

A certa altura, porém, tive a perceção de que a investigação estava parada e um dos Procuradores confirmou-mo, explicando que todos os recursos tinham sido desviados para o «processo Maddie». Depois, um dos Procuradores informou-me que ia ter de abandonar definitivamente o processo e, logo a seguir, foi a vez do outro. Cerca de um ano depois, foram nomeados novos Procuradores. Continuei a conversar com eles, vi que não conheciam o processo, nem tinham o mesmo interesse que os anteriores e, a certa altura – por coincidência dias antes do Dr. Durão Barroso ver reconfirmada a sua indigitação para voltar a assumir a presidência da Comissão Europeia, como então logo fiz notar – o Senhor Procurador-Geral da República anunciou o encerramento do inquérito.

Foi a primeira vez que tive oportunidade de consultar o processo e de ver o que estava dentro das treze caixas com documentação, aquela que entreguei e muitos outros documentos. Porque os primeiros Procuradores fizeram, de facto, um esforço de investigação notável. Foram às Lajes, a outros aeroportos, a alguns ministérios e serviços, ouviram funcionários e descobriram novos elementos que reforçam a convicção de que havia perfeito conhecimento por partes das autoridades portuguesas. Que não investigavam o que transportavam aqueles aviões porque não queriam e porque realmente sabiam da carga humana escaldante que lá ia.

E os Procuradores apuraram mais uma série de dados que são preocupantes quanto à real a falta de controlo das autoridades portuguesas sobre a segurança do espaço aéreo e a utilização do território nacional por forças militares estrangeiras, não só para a passagem de prisioneiros, mas também de cargas perigosas, numa perigosa abdicação da soberania nacional.

Protestei junto da PGR com base nos elementos recolhidos pelos Procuradores. Só tive a possibilidade de consultar o processo durante três dias e eram treze caixas. Fiz uma reclamação sustentada, que está disponível no meu *site*, acessível a quem queira conhecê-la. No entanto, o Procurador-Geral da República decidiu manter a decisão de encerramento.

Disse, repeti-o e volto a repetir que a decisão do Procurador-Geral da República, Juiz Conselheiro Pinto Monteiro, foi politicamente orientada, porque todos os elementos que estão no processo – não apenas aqueles que para lá carreei, mas sobretudo aqueles que os próprios Procuradores encontraram – mostram que, de facto, havia uma teia de cumplicidade e de encobrimento nas autoridades portuguesas relativamente à operação dos «voos da tortura».

É significativo que tantos façam o possível para que tudo continue debaixo do tapete! Estou convencida de que a motivação tem muito a ver com as implicações para o prosseguimento da carreira europeia do ex-PM Durão Barroso. Aliás, carreei para o processo elementos que põem diretamente em causa a responsabilidade do Dr. Durão Barroso neste processo enquanto Primeiro--Ministro.

– **Como classifica a atuação dos políticos portugueses – tanto os que estavam no Governo, como a oposição – neste processo?**

– Como já disse, houve um mancomunamento, um arranjo, um pacto, entre os responsáveis da primeira fase dessa operação, de 2002 a 2004/05, que foram o PSD e o CDS; e o PS, no período subsequente. Para encobrirem, de forma a que nada se soubesse e ninguém ser responsabilizado pelos crimes e violações da lei envolvidos.

O PS, pela mão do Dr. Luís Amado, Ministro da Defesa e depois dos Negócios Estrangeiros, indubitavelmente manteve o circuito de colaboração e acrescentou-lhe o encobrimento ativo contra a investigação do PE, como de resto veio a provar a correspondência diplomática norte-americana revelada pelos "Wikileaks". Eu disse na altura que atribuía a sonegação da lista de voos de e para Guantánamo à responsabilidade política do Ministro Luís Amado e das pessoas que tinha no seu gabinete. Uma delas transitara já do gabinete do Dr. Paulo Portas, Ministro da Defesa: era justamente o funcionário que nos dois gabinetes de Amado tratava deste assunto, chegando até a corresponder-se comigo em nome do Ministro. Alguém no Gabinete do MNE, não sei se a mando do Ministro, sonegou a lista da NAV que demonstrava que um conjunto de aviões militares e até de aviões privados, mas em voos ditos "de Estado", isto é que só podiam passar pelo nosso país com autorização política expressa do MNE e MDN, eram instrumentos do circuito dos "voos da tortura".

Portanto, a minha conclusão é que houve uma cumplicidade objetiva de altos responsáveis políticos, subjacente ao pacto do "centrão" para esconder a atividade criminosa.

Escrevi então ao próprio Primeiro-Ministro José Sócrates, dizendo que era gravíssimo o que se estava a passar e alertando para o comportamento do Ministro Luís Amado nesse encobrimento. Mas ele escolheu deixá-lo prosseguir.

– **E o que tem a dizer sobre a ação das autoridades portuguesas nas Lajes?**

– Fui à Base das Lajes, onde fui muito bem recebida pelos respetivos comandantes, português e americano, em janeiro de 2007. Verifiquei que há uma zona sob comando português, e outra zona que apesar de ser território português – porque a Base das Lajes é território nacional – onde a autoridade portuguesa só existe formalmente e tudo é controlado e determinado pelos americanos.

Aliás, se for consultado o *site* americano da Base, verifica-se que não se diz em lado nenhum que a Base é território português e nem sequer fala em "Base das Lajes", mas da "65th Air Base Wing and U.S. Forces Azores Base", ou seja, para os EUA, parece ser uma base militar americana em terra de ninguém.

Percebi durante a visita que comando português eram perfunctório – para ser eufemística – e que havia dominação dos Estados Unidos naquela Base militar.

Lá ouvi pessoas – aliás, os Procuradores também recolheram testemunhos na Base – que corroboraram que tinham visto, por diversas vezes, prisioneiros com fatos cor-de-laranja e agrilhoados a saírem de aviões e a serem transferidos para outros outros aviões ou para edifícios na Base.

Concluo que na Base das Lajes a soberania nacional é nominal, não é real. O comando militar português está completamente subordinado às autoridades norte-americanas.

– Que conclusão se pode tirar de todo este processo? Pode falar-se numa demissão de soberania por parte de Portugal?

– Acho que há aqui uma demissão de soberania, um enfeudamento, uma subserviência, que considero inaceitável e antipatriótica. Mas, infelizmente, não é de agora, vem de há muitos anos e é um comportamento que está interiorizado pelos oficiais portugueses que lá prestam serviço e também nos altos funcionários e políticos que servem no MNE, MDN e AR e que preferem continuar a fechar os olhos. Se calhar temem que se alguém pusesse isso em causa, rapidamente Portugal sentiria consequências e retaliações. Essa não é, certamente, a minha perceção.

Lamentavelmente há uma atitude cúmplice da parte das nossas Forças Armadas e das nossas forças políticas. Aliás, o que me choca muito em tudo isto – porque não tinha a noção quando começámos esta investigação no PE e falávamos nos "voos da CIA" e de aviões civis – é o nível de envolvimento e mesmo da cumplicidade militar em toda esta operação que é, obviamente, contrária ao Direito Internacional, ao Direito português e europeu e ao Direito norte-americano. Choca-me que as forças armadas portuguesas e norte-americanas tenham sido cúmplices neste lamaçal.

Dito isto, é também dos setores militares, designadamente do lado americano, que se têm erguido vozes importantíssimas a denunciar e fazer revelações úteis para o esclarecimento da verdade.

Na verdade, têm sido oficiais das forças armadas norte-americanas que de alguma maneira foram envolvidos no processo – até como Procuradores e Defensores nas Comissões Militares a que os detidos de Guantánamo e outras prisões têm sido levadas – que, dando-se conta dos tremendos erros, perversões e das violações à legalidade americana e internacional, se revoltaram e passaram a ser fonte daquilo que entretanto se apurou. Muitos compreendem também que estes procedimentos ilegítimos não são forma eficaz de lutar contra o terrorismo, acabam por fornecer mais recrutas aos grupos terroristas e no fundo fazer o próprio jogo dos terroristas.

– **O livro vai intitular-se Lisboa, os Açores e a América. Base das Lajes: jogos de Poder.**
Como responderia a este título?

– Considero que não é rapina de soberania. Seria rapina, se fosse contra a nossa vontade, mas tem sido, infelizmente, com a cumplicidade de portugueses ao mais alto nível, responsáveis do Estado, responsáveis das Forças Armadas e das forças políticas que são complacentes na circunstância de os EUA utilizarem a Base das Lajes como lhes dá, a seu bel-prazer, sem cuidar de prevenir riscos para a segurança do território nacional, e dos Açores em particular, incluindo os riscos ambientais e de saúde pública, como os envolvidos no transporte de cargas perigosas, sem fazerem valer aspetos essenciais numa negociação equilibrada entre Portugal e os Estados Unidos.

Mais, aquilo a que nós, portugueses, chamamos "Acordo das Lajes", ou seja, a base do Acordo de Cooperação entre Portugal e os EUA, para nós trata-se de um acordo com estatuto de Tratado Internacional – e por isso foi ratificado pela Assembleia da República. Mas para os EUA esse acordo de cedência da Base das Lajes não constitui um Tratado internacional: é apenas aquilo a que eles chamam um «Executive Agreement», isto é, só é vinculativo para o Governo, mas não para o Estado Federal. Isto é, quando Washington não quer cumprir algumas cláusulas desse acordo – por exemplo, em relação ao estatuto e remuneração dos trabalhadores da Base das Lajes, não cumpre. E limita-se a dizer que o Congresso não aprovou o orçamento para o efeito....

Foi uma descoberta que fiz nessa visita aos Açores e que me deixou doente, como diplomata portuguesa.

Como é que tantos Ministros dos Negócios Estrangeiros, tantos funcionários diplomáticos de altíssimo gabarito estiveram envolvidos nestas negociações e nas renegociações subsequentes e deixaram que este desfasamento formal permanecesse?

Quando descobri isso, escrevi ao Senador Joe Biden – que hoje é o Vice-Presidente norte-americano, mas na altura era Presidente do Senado – a perguntar-lhe como é que era possível e por que razão o Senado não aprovava o Acordo como Tratado Internacional que era. Escreveu-me de volta, a dizer que eu tinha toda a razão e que o Senado tinha um velho contencioso com sucessivas Administrações que teimavam em sonegar-lhe acordos sobre bases militares com diversos países, dizendo que eram apenas "acordos executivos".

O que acho inacreditável é que ao longo de décadas, com tantos ministros, altos funcionários, parlamentares e até académicos envolvidos nas negociações e na ratificação, e nunca ninguém tenha chamado a atenção para o facto de que aquilo que consideramos ser um Tratado Internacional, afinal, não é vinculativo para os norte-americanos.

Há aqui uma assimetria que considero absolutamente antipatriótica. Não, não digo que os americanos tenham uma atitude de rapina: eles só cá vêm rapinar aquilo que nós deixamos que seja rapinado!

Resta agradecer à Dr.ª Ana Gomes a disponibilidade que manifestou para prestar este depoimento que, depois de passado a escrito, lhe será presente para que proceda às alterações que julgar necessárias para que este documento possa integrar a obra resultante da investigação.

ÍNDICE

Prefácio	9
Introdução: a Contextualização da Temática	13
A Problematização: o Objeto de Estudo, as Fontes e a Metodologia	24

Capítulo 1 – Salazar Desafia a Águia
1.1. Apresentação dos Intervenientes e Identificação das Fontes	45
1.2. As Negociações com a Inglaterra	51
1.3. As Negociações com os Estados Unidos e a «Presença» Inglesa	74
1.4. Os Açores como Moeda de Troca	115

Capítulo 2: Do Bluff Português ao Ultimato da Águia
2.1. Nótula Introdutória	129
2.2. A Razão da Força e a Arte do Fingimento	130
2.3. Do Bluff Português à Primeira Cimeira dos Açores	133
2.4. Os Segredos do Processo: Avanços, Recuos e Meias-Verdades	140
2.5. Um Acordo Serôdio	209

Capítulo 3: Novos Voos da Águia e dos Açores
3.1. Os Estados Unidos e a Conjuntura Revolucionária em Portugal	213
3.2. O Papel dos Açores nas Negociações pós-25 de Abril de 1974	216
3.3. A Visão Açoriana da Presença Norte-americana no Arquipélago	219
3.4. A Posição do Poder Central	223
3.5. A Visão Prospetiva: Potencialidades e Perigos	227

À Guisa de Conclusão 241

Bibliografia 245

Apêndices 249